本书由中央财政支持地方高校发展专项资金提供资助

CUJIN JUMIN XINGFUGAN TISHENG DE
CAISHUI ZHENGCE GAIGE YANJIU

促进居民幸福感提升的财税政策改革研究

汤凤林　编著

重庆大学出版社

内容提要

本书在梳理现有幸福理论的基础上，界定了幸福的概念、特征，探讨幸福的测量和影响因素，从健康生活、收入保障、情感支持、生活环境和价值实现五方面分析民众基于幸福生活的公共需求，分析区（县）一级政府公共支出对居民幸福感的直接影响和通过调节收入差距对不同收入层次居民幸福感的间接影响，分析了各税种税负的痛苦效应和各收入阶层的税负痛苦效应，以及公共支出的调节作用。运用规范分析法、文献研究法、实证分析法等研究方法分析财税政策与居民幸福感之间的关系，对中国公共支出政策和税收政策促进国民幸福水平提升进行结论性归纳与预测性演绎，得出公共支出和税收政策对居民幸福感的影响机理，为基于幸福视角的中国财税政策改革提供科学的建议和意见。

图书在版编目（CIP）数据

促进居民幸福感提升的财税政策改革研究 / 汤凤林编著. -- 重庆：重庆大学出版社，2020.5

（重庆智能金融实验与实践中心案例库）

ISBN 978-7-5689-1624-0

Ⅰ. ①促… Ⅱ. ①汤… Ⅲ. ①财税—财政改革—研究—中国 Ⅳ. ①F812.2

中国版本图书馆 CIP 数据核字(2019)第 125150 号

促进居民幸福感提升的财税政策改革研究

汤凤林 编著

策划编辑：尚东亮

责任编辑：文 鹏 刘玥凤 版式设计：丁 佳

责任校对：关德强 责任印制：张 策

*

重庆大学出版社出版发行

出版人：饶帮华

社址：重庆市沙坪坝区大学城西路 21 号

邮编：401331

电话：(023) 88617190 88617185(中小学)

传真：(023) 88617186 88617166

网址：http://www.cqup.com.cn

邮箱：fxk@cqup.com.cn (营销中心)

全国新华书店经销

重庆升光电力印务有限公司印刷

*

开本：787mm×1092mm 1/16 印张：12 字数：280 千

2020 年 5 月第 1 版 2020 年 5 月第 1 次印刷

ISBN 978-7-5689-1624-0 定价：39.00 元

前言
PREFACE

改革开放40年来,我国经济高速增长,社会物质财富日益丰富,城乡居民收入有了很大程度的提高。然而,近年来我国正陷入“幸福悖论”,人们普遍感到由物质生活水平提高所带来的边际效用加速递减,收入增加了,幸福感却没增强;相关的研究也表明,世界上幸福水平最高的国家并非经济发达的国家,有钱人未必比穷人更幸福。“幸福悖论”现象引发了社会各界对以 GDP 为导向的经济发展方式的重新审视与思考,“国民幸福”逐渐成为国内外学术界及各级政府部门关注的热点,许多国家开始以实际行动促进国民幸福感提升。例如,2008年法国开发了国民心理账户,以便关注民众的幸福感状况,并将其作为考核政府工作绩效的重要指标和依据;2010 年 11 月 15 日,英国国家统计局正式宣布展开对国民“主观幸福感”的调查,以便调整政策,让英国成为一个人人感到幸福的国度;2010 年,巴西通过 19 号宪法修正案,将“寻求幸福”作为公民的权利写入国家宪法,使其得到了国家法律的保障。当然,最早关注国民幸福的还是不丹。早在 1972 年,各国如火如荼地展开 GDP 竞赛的年代,不丹国王就首次提出了国民幸福总值 GNH(Gross National Happiness)概念,并将国民幸福总值最大化作为不丹政府的最高发展目标。中共十七届五中全会、2011 年全国“两会”和我国的“国民经济和社会发展第十二个五年规划”都释放出淡化 GDP 指标的信号,国民幸福逐渐引起社会广泛关注。

财税政策是政府实施宏观调控的主要手段,幸福中国的建设离不开财税政策的运用。公共支出的目的是为社会提供公共产品和服务,公共产品和服务可以增加民众的社会福利,从而提升居民幸福感。然而,目前中国政府公共资源配置的总体效率不高,无论是公共支出总量还是结构方面均不同程度地存在一些问题,居民幸福感并没有随公共支出规模高速增长而上升。这些似乎表明中国的财税政策于居民幸福水平提升无益。中国的财税政策到底有没有提升居民幸福感?从居民幸福最大视角来看,中国财税政策有何改进空间?因此,有必要就中国财税政策对居民幸福感的影响进行研究,以探寻提升居民幸福感的财税政策改革之策。

已有研究主要集中在单独分析公共支出对居民幸福感的影响和宏观税负对居民幸福感的影响,没有将公共支出与税收结合起来综合考虑它们对居民幸福感的影响;但只有剔除公共服务给人们幸福感带来的正面影响后,税负痛苦效应的测量才有真实的价值。已有研究没有分析公共支出影响居民幸福感的机理,没有分析公共支出通过调节收入差距对居民幸福感的间接影响,没有分析不同税种、不同收入群体的税负痛苦程度,没有研究公共支出对不同税种、不同收入群体的税负痛苦效应的调节作用,没有分析公共支出及主要的民生支出对不同收入层次居民幸福感的调节作用。因此,本书将针对上述不足对财税政策与居民幸福感的关系进行研究,并进行实证分析,为幸福最大化目标下的中国财税政策改革寻找科学依据。

快乐是欲望和需求得到满足的心理体验;幸福是对一定人生阶段的快乐水平的总体评价,是一定人生阶段的生存和发展水平的总体评价。依据人本主义思想,幸福就是一定人生阶段内的生理满足的快乐、安全满足的快乐、受尊重的快乐和自我实现的快乐的总和。可用公式将幸福表达为:幸福=物质满足+安全满足+情感满足+尊重满足+自我实现。

本书在对幸福概念、特征进行界定的基础上,探讨了幸福的测量和影响因素,总结了西方的幸福理论、马克思的幸福理论和中国的幸福理论;从健康生活、收入保障、情感支持、生活环境和价值实现五个方面分析了民众基于幸福生活的公共需求,分析了公共支出和税收政策对居民幸福感的影响机理;用实证方法分析了中国居民幸福感的影响因素,分析了区(县)一级政府公共支出对居民幸福感的直接影响和通过调节收入差距对不同收入层次居民幸福感的间接影响,分析了宏观税负和各税种税负的痛苦效应、各收入阶层的税负痛苦效应以及公共支出与各类民生支出的调节作用;以幸福最大化作为政府政策目标对中国公共支出和税收的规模、结构现状进行了评价;梳理了不丹和美国开展幸福建设的政策实践,总结了我国广东和湖南两省提升居民幸福水平的财税政策经验;最后从公共支出总量调整、结构优化、绩效管理、预算管理体制、营改增、消费税和个人所得税等方面提出了中国财税改革的对策建议。

全书共7章。第1章导言部分主要介绍本书的选题背景、研究意义、研究现状、研究内容和方法、主要观点、创新与不足之处。第2章为幸福的基本理论,是全书分析的理论基础。第3章是财税政策影响居民幸福感的理论分析。第4章是中国财税政策幸福效应的实证分析。第5章是基于幸福视角的中国财税政策的现状分析。第6章是国内外财税政策促进居民幸福感提升的实践。第7章是提高中国居民幸福感的财税政策改革建议。

本书运用规范分析法对财税政策与居民幸福感之间的关系,中国公共支出政策和税收政策促进国民幸福水平提升进行了以调查、实证结论为基础的结论性归纳与预测性演绎;运用文献研究法对古今中外的幸福理论:中国的幸福理论、西方的幸福理论和马克思的幸福理论进行了整理,通过对国内外已有的关于幸福的研究进行脉络梳理,寻找国内外有关居民幸福感研究体系的不足,完善和补充了对居民幸福感的研究;通过查阅相关文件,了解国内外幸福测量评价及提升国民幸福的实践,了解我国公共支出提升国民幸福的文化背景、经济社会制度和社会环境,为中国财税政策促进国民幸福水平的提高提供现实基础;运用比较研究法,通过对国内外有关居民幸福研究的比较,分析不丹和美国等国家提升国民幸福水平的政策制度体系设计,分析广东和湖南提升国民幸福水平的政策实践,为中国财税政策促进居民幸福感提升提供经验借鉴;运用实证分析法,通过建立多层 Logistic 模型和 Ordered Probit 模型,利用 CGSS 采集到我国城乡居民幸福感和个体特征因素、社会学特征因素的相关数据,对中国居民幸福感的影响因素,对中国公共支出、税收对城乡居民幸福感的影响进行实证考察,为中国实施财税政策改革提高居民幸福感提供现实依据。规范分析和实证分析、文献研究和比较研究相结合的研究方法,有助于形成一个从理论逻辑演绎到现实归纳与对策总结的方法论体系,为基于幸福视角的中国财税政策改革的政策建议研究提供科学的研究工具。

汤凤林

2019 年 11 月 18 日

目录
CONTENTS

第1章 导 论

1.1 选题背景和研究意义

1.1.1 选题背景

随着经济发展和社会进步,人们衣食住行等方面的条件发生了翻天覆地的变化。居民享受到物质条件改善带来的好处的同时,也承受了不少负面因素的影响,如日益恶化的生态环境、不断扩大的贫富差距、更加严峻的就业形势和频频出现的食品安全事件等。这些问题迫使我们不得不思考,人类竭尽全力所追求的经济增长到底给我们带来了什么?我们比物质贫乏的年代更幸福了吗?如何才能得到属于我们自己的幸福?长期以来,人们普遍把财富和收入的增长看作提升幸福水平的重要因素,甚至升级为唯一的评价指标,在这种幸福思想的指引下,东西方国家都实行"GDP 崇拜",唯效率主义、唯经济指数的取向,导致了生态环境、国民教育、就业保障、社会福利、医疗卫生和文化等领域建设的滞后,人们并没有在经济快速发展中感受到生活质量提高和幸福感增强(高延春,2015)。国内外相关研究表明,世界上幸福水平最高的国家并非经济发达的国家,有钱人也未必比穷人更幸福,"幸福悖论"现象引发了社会各界对以 GDP 为导向的经济发展方式的重新审视与思考。

1)外国政府的幸福行动

随着"国民幸福"逐渐成为国内外学术界及各级政府部门关注的热点,许多国家开始以实际行动促进国民幸福水平提升。如 2008 年法国开发了国民心理账户,以便关注民众的幸福感状况,并将其作为考核政府工作绩效的重要指标和依据;2010 年 11 月 15 日,英国国家统计局正式宣布展开对国民"主观幸福感"的调查,创设了"国民发展指数(MDP)",综合考虑社会、环境成本和自然资本,并随时调整政策,让英国成为一个人人感到幸福的国度;日本也开始采用另一种形式的国民幸福总值(GNC),强调文化方面的因素;2010 年,巴西通过 19 号宪法修正案,将"寻求幸福"作为公民的权利写入国家宪法,使其有了国家法律的保障。当然,最早关注国民幸福的还是不丹,早在 1972 年各国如火如荼地展开 GDP 竞赛的年代,不丹就开始用国民幸福总值 GNH(Gross National Happiness)来衡量居民的幸福感,其发明者不丹国王日热米·辛耶·旺查克认为,政策应该关注幸福,并应以实现幸福为目标。这个政策制定的依据是:在实现现代化的同时,不能失去精神生活、平和的心态和国民的幸福。在这种执政理念的指导下，不丹创造性地提出了由政府善治、经济增长、文化发展和环境保护四个方面组成的“国民幸福总值(GNH)”指标，并将国民幸福总值最大化作为不丹政府的最高发展目标。2016 年 2 月 10 日，世界上首位国家幸福部长在阿联酋正式诞生，这是世界上国家政府机构的第一次创新。在世人看来，幸福一直是一个模糊的虚幻的概念，而经济、技术才是实实在在的，所以一直没有专门的幸福部门，而阿联酋正式设立了一个专门的职能部门来科学地、综合地管理幸福指数，提醒大家更加关注幸福问题，从而更有利于提升其居民的幸福水平。

2)我国陷入“幸福悖论”

改革开放 40 年来，我国经济一直保持高速增长，远远超过同期世界经济年均增速。2009 年，我国 GDP 跃居世界第 2 位。2010 年，我国人均 GDP 达到 4 434 美元，按照世界银行的划分标准，我国已经由低收入国家跃升至中上等收入国家，人民的生活从温饱不足发展到向全面小康迈进。然而，我国却陷入了“幸福悖论”。荷兰伊拉斯谟大学曾对中国国民的幸福感进行了 3 次调查，其中，1990 年国民幸福指数 6.64(1 ~ 10 标度)，1995 年上升到 7.08，但 2001 年却下降到 6.60。Easterlin(2012)认为，1990—2010 年中国居民生活满意度呈先下降后逐步上升的 U 形变化趋势，但 2010 年的生活满意度比 1990 年还低。Kahneman 和 Krueger(2006)认为，1994—2005 年中国感觉生活幸福的人数下降了约 15%。进一步的调查报告显示，中国经济最为发达的北京、上海、深圳、浙江等省市城乡幸福感指数最低，由物质生活水平的提高所带来的边际幸福正效用加速递减。经济发达地区人们的收入增加了，但幸福感并没有持续增强，除收入因素外，其他非物质因素对人们的幸福感也产生了重要影响。

3)国内幸福大潮涌动

随着“幸福热”在世界范围的不断上升以及一系列社会问题的产生，我国政府也逐渐开始重视城乡居民幸福感的问题。中共十七届五中全会、2011 年全国“两会”和我国的“国民经济和社会发展第十二个五年规划”都释放出淡化 GDP 指标的信号，国民幸福总值逐渐引起社会各界的广泛关注。2012 年 11 月 29 日，习近平总书记在国家博物馆参观《复兴之路》基本陈列时，正式提出了“中国梦”的概念。“中国梦”的基本内涵是实现国家富强、民族振兴、人民幸福，无论是国家富强，还是民族振兴，归根到底都是人民的幸福梦，所以，党和国家一直是以增进人民福祉为核心促进中国梦的实现，从最广大人民的根本利益出发，加快推进以改善民生建设为重点的社会建设，切实提高人民群众的普遍幸福感(高延春，2015)。深圳市是我国最早将城乡居民幸福感纳入政府工作目标的城市。深圳政府将“和谐指数”和“幸福指数”的概念作为当地居民幸福感的考核因素，细化成“社会和谐量表”和“个人幸福量表”。其中，“社会和谐量表”主要包括社会稳定、身心健康、环境状况等方面，“个人幸福量表”包括人际关系、家庭关系等方面。随后，北京、西安、四川等地方政府都提出了建设自己的“幸福城市”。

4)提升居民幸福感的财税政策探索

现阶段我国应如何建设“幸福中国”，利用财税政策破解“幸福悖论”难题，促进城乡居民幸福感的提升？一方面，大量研究表明，政府支出的增加有利于居民幸福感提升，特别是教育、医疗、社会保障等亲贫式支出可以在一定程度上缓解居民生活压力，提高居民生活质量，是解决“幸福悖论”的重要手段。但由于现阶段我国政府公共资源配置总体效率不高，在公共支出总量和结构方面还存在不少问题。因此，提高公共资源配置效率，优化公共支出结构，以促进居民幸福水平的提升，成为各级政府不得不面对的重要问题。

另一方面，随着我国经济的高速增长，税收也长期保持超经济增长态势。尽管政府官员和专家学者们对于这些税负及税负痛苦指数颇有争议，但在此期间我国的宏观税负一直增加，居民的幸福感呈下降趋势却是事实。所以，税收负担的加重是否降低了居民幸福感，政府征税在多大程度上降低了居民幸福感，是需要进一步深入研究才会有明确答案的问题。

此外，改革开放以来，中国经济持续快速增长，居民收入水平不断提高，居民间收入差距也持续扩大，而与此同时居民幸福感不升反降。是日益扩大的收入差距降低了中国居民的幸福感吗？理论上，政府可以通过累进的所得税降低高收入者的收入水平，同时通过增加财政补贴及其他民生支出方式增加低收入者的收入，从而调节收入差距，提高低收入者幸福水平。那么，我国的财政支出政策在提高居民幸福感方面效果如何？

当前，我国以间接税为主导的税制结构在收入分配上具有累退效应。2016 年 5 月 1 日，在全国范围内推行的全面“营改增”是我国结构性减税的重头戏，是我国消除重复课税、公平税负的重要举措；在后“营改增”时期，我国要逐步构建面向自然人的税费征管体系。现代直接税体系中，个人所得税的调节效应最佳，但当前我国个人所得税占税收收入的比重仅 8% 左右，且主要来源于工薪所得。相对于资本性、财产性所得的税收，来自工薪所得的税收尽管有易于源泉扣缴的特点，但也导致了工薪阶层税负重，而真正富裕的阶层税负轻，居民收入分配差距不但没有缩小，反而被迅速拉大。城乡贫富悬殊，在一定程度上影响了城乡居民的幸福感（魏升民，2016）。那么，居民幸福感的下降在多大程度上是由税收结构、税制设计的不合理所导致的？因此，本书还将研究税收政策对不同收入群体幸福感的影响，以寻求居民幸福最大化目标下的中国税收政策优化之策。

1.1.2 研究意义

1）理论意义

本书的研究提供了一个和谐社会框架下公共支出结构优化和税制结构优化的新视角，即国民幸福最大化。国民幸福最大化原则是对传统的财政支出和税制设计的公平和效率原则的补充，反映了不同时期公共需求范围、重点以及税收负担分布的变化，是对财税政策提出的新要求。

作为幸福经济学的文献之一，本书的研究是沿着“公共支出主要是经由经济增长、公平分配两个途径对居民幸福感产生影响”，“征税会给人们带来税痛，但征税的目的是提供公共产品和服务，公共产品和服务会增加人们的福利，从而提升居民幸福感”这一主线进行的理论与实证分析，本书利用中国本土的数据所作的研究丰富了经济学对发展中国家幸福问题的研究。

本书从经济学角度对国民幸福进行了理论研究，分析了转变经济发展方式、构建和谐社会、实现科学发展等理论问题，就中国特色社会主义理论体系对经济发展的指导进行了幸福经济学方面的理论思考。

2）实际意义

有利于提高财政资金使用效率，优化公共支出结构。当前我国财政资金浪费严重，使用效率低下，政府公共支出安排不尽合理，财政支出结构亟待优化。而从提升国民幸福水平角度对公共支出结构进行优化设计，可以为未来公共支出管理领域的提供思路。

有利于合理调整财政收入规模，优化税制结构。当前我国仍然有相当部分的政府性收入没有纳入预算内管理；地方主体税种缺乏；税种结构上，流转税的比重过大，所得税比重偏小；消费税征收范围不尽合理，个人所得税公平缺失。从居民税负痛苦最小、居民幸福感最大化角度优化税制结构，可以为新时期财税制度改革提供方向。

有利于树立和落实科学发展观，是建设和谐社会的有力保证。只有深入了解民众的需求，解决束缚经济和社会发展的根本问题，发展才能持续，社会才能和谐。本书的研究有利于政府摒弃"一切以 GDP 发展为纲"的执政理念，开始切实关注国民的生活质量和社会保障，使得经济和社会的发展逐渐从注重数量上的发展转变为注重质量上的发展，提升国民的生活档次；有利于国民幸福指标体系的建立，为评价宏观经济发展质量与和谐社会的发展程度提供有效的分析工具。

1.2 国内外研究现状

1.2.1 公共支出对居民幸福感的影响

1）公共支出对居民幸福感的直接影响

理论研究认为，公共支出尤其是教育、社保、环保和安全等方面的支出能直接提升居民幸福感（Yew-Kwang NG，2008）。而实证研究表明，公共支出总量与居民幸福感的关系结论不一，教育、失业、健康、科教和文化等方面的支出直接提升了居民幸福感，且对不同居民群体的幸福感产生了不同影响；而社会保障方面的支出与居民幸福感关系不显著。黄有光（2003，2005）、AK Dutt（2006）、Lena（2008）、Ram（2009）等学者认为，政府用于教育、健康、环保和安全等方面的支出可提升居民幸福感。然而，Ram（2009）认为，增加公共支出意味着税负加重，税负增加会降低居民幸福感，因而公共支出对居民幸福感的最终影响取决于这种正向与负向影响的对比。Zohal Hessami（2010）认为，公共支出与居民幸福感呈倒 U 型关系。从支出结构看，政府用于教育（Zohal Hessami，2010）、失业保障（Di Tella，Mac Culloch，Oswald，2001）、健康（Kotakorpi，Laamanen，2010）、科教、文化和卫生（谢舜，魏万青，周少君，

2012）等方面的支出有助于提升居民幸福感。Veehoven（2000）认为，社保支出与居民幸福感不相关。关于公共支出对不同群体幸福感的影响，Kotakorpi 和 Laamanen（2010）认为，不同收入群体偏好不同类型的卫生保健项目，从而使得政府卫生保健支出给他们带来的幸福感影响不一样。科教、文化、卫生和社保支出的幸福效应在城市本地居民与外来务工人员之间（谢舜等，2012）、在不同收入阶层的农民之间（胡洪曙，鲁元平，2012）也存在差异。

2）公共支出通过调节收入差距对居民幸福感的影响

（1）公共支出对收入差距的影响

早期的理论研究对公共支出调节收入差距的依据、手段及效应等进行了分析。新古典经济学家庇古（1963）基于边际效应递减规律，最早提出政府有必要采取措施促进收入公平分配，刺激经济发展，主张政府通过征收遗产税和收入累进税、对生活必需品给予补贴、举办服务大众的社会设施（如免费学校和低价住宅）等措施改善收入分配。凯恩斯提出政府应通过提高直接税的比重来提高社会边际消费倾向，促进经济增长（凯恩斯，1983）。布坎南（1991）则从民主政治过程的缺陷质疑了政府再分配的有效性，主张在宪法中规定实行免费公立教育和遗产税来缩小人们出身的差距，促进机会均等。有关实证研究表明，从公共支出总量看，不同国家的公共支出有不同的收入分配效果。Keuning、Ocampo（1998）等认为，发展中国家的财政政策对于收入差距有较好的调节作用。Antonio（2006）、Mello、Tanzi、Brazil 等学者认为，公共支出没有减轻收入不平等，甚至还有加剧收入不平等的趋势。Harum（2012）认为，公共支出对不同地区和种族家庭的收入分配产生了不同影响。Neal（2013）认为，发达国家的公共支出有降低高收入者收入水平的作用。夏龙等（2011）却认为，是收入差距导致了公共支出增长。从公共支出结构看，Caminada、Paternostro、Gorge、Jao 等学者认为，教育、健康、住房和社会福利等方面的公共支出能较好地缩小收入差距。Klump 等认为，发展中国家基础设施支出也可有效减少贫困。沈坤荣、张景（2007）认为，农村公共支出对城乡收入差距没有明显的调节作用。

（2）收入差距对居民幸福感的影响

现有理论研究表明，收入差距会降低居民幸福感，而有关实证研究尚未得出一致结论。不同国家、不同政治派别和不同收入层次的人群，收入差距的幸福效应各不相同。Fehr 和 Schmidt（1999）认为，人类对收入不平等的厌恶使之降低了幸福感。Morawetz 认为，收入差距越大的村庄居民生活满意度越低。Hagerty、Schwarze、Harpfer（2003）、Blanflower（2004）、Graham 和 Felton（2006）等人的研究也支持了这一观点。Alesina（2004）认为，收入差距对居民幸福感的负面影响在欧洲比美国大。何立新等（2011）认为，收入差距显著降低了所有人的幸福感。王鹏（2011）认为，收入差距与居民幸福感呈倒 U 形关系；近期研究则涉及收入不平等影响居民幸福感途径的分析。鲁元平等（2011）证实了收入不平等会导致更高的社会犯罪率，从而降低居民幸福感。胡洪曙等（2012）证实了收入不平等会通过享有医疗服务差异等途径影响老年人健康，从而对居民幸福感产生间接影响。然而也有相反的观点，比如 Clark（2003）就认为收入不平等提高了近 3 年收入有较大增长的 40 岁以下的全职雇员的幸福感。Senik(2004)认为,收入不平等与居民幸福感没有明显关联。学者们大多认为是社会流动性差异导致了不同人群收入差距的幸福效应不同。社会流动性越强,人们认可的收入不平等就越高,收入差距对幸福感的负面影响就越小(Schneider,2012)。美国的社会流动性较强,收入差距对美国居民幸福感的影响较小(Alesina,2004)。而 Graham 和 Felton(2006)认为,个体对社会流动性感知的不同以及收入不平等度量指标的不同会导致收入差距的幸福效应不同。Smyth 和 Qian(2008)则认为,个体对收入差距的感知也会导致其幸福感的差异。

1.2.2 税收对居民幸福感的影响

Norman 最早提出,区分良税和劣税的标准是看它是否实现了"为最多的人提供最大的幸福"的目标。黄有光(2005)指出,从整体上来看,税收会增加居民的负担,但若政府用税收来提供教育、社会保障和环境保护等服务,社会整体福利会上升,从而抵消税负带来的幸福感下降。漆亮亮(2008)认为,从分税种来看,累进的个人所得税、财产税可缩小贫富差距,提升低收入居民的幸福感。消费税,尤其是对豪宅好车等炫耀性消费商品的征税,税收超额负担小,符合经济效率原则,有助于增进社会福祉(黄有光,2005);对烟酒征收的消费税,有助于维护吸烟者和酗酒者自身及他人的健康,奠定其幸福生活的基础。而慈善捐赠免税和遗产税等差别税收政策可以鼓励富人进行利他主义的慈善捐赠,同时增进富人和穷人的幸福感(漆亮亮,2008)。

1.2.3 税收和公共支出共同对居民幸福感的影响

从实证研究的结果来看,中国宏观税负是否降低了居民幸福感没有一致结论(谢舜等,2012;赵新宇等,2013),但由于教育、社保、医疗、科学技术和文化卫生等支出对居民幸福感有显著的正面影响,使得税负对居民幸福感的负面影响被完全抵消(谢舜等,2012;赵新宇等,2013)。结论是:考虑了公共服务后,税负没有降低居民幸福感。

1.3 主要研究内容和方法

1.3.1 主要研究内容

本书主要包括以下 7 个方面的内容:第 1 章导论,主要是提出问题、研究背景和研究意义,并给出逻辑思路和框架,介绍国内外财税政策影响居民幸福感的研究动态,同时指出本项目可能的创新与不足。第 2 章幸福的基本理论包括幸福的内涵、幸福的测量,中西方的幸福理论,幸福的影响因素。第 3 章是财税政策影响居民幸福感的理论分析,主要包括居民幸福水平提升对财税政策目标和范围的内在要求,财税政策影响居民幸福感的机理。居民的幸福源于健康生活、收入保障、情感支持、生活环境和价值实现五个方面。从居民幸福感最大角度来看,公共支出规模、结构调整和税收政策与制度的安排都有必要从这五个方面发挥正面影响、减少负面影响。分析公共支出和税收政策对居民幸福感的影响机理,为后面实证模型的构建和变量选取提供了科学基础。第 4 章是中国财税政策幸福效应的实证分析,首先是确定中国居民幸福感的影响因素;其次是从公共支出规模与结构、税收规模与税种结构两个角度,采用序数概率模型,利用大样本调查数据,分别分析区县一级政府的财政支出、税收及其相关因素、其他宏观和微观变量对中国居民幸福感的影响,为找寻幸福最大化的财税政策及相关政策改革提供科学依据。第 5 章是基于幸福视角的中国财税政策的现状与问题分析,包括政府是否应该选择居民幸福最大化作为政策目标、幸福最大化目标下中国公共支出和税收规模与结构的现状及存在的问题。第 6 章是国内外财税政策促进居民幸福感提升的实践,梳理了国外(包括不丹和美国)提升居民幸福感的政策实践和财税手段,同时,对我国广东和湖南两省的国民幸福建设情况进行了整理分析,以寻找在实践中可行的提升居民幸福感的财税政策经验。第 7 章是提高中国居民幸福感的财税政策改革建议,包括提高中国居民幸福的支出政策(包括扩大预算内公共支出总量,优化公共支出结构,加强基于幸福视角的公共支出绩效管理),促进中国居民幸福感提升的税收政策(包括强化预算内收入份额,全面实行“营改增”,扩大消费税征税范围,改革和完善个人所得税,对有利于提升国民幸福的产业、行业和企业实行税收优惠)及其他保障措施(如公共财政体制、医疗卫生体制和收入分配制度等领域的改革等)。

1.3.2 研究方法

本书采用文献研究法、比较研究法、实证分析法,结合统计分析、计量分析与计算机数据处理等手段,使经济学、社会学、财政学、统计学和心理学等多学科基础理论交叉运用、相互支撑;在文献资料和数据调查的基础上,将定性分析和定量分析紧密结合,从理论、实证、制度安排以及政策设计等层面围绕地方公共支出政策和税收政策促进居民幸福感提升这一主线展开了多角度的研究。

1)文献研究法

首先,通过阅读国内外相关研究资料,探寻古今中外的幸福理论:中国的幸福理论(包括儒家、道家、佛家的幸福思想及其当代价值),西方的幸福理论(包括古希腊时期的幸福论、欧洲中世纪时期的幸福论和近代时期的幸福论),马克思的幸福理论。对现有相关研究脉络进行梳理,寻找国内外有关居民幸福感研究体系的不足,完善和补充对居民幸福感的研究。其次,通过查阅相关文件,了解国内外幸福测量评价及提升国民幸福的实践,了解我国财税政策提升国民幸福的文化背景和经济社会制度环境,为我国公共支出政策和税收政策促进国民幸福水平的提高提供现实基础。

2)比较研究法

通过对国内外有关居民幸福研究的比较,借鉴国际上其他国家提升国民幸福水平的政策制度体系设计,为我国财税政策促进国民幸福水平提升提供理论和实践基础。通过对国内其他省市(如广东和湖南等地)提升国民幸福水平的经验借鉴,为我国财税政策促进居民幸福水平提升提供经验借鉴。

3)实证分析法

通过建立 Ordered Probit 模型,利用 CGSS 采集到我国城乡居民幸福感和个体特征因素、社会学特征因素的相关数据,对我国公共支出和税收对低、中、高收入居民幸福水平的影响进行实证考察。

4)规范分析法

本书运用了经济学、社会学、财政学、统计学和心理学等多学科基础理论,对我国公共支出政策和税收政策促进国民幸福水平提升进行以调查、实证结论为基础的结论性归纳与预测性演绎。

1.4 主要观点、创新与不足之处

1.4.1 主要观点

①快乐是欲望和需求得到满足后的心理体验;幸福是对一定人生阶段的快乐水平的总体评价,是一定人生阶段的生存和发展水平的总体评价。依据人本主义思想,可用公式将幸福表达为:幸福=物质满足+安全满足+情感满足+尊重满足+自我实现。西方文献中幸福感的影响因素有收入和非收入因素,其中非收入因素包括宏观经济社会因素和微观个体特征因素等。宏观经济社会因素有通货膨胀、失业率、城镇化率、环境状况、气候条件、政府政策和制度等,个体特征因素有年龄、性别、种族、健康、婚姻、宗教信仰、教育程度、时间分配、朋友关系和子女个数等。中国居民的幸福感影响因素较特殊的地方在于:传统的中庸之道影响人们的幸福观念,中国居民大都讲求低调,渴望稳定。家庭幸福感对于个人幸福感至关重要,家庭结构、家庭规模是城乡居民幸福感的重要影响因素。社会阶层、城乡二元结构、传统文化价值观和与领导工作之外的关系等是影响居民幸福感的重要因素。

②GDP 增长的政策目标无法实现社会和谐,“幸福悖论”在世界范围内存在,居民幸福最大化的财税政策目标与和谐社会构建有内在一致性。幸福的影响因素会对幸福生活的基本方面产生影响,同时也是城乡居民公共需求形成的基础,只有符合城乡居民公共需求的公共支出才能有效地提升国民幸福水平。和谐社会的构建要求公共支出以幸福最大化为目标,公共物品提供会提高国民幸福水平,然而公共支出不能无止境增加,因为同时税负也在增加,因此,国民幸福最大化目标首先决定了公共支出规模必须有一个合适的水平。在不同的经济发展阶段,民众的公共需求会发生变化,国民幸福最大化目标还决定了公共支出结构要随着经济社会发展而优化。

③最优税收就是效率和公平兼顾从而使得社会福利最大化的税收。税收是从居民收入

中取走一部分归政府支配，所以政府征税越少对个体越好，居民的幸福感越高。税制设计越合理，税收征收和管理成本较低，税制就越有效率。在税收规模既定的情况下，由于过高比例的商品税会带来收入分配不公及其他社会问题，过高比例的所得税会带来效率损失问题，因此，商品税和所得税的最优比例取决于该时点上经济增长是否有效率，收入是否实现了公平分配。居民幸福最大化目标下的效率和公平原则要求最优商品课税应尽可能地广泛课征，同时对商品实行差别税率，对低收入群体偏好的商品或生活必需品采用低税率或免税，对高收入群体偏好的商品或奢侈品课征高税率。如果采用比例税率的形式，最优线性所得税边际税率应该是：劳动供给弹性越大，边际税率越低；越需要促进收入公平分配，边际税率越高；越需要筹集更多的财政收入，边际税率越高。如果采用累进税率形式，最优非线性所得税的边际税率应该是：对高收入段的边际税率降为0，低收入段的初始税率接近于0，而中收入段的边际税率较高点，即边际税率曲线应呈倒U形。

④从实证研究的结果来看，区县宏观经济社会变量（如人均GDP和通胀率）是影响居民幸福感的重要因素。在所有的微观因素中，家庭经济地位对居民幸福感的影响最大，其次是婚姻状况、健康、就业和家庭人均收入；个体间性别和年龄的幸福效应差异显著。

收入差距显著降低了居民幸福感。中国区县一级的公共支出总量不仅直接提高了居民幸福感，还通过缩小收入差距间接提高了居民幸福感。教育支出显著提高了居民幸福感；医疗卫生支出和社保支出微弱降低了居民幸福感。各项公共支出对收入差距幸福负效应的调节作用均对中等收入群体显著，对高收入群体不显著；教育和社保支出对低收入群体显著。

中国地方政府中等口径的宏观税负并没有使居民明显地感到痛苦，只有个人所得税和消费税使较高收入居民感到痛苦；政府支出带来福利的增加足以抵消税负带来的痛苦。民生支出中教育支出和环保支出对居民（尤其是高、低收入组居民）税负幸福效应的调节作用更大。

⑤1978—2006年，随着市场经济的逐步建立，基本建设支出和增拨企业的流动资金占比下降较多，有助于提升居民幸福感。农业支出占比在波动中呈下降趋势，不利于提升广大农村居民的幸福感。2007—2015年，一般公共服务支出占比下降，医疗卫生支出占比增长较快，教育支出占比有适度增长，环保支出和城乡社区事务支出占比也有一定程度的增长，有利于提升居民的幸福感。公共安全、司法和科技支出占比下降，文体传媒支出和社保就业支出没有增长，不利于提升居民的幸福感。经济建设支出的增长需要在经济低迷时和经济落后地区才有利于提升居民的幸福感。

⑥就现行的税收政策和制度来看，首先，商品税和所得税占比仍需进一步调整以实现居民幸福感最大化。经济效率仍有大量改进空间，收入差距仍然悬殊，效率和公平两个目标远未实现，如何确定两者的比例来促进公平和效率两个目标的实现，仍是未来税制改革必须面对并应引起重视的问题。其次，优化商品税结构以实现居民幸福感最大化。增值税已经扩围，覆盖了所有的产品和服务，未来应对中低收入者生产经营行为免征增值税，或实行低税率政策；设计有差别的增值税税率体系使纳税人超额负担尽可能小的基础上，各类商品和服

务的纳税人平均税负基本一致。最后,优化所得税制以实现居民幸福感最大化。为了实现公平,有必要对收入越高的人征更多的税,对低收入者不征税,对中间收入水平的人可以实行较高的税率。对于高收入者,传统的观点是收入越多征税率越高,但最优非线性所得税认为,最高收入者经济效率也往往最高,为了保证效率应该对最高收入者实行低税率。据此可以认为,我国个人所得税中工薪所得税七级超额累进税率的边际税率最高达45%这样的税率设计是违反效率目标的;3 500 元的月基本扣除太低,对于很多城市来说3 500 元不足以弥补生活成本,不符合公平原则;分类征收的模式给高收入者提供了节税空间,从而使公平目标难以实现。

⑦不丹作为一个经济落后的国家,早在世界其他各国都以 GDP 增长为奋斗目标的 20 世纪 60 年代,就选择以国民幸福总值作为政府政策目标,强调物质财富和精神产品的均衡发展,资源环境的保护和传统文化的促进优于经济发展,用国民幸福总值(GNH)代替国内生产总值(GDP)作为衡量发展标准。尽管世界上许多国家的经济得到了长足发展,但贫富悬殊、环境污染等问题促使人们反思 GDP 导向的经济社会发展模式的正确性。美国在 2007 年成立了一个名为“美国现状”的项目,后来这一项目又进一步发展为一个由美国国家科学院运作的国家关键指标系统,在犯罪、能源、基础设施、住房、医疗、教育、环境和经济等领域,建立了一个多元性、综合性的标准来评判“美国的进步”。中国最早提出并着手建设幸福省市的地方是广东。广东省有着中国最好的市场经济基础。2011 年,广东率先出台了一套省级幸福指标体系,并对全省范围内的地级市进行了幸福绩效评价,每年发布广东群众幸福感测评调查报告,把幸福广东建设落到实处。湖南作为一个中部省,经济发展处于中间水平,于 2015 年提出建设幸福湖南,将幸福湖南建设列入“十三五”规划,在财政支出上尽可能地向民生倾斜,不遗余力地推动居民幸福水平提升。

⑧未来要规范预算外、制度外政府经济行为,扩大预算内公共支出总量;加大对落后地区的转移支付力度,提升落后地区公共支出水平。要增加民生支出,加大对低收入群体的补贴力度;加强公共支出管理、改革公共服务提供方式,提高财政资金使用效率。要加强基于幸福视角的公共支出绩效管理,构建公共支出的幸福绩效评价指标体系。要改革预算管理制度,强化区(县)制度预算内收入份额。继续保持流转税为主的税制结构,全面实行“营改增”;扩大消费税征收范围;改革和完善个人所得税。对有利于提升国民幸福的产业、行业和企业实行税收优惠。要改革预算管理体制,增加区(县)政府自有财力;改变自上而下的公共物品供给方式,提供更多满足民众需求的公共物品。改革医疗卫生体制,切实解决城乡居民看病难、看病贵的问题。深化收入分配制度改革,消除不合理的收入差距。

1.4.2 创　新

①本书根据幸福生活的 5 个主要方面——健康生活、收入保障、情感支持、生活环境和价值实现,来寻找国民幸福的主要影响因素,根据这些影响因素分析民众对政府各类公共物品的需求,从而探究公共支出有效提升国民幸福水平的作用机理。同时,本书还从最优税收理论角度分析了税收规模、结构和税率设计影响居民幸福感的机理。

②本书从实证的角度分析了我国居民幸福感的影响因素，分析了公共支出通过调节收入差距对居民幸福感的作用机制和产生的间接影响，分析了公共支出总量和教育、医疗卫生和社保三类民生支出对不同收入层次居民幸福感的调节作用的差异及原因，分析了中国主要税种的税负痛苦效应，不同收入阶层的税负痛苦效应以及公共支出对不同税种、不同收入阶层的税负痛苦效应的调节作用。

③本书对幸福最大化目标下中国公共支出的规模和结构、税收规模与结构现状进行了分析与评价，结合国内外幸福建设的实践经验，提出了公共支出政策和税收政策以及其他配套制度改革的建议。

1.4.3 不 足

①幸福的影响因素有许多，受数据可获得性限制，本文纳入 Ordered Probit 模型进行分析的只是其中的主要部分。如，对诸如宗教之类比较敏感的因素、性格特质等与公共支出联系不紧密的生物遗传因素、亲密关系等涉及个人隐私的因素均被省略，而这在进行实证分析时可能会影响研究结果的客观性。

②文章只是通过实证的方法测算了各主要因素对国民幸福水平的影响方向和影响程度，分析了公共支出、税收对国民幸福的影响机理。至于其他因素影响国民幸福的作用机制需要进一步研究。

③居民幸福感和个体特征数据只能用截面数据。只有某一年度的居民幸福感和个体特征的调查数据，使研究无法对特定人群幸福感变化的影响因素进行追踪分析，无法得知从时间维度来看幸福感的变化有多少是因为公共支出、税负变化所导致的。中国综合社会调查项目(CGSS)第二期近几年的调查已经对部分人群进行追踪调查，随着时间的推移和年度调查数据的不断积累，居民幸福感和个体特征的截面数据问题将逐步得到解决。

第2章　幸福的基本理论

2.1　幸　福

幸福和快乐是人类追求的终极价值,也是人类探讨的永恒主题。哲学、伦理学、心理学、生物学和经济学都在永不停歇地研究幸福的奥秘,都试图从不同的角度、用不同的方法来解读人类的幸福问题。从浩如烟海的已有文献资料来看,国外研究幸福的理论可以概括为以下四种:一是早期的哲学、伦理学幸福理论。二是200多年来的经济学幸福理论。三是心理学幸福理论。四是现代生物学包括生理神经学和遗传学的幸福理论。哲学和伦理学主要从人性理论、价值观和道德观的角度研究幸福问题。经济学脱胎于哲学体系,经济学需要解答人类行为的目的与稀缺资源之间的关系问题,因此,经济学一直是从财富与快乐和幸福的关系角度在研究幸福问题。心理学主要从情感和认知的角度研究幸福的情感体验和生活满意度问题,重点研究影响主观感受的要素结构及其测量。生物学研究幸福的生理机制,遗传学和脑科学研究幸福的遗传结构和大脑感受快乐、幸福的生理机制。可见,自古至今,多个学科都对幸福问题进行了广泛的研究并形成了各自独特的观点。当前的研究趋势是跨学科的协作与整合,如心理学与经济学的结合开创了新的幸福理论和新的研究局面(肖仲华,2010)。

2.1.1　什么是幸福

幸福是一个因人而异的概念,一切对幸福的定义均基于对人性的解读,人们对人性理解的差异形成了各自不同的幸福定义。从哲学的角度来看,理性主义人性论决定完善论幸福观,自然人性论决定快乐主义幸福观。过去囿于科技和生产力的发展水平,二者均只是基于经验和思辨的分析,缺乏科学实证证据。随着心理学、生物遗传学和脑科学的研究进展,现阶段我们完全可以依据科学发现来理解人性,从而对幸福作出一个科学的定义(肖仲华,2010)。

1)幸福思想的哲理渊源

(1)快乐论幸福观

快乐论幸福观始于公元前400年前后的古希腊哲学家、昔兰尼学派创始人阿里斯底波,他从快乐与幸福进行比较的角度对幸福进行了定义,认为快乐是个人由自身的理由被追求的特殊快乐,而幸福是全部特殊快乐的总和,包括过去和未来的快乐(宋希仁,2004)。后来古希腊哲学家伊壁鸠鲁对快乐论幸福观发扬光大,并在西方社会产生了广泛而深远的影响。伊壁鸠鲁认为,快乐是幸福生活的始点与终点,快乐是最高的和天生的善,人们从快乐出发开始各种选择,是为了获得快乐(苗力田,1989)。此后的中世纪是漫长的禁欲主义时期,快乐主义基本没有了阵地。17 世纪英国唯物主义经验论哲学家洛克(John Locke,1632—1704 年)从“趋乐避苦”的自然人性和经验主义立场出发,认为幸福就是快乐,他的观点得到莱布尼茨的积极响应(肖仲华,2010)。莱布尼茨(Gottfried Wilhelm Leibniz,1646—1716 年)认为幸福是最大范围的快乐,是一种持续的快乐;幸福是通过快乐的一条道路,快乐只是走向幸福的一步和上升的一个阶梯;理性和意志引导人们走向幸福,而感觉和欲望只是把人们引向快乐(邢占军,2005)。

19 世纪由边沁创立,被穆勒进一步发扬光大的功利主义幸福是快乐论幸福观发展到极致的产物。边沁是英国哲学家、法理学家,他继承了快乐主义思想,将趋乐避苦作为功利主义的原则依据,同时也继承了道德情感主义的幸福思想,将斯密老师哈奇森的“带给最多的人最大的幸福”观点作为功利主义的根本原则,避开对幸福性质的价值判断,认为所有幸福无论源于何处,带给人的愉悦感都是相同的(斯坦利·L. 布鲁,2008)。边沁(2010)认为,人们对快乐和痛苦的评价是主观的,促进大多数人的最大程度的幸福需要在个人之间进行功利或效用的对比才能实现,这种效用的对比需要用货币单位来进行度量和加减乘除的精确计算。他为快乐制订了 7 大标准(强度、持续性、确定性或不确定性、时间上的远近、继生性、纯度和广度),并列举了 14 大快乐(感官之乐、财富之乐、技能之乐、和睦之乐、声誉之乐、权势之乐、虔诚之乐、仁慈之乐、作恶之乐、回忆之乐、想象之乐、期望之乐、联系之乐和解脱之乐),还列举了一些影响人类幸福和痛苦程度的因素(如健康、性生活、年龄、教育和宗教等)。可见,从边沁开始,幸福一词开始被“功利”或“效用”取代,幸福原理和幸福最大化开始被“功利原理”和“效用最大化”所替代。穆勒作为功利主义的又一代表人物,认为边沁关于人类行为的动机仅受自我满足欲望的驱使不尽全面,忽略了人们出于自身目的对美、荣誉和其他目标的追求,人们不仅要关心享乐的数量,也应关心享乐的质量。他主张用幸福主义取代边沁的快乐主义,把人的内心修养当作人类幸福的首要条件之一,提出内涵广泛的幸福概念(宋希仁,2004)。功利主义自诞生之日起就成为西方道德和立法的基础(理查德·莱亚德,2009),成为主流经济学赖以存在的哲学前提。2002 年诺贝尔经济学奖获得者,美国普林斯顿大学教授丹尼尔·卡尼曼(Daniel Kahneman)是边沁功利主义的积极支持者,他不仅主张主流经济学恢复边沁的快乐主义理论,同时还开创了体验功利主义的新时代,而且还用实验心理学的方法证明了幸福和痛苦的体验效用可以被测度(肖仲华,2010)。

(2)完善论幸福观

希腊早期哲学家赫拉克利特(Heraclitus,约公元前 540—前 480 年)认为人的幸福在于为正义而斗争,并对快乐主义持否定态度(赫拉克利特,2007)。亚里士多德在反思柏拉图的神性幸福观、阿里斯底波和伊壁鸠鲁的快乐幸福观的基础上提出了较为系统的完善论幸福观。他认为快乐不同于幸福,快乐未必是“善”和“至善”;幸福是属于人的可达到的最高善

(亚里士多德,2003),是合于德性的实现活动,即幸福是合乎美德要求的生活实践以及在生活实践中对美德的追求、实现和完善。亚里士多德把"善"分为外在的善(财富、出身、友爱、好运)、身体的善(健康、强壮、健美、敏锐)和灵魂的善(节制、勇敢、公正、明智)。德性是"灵魂的善",就是美德。德性分为理智德性(如智慧、理解和明智)与道德德性(如慷慨和节制),前者主要是通过教导而发生发展的,后者则是通过习惯养成的(亚里士多德,2003)。德性来自于人们的生活实践,人们的生活实践又是不断追求、完善和实现美德的实践。可见,亚里士多德的幸福观从根本上讲是一种崇尚节欲、理智,主张在生活实践中进行道德实现和完善的完善论幸福观。

后人对亚里士多德幸福观的不同解读,形成了完全不同的,甚至对立的新的幸福观。斯多葛学派的代表人物、古罗马哲学家塞涅卡(Licius Annaeus Seneca,公元4—65 年)把亚里士多德"灵魂的善"中的节制进行了挖掘和放大,开创了禁欲主义的基督教幸福观,对其后的古罗马和中世纪产生了深远的影响。他将快乐分为两种:一种是肉体的快乐,一种是理性与精神的快乐(塞卡涅,2007)。肉体的快乐是微不足道的、短暂的,而且是非常有害的;不要这些东西,就得到一种有力的、愉快的提高,不可动摇、始终如一,安宁和睦、伟大与宽容相结合(北京大学哲学系外国哲学史教研室,1981);人要活得幸福就必须服从命运,坚毅地忍受痛苦;人生的目的在于培养起一种绝对的宁静,对快乐和灾难无动于衷(塞卡涅,2007)。斯多葛学派的另一代表人物罗马皇帝奥勒留(Marcus Aurelius,120—180 年)将幸福界定为"拥有善的某种能力或保持善的某种品行"。基督教哲学家和思想家奥古斯丁(Aurelius Augustinus,354—430 年)认为,幸福就在于拥有真理,而上帝之光使我们认识了真理(北京大学哲学系外国哲学史教研室,1981),幸福生活只能是一种排除了肉体感官欲望的灵魂的生活(宋希仁,2004)。可见,禁欲主义幸福观完全偏离了亚里士多德的完善论幸福观。

19 世纪初,基督教思想家、存在主义之父克尔凯郭尔(Soren Kierkegaard,1813—1855年)将人的存在描述成三个层次:感性的人、理性的人和宗教的人(索伦 · 克尔凯郭尔,1997)。感性的人是享乐主义者,他们为回避生活中的烦恼而追求短暂的物质享受和片刻的精神满足,追求忘记过去与未来的肤浅、世俗的享乐生活;理性的人是按理性原则生活的禁欲主义者,由于内心深处无法弃绝享乐的欲念,理性原则常常因感性生活的诱惑而处于激烈的矛盾冲突之中,并不能真正得到彻底的坚持;宗教的人由于有"上帝"的指引,既能够摆脱浅薄的感性诱惑,又能够放弃矛盾的理性原则,依靠对上帝的匍匐信仰,心神达到无欲无求的空灵境界。这三个层次的人生体现了三种不同的人生境界,其中宗教的人是实现了"最高的善"的人,是自我实现的人。克尔凯郭尔认为实现一个人生阶段到另一个人生阶段的过渡完全由人的自由选择决定,这种选择是绝对自由的,不应该受到来自自身之外的其他力量的限制和干扰。可见,克尔凯郭尔的幸福观是"带有生命喜悦的顺其自然",其特征是"现实的、协作的、运动的、安全的和富有意义的"(尼尔斯 · 托马森,2004)。他的幸福观仍然是属于禁欲主义的,但他的人生层次论在一定程度上体现了视自我实现为"最高善"的完善论思想。

19 世纪后期德国哲学家包尔生(Friedrich Paulsen,1846—1908 年)在对思想史上各种幸福观进行系统梳理的基础上,将幸福观分为快乐主义幸福观和自我实现幸福观,对完善论进行了进一步系统论述。他认为,快乐主义将快乐视为最高的善;而自我实现论认为实现意志的最高目标(即幸福)的行为类型和意志是善的,即幸福是人们存在的完善和生命的完美运动(邢占军,2005)。这与亚里士多德的完善论一脉相承。

幸福观总结:佛罗里达州立大学历史学教授麦马虹(Darrin M. McMahon)在《幸福史》中对西方两千多年来的幸福观进行了总结:在荷马时代,幸福等同于幸运;在古希腊,幸福等同于智慧和德行;在中世纪,幸福等同于天堂;在启蒙时代,幸福等同于及时行乐;到了现代,每个人都有一个自己的定义(Darrin M. McMahon,2006)。尽管麦马虹的总结简要而精辟,但是,快乐论和完善论无疑是两条交错的主线。尽管当代人对幸福有各种不同的理解,但是,随着现代生物学和心理学的发展,人们对幸福的认识也在逐渐清晰并趋于一致。这种一致性体现为人们对人本主义幸福观的普遍认同。人本心理学创始人马斯洛的需求层次理论和人格理论为千百年来人们争论不休的幸福问题给出了一个迄今为止最为完整而科学的答案:人类对幸福的追求是一个从物质满足中享受生存快乐,走向从自我实现中享受发展快乐的持续的动态过程,人类幸福是一个物质快乐与精神快乐相统一的整体,幸福是人类生存和发展的完满状态(肖仲华,2010)。

卡尼曼开创的行为经济学理论体现了一种体验功利主义幸福思想,认为人的理性是有限的,在环境复杂、结果不确定的情况下,人们的决策行为受心理判断偏差的影响,往往不能坚持边沁所谓的最大化原则。但由于人们具有学习和认知的能力,会在同市场的交互过程中不断纠错和优化自身行为,也会不断调整自己的期望水平,最终会实现较为满意的优化结果,这种结果带给人们快乐和幸福的主观体验是真实市场结果给人们贡献的幸福水平的体现。这种体验到的幸福水平可通过主观幸福感的测量和计算来实现其计量、比较和表征。这是当前被大多数人普遍接受的体验功利主义思想,是对边沁功利主义的延伸和发展。体验功利主义思想和理论是有限理性前提下的功利主义,是当前幸福理论和幸福经济学研究的基础之一(肖仲华,2010)。

2)快乐的科学解读

从科学角度理解幸福,既要从人的生物学角度了解快乐的生理机制,还要从人的社会性角度来了解快乐的心理机制。

(1)快乐的生理机制

一个人针对某一事物或行为表现出快乐或不快乐,要经历如下传导过程:缺乏产生需要,需要产生欲望,欲望产生动机,动机产生行为,行为产生结果,结果得到满足就快乐,结果得不到满足就痛苦,即"缺乏——需要——欲望——动机——行为——快乐(或痛苦)",生物学称这一传导过程为"快乐的生理机制",而其运作程序由遗传基因的编码决定。

为了更好地理解快乐生理机制及其运作,我们可以将它与计算机系统进行类比:大脑的"快乐中心"是大脑情绪处理的硬件部分,相当于计算机的中央处理器(CPU);基因是控制大脑运行的软件程序,相当于计算机的操作系统;而神经传递素(如多巴胺和神经肽)则是大脑中快乐信息传递的载体,其引起的生化反应使大脑的"快乐中心"产生快乐或痛苦的信息流。

①大脑的“快乐中心”。人类大脑有一个控制情绪的系统叫“快乐中心”,它主要由大脑皮质、下丘脑和边缘系统组成。“快乐中心”加上神经传递素,组成快乐的生理反应机制,这在生理学上称为情绪的脑机制,它可以帮助人们完成从感受刺激到享受快乐的完整体验。

美国生理学家坎农(Walter Bradford Cannon,1871—1945 年)在 1927 年提出,丘脑在情绪控制上起着最重要的作用。神经解剖学家帕佩兹(J. W. Papaz)在 1937 年提出,人的情绪表达能力由大脑中的神经通路决定。麦克莱恩(P. D. Maclean)于 1952 年提出,大脑半球的内侧有一个由多种形式结构组成的闭合环,是用于情绪处理的重要部位(彼得里,戈文,2005)。后来的研究还表明,人的右半脑主管消极情绪认知,人的左半脑主管积极情绪认知。

大脑的“快乐中心”由无数神经细胞连成一体,但神经细胞间的连接是存在缝隙的,有关情绪的信息在神经细胞间的传递必须越过这些缝隙。当快乐信息来临时,神经细胞顶端的“突触”就会释放能越过缝隙的化学物质,从而把快乐信息传递过去。而大脑产生并传递的这种与情绪有关的化学物质就是神经传递素。目前人类发现的与快乐有关的神经传递素主要有复合胺、多巴胺和神经肽等几种(肖仲华,2010)。

如果把人类的愉快感觉分为“事前喜悦”和“事后满足”,前者是指好奇心、新奇感、追求更多更好的渴望,即所谓期望的快乐,后者是指欲望得到满足后的快乐。哈佛大学神经科学家汉斯·布莱特发现,大脑的“快乐中心”对事前快乐与事后快乐的信息处理由不同的区域来进行。当事前喜悦出现时,大脑中枢中由多巴胺操控的核斜状物活跃起来,人们得以记住美好的经历,并对类似的美好产生期望。当事后满足发生时,大脑中由神经肽操控的负责意识感觉的部位活跃起来。多巴胺和神经肽等化学物质在大脑“快乐中心”进行的信息传递及引起的化学反应,使其最终能够产生快乐或痛苦的信息流(肖仲华,2010)。

②快乐的基因编码。快乐是被编码和遗传的。首先,产生快乐的生理构件——大脑就是自然选择的结果(特里·伯纳姆,杰伊·费伦,2007),是遗传进化的产物,从而大脑“快乐中心”的生理结构和生化反应机制无疑都是遗传基因编码的结果。因为对大多数动物来说,有良好感觉的事情通常有利于它们的生存和繁衍,从而在有良好感觉的情况下做事的古老倾向会被进化和遗传下来。趋利避害是动物的一种本能,只要时间足够久远,这种避开不好感觉的事物或行为就会被进化和遗传下来。比如,远古时代生活在洞穴中的人常有被蛇或老鼠咬的经历,现代社会人们被蛇或老鼠咬的情况比被车碾或枪杀的情况都少得多,但我们绝大多数人看到蛇或老鼠时仍惊恐万状,看到车或枪时却无动于衷。因为那些本能的恐惧来自远古洪荒时代的祖先,而这些真正危及生命安全的现代威胁却因为时间不够久远,还没有被基因编码(肖仲华,2010)。其次,个体间快乐水平有很大差异,至少有一半的快乐是取决于遗传基因的。尽管大脑的结构和快乐的功能大体相似,但由于每个个体的基因都来自不同的祖先,从而使个体之间的快乐存在很大的差异(戴维·吕肯,2008)。即便生活在相同的条件和环境下,有相同的教育和工作经历,收入情况也相差不大,但快乐水平也可能大不相同。美国明尼苏达大学教授戴维·吕肯调查了 1 500 对成年双胞胎的生活情况,其中有 700 对单卵双胞胎具有完全相同的遗传基因。结果发现,单卵双胞胎提供的调查答案比双

卵双胞胎的相似程度要高许多，于是得出快乐至少有一半取决于遗传基因的结论。

③快乐的习得与认知。人类的遗传基因是进化的结果，是自然选择和适应环境的产物；但仍然有一部分基因不是从选择和适应得来的，而是在人类自身的创造和坚持不懈下，成为人类的习惯并被基因编码“收录”的。神经科学家和生理学家已通过无数实验证明，快乐与否不仅取决于遗传基因，我们从生活中的学习和认知活动中所获得的神经变化也有可能被基因编码，成为影响我们快乐的基因编码成分，甚或有遗传给我们后代的可能（肖仲华，2010）。

人类通过观察别人就能学到很多东西的理论被称为社会学习理论。该理论认为，人类对某一事物的偏好取决于其过去经历该事物带来的价值体验，表现为一种事前喜好的倾向，这种倾向使人们习惯于以过去的价值体验为基础预期新事物。社会学习理论创始人罗特尔（J. B. Rotter）认为，行为等于期望与价值的乘积，当可能有多个选择时，人们会选择那个期望与价值的乘积最大的行为，从而表现出行为上的理性（彼得里，戈文，2005）。人类的事前喜好和预期的理智行为背后就是大脑的“快乐中心”在起作用。在多巴胺的影响下，人类的大脑对学习和认知产生了神经联结，并调动神经元处理新事物。如果反复强化练习，这些神经联结会长期存在下去，且有可能被基因编码系统所接受（斯特凡·克莱因，2007）。

（2）快乐的心理机制

人除了自然本性，还有社会性。如果说人的自然本性取决于人的生理机制，则人的社会性取决于人的心理机制。描述人类心理机制的理论主要有气质论、社会比较论、期望理论、目标理论和适应理论。了解这些理论，有助于认识作为社会人的快乐和幸福的原因（肖仲华，2010）。

①社会比较。社会比较就是把自己的能力、感觉、境况、观点等与他人进行比较的过程。美国社会心理学家费斯廷格（Leon Festinger）于1954年提出了系统的社会比较理论，他认为每个人都有一种评价自己的愿望，在缺乏客观的、非社会标准的情况下，个体会以他人作为比较的尺度，通过对比来评价自己的态度、能力和反应的适宜性。伍德（J. V. Wood）认为，社会比较主要表现为三个步骤：首先是获得社会信息，来自读到或想到的某个人或某件事；其次是对获取的社会信息进行思考，比较他人与自己的异同点；最后是对已经进行的社会比较作出相应的反应，包括认知、情感和行为反应（郑雪，2008）。

社会比较的对象可以是与自己处境相似的人、比自己优越的人和不如自己的人，与他们的比较则可以称为“水平比较”“向上比较”和“向下比较”。研究表明，向上比较会产生自卑感，导致自信心下降，自尊心也会受挫；向下比较则会使心境得到改善，产生心理优越感，自信心得到提高。人与人之间出现的攀比是一种与自己水平相当的人所作的向上比较，而不是同任何方面都比自己水平高的人的比较。攀比是一把双刃剑，一方面可能带来满足感，另一方面也可能导致心理不平衡和不满。

社会比较给个体带来正向还是负向的效果，取决于个体的人格特质。对压抑的个体或低自尊者而言，向下比较会导致正向情感显著增强；低神经质的人比高神经质的人对向上比较的反应要积极一些；幸福的人喜欢向下比较；乐观的人比较关心有多少人比自己差，喜欢向下比较(Diener E.,1998)。可见,如果一个人想要更快乐,必须先分析自己是怎样的人格特质,然后再选择比较方向。

②自我比较与心理适应。如果说社会比较是人与人之间的一种横向比较,那么与自己过去的比较就是一种纵向比较。大量研究表明,与自身过去的比较会影响人们的快乐水平;与原来相比,人们若发现自己的境况变好,其快乐水平就会提高;若发现自己的境况变差,其快乐水平就会下降。研究还发现,自我纵向比较给其快乐水平带来的影响是暂时的。第一次出现的事件会给我们带来快乐或痛苦的感受,但如果这种事件反复出现,这种快乐或痛苦的感受就会随着反复出现的次数增多而逐渐减少,直到不再有快乐或痛苦的感受。心理学称这种现象为适应性(肖仲华,2010)。当然,人们的适应程度因事件的不同而有较大的差异,与此有关的理论叫"适应水平理论",是由海尔森(H. Helson)于1964年提出的。人们能调节良性事件和恶性事件带来的影响,但并不能彻底、迅速地适应所有环境,人对贫困、丧偶、噪声和饥饿难以适应,但对收入增加、被监禁等则很快能适应(Diener E., Suh Eunkook M. & E. Richard, et al,1999)。这种适应大多是一种消极被动的心理过程和生理过程,可称之为"被动适应"。人们还可以积极主动地适应环境事件,心理学上称之为应对。常见的应对反应如:各种理性行为、精神信仰、对事件进行积极评价和寻求帮助等。善于应对的人通常表现出较高的快乐水平,在考虑人格因素的情况下,这种情况仍然存在。

③期望与目标。人们不只是爱与自己的过去比较,有时还会与自己的未来进行比较。对未来的比较首先表现为对未来的期望,对未来事件的期望不论是来自自身还是来自外部,都可能影响到人们的快乐。心理学家和行为科学家弗鲁姆(Victor H. Vroom)于1964年提出的期望理论认为,一个人想要实现某个目标,并能充分调动其积极性,发挥其内部潜力的强度被称为"激励力量"。激励力量的大小取决于目标价值和期望值的乘积,即激励力量=目标价值×期望值。其中,目标价值是指达到目标对于满足其个人需要的价值,目标价值是一个从-1—+1的值,结果对个体越重要,该值就越接近+1;结果对个体无足轻重,该值就接近0;若个体害怕这一结果出现,则该值就为负值。期望值是指个体根据过去经验判断自己达到某种目标的可能性,或者说实现目标的概率,该数值是一个从0—1的某个值(袁勇志,奚国泉,2000)。弗鲁姆的期望理论表明,一个人把某种目标的价值看得越大,估计能实现的概率越高,那么这个目标激发动机的力量就会越强烈。

在弗鲁姆的期望理论基础上,丹尼尔和弗吉塔(Diener E. & F. Fujita.)指出,是期望值和实际成就之间的差异决定快乐水平:如果期望值过高,与个人实际差距过大通常会使人丧失信心和勇气;而期望值过低又会使人烦恼。也就是说,期望应该尽可能地接近实际。而这种快乐水平的测量可以通过期望值、现实条件与个体拥有的外在资源(如个人权力、地位、社会关系和经济状况等)及内在资源(如素质和外貌等)是否一致来进行(Diener E. & F. Fujita,1995)。只有当目标与人的内在动机或需要一致时,快乐水平才会增加;反之,即使目标实现了也不会快乐。更进一步地说,期望值较高的人,尽管当前状态离目标很远,也可能会在向目标接近的过程中得到满足。并且,期望的内容比实现期望的可能性对快乐更重要,实现与个人发展有关的内在期望(如自我接受、帮助他人和有亲和力等)的可能性与快乐水平正相关，实现外部期望（如金钱、名誉和美貌等）的可能性与快乐水平负相关。

另外，快乐水平还与个体的生活背景有关。只有当期望目标与个体生活背景相适应时，才会提高个体的快乐水平。文化背景是生活背景的重要内容，如果个体目标的实现能得到其文化或亚文化的认同，其快乐水平就会增加。因此，文化会通过影响个体的选择目标对快乐水平产生重要影响（Diener E., Suh Eunkook M. & E. Richard, et al., 1999）。

3）幸福概念

（1）快乐与幸福

①大脑对快乐与幸福有不同的处理程序。前文已提到，人类愉快的感觉有事前喜悦和事后满足两种。事前喜悦是指好奇心、新奇感、追求更多更好的渴望，即所谓期望的快乐；事后满足是指欲望得到满足后的快乐。大脑的“快乐中心”对两种快乐信息的处理发生在不同的区域。事后满足发生时，大脑中枢负责意识感觉的部位活跃起来，这时神经肽直接发生生化反应，快感迅速产生，不需要通过大脑整个“快乐中心”运作起来进行处理。神经肽是一种鸦片剂，广泛存在于动物身体的各个部位，也存在于几乎所有的生物中，这说明神经肽操控下的事后满足（或者说“简单的快乐”）是生物界普遍存在的本能。

而当事前喜悦、学习、认知和期望等出现时，大脑中枢中由多巴胺操控的核斜状物活跃起来，使情欲、兴趣、渴望和兴奋之类的信息得以传递。其中多巴胺还能控制肌肉活动，促进学习和记忆，使人们变得理智（斯特凡·克莱因，2007）。而情欲、兴趣、渴望和兴奋之类的信息是只有高级智慧动物或人类才有的复杂的快乐信息，说明多巴胺操控下的事前喜悦（或者说“幸福”）才是人类幸福的体验。

②人本主义中快乐与幸福的区别。人本主义（Humanism）思想源于古希腊，盛于文艺复兴时期。作为一种重要的哲学思想，人本主义是对古希腊的共同体主义（Communitarian）和长期贯穿于欧洲的神本主义的重要的思想革命。其核心思想是：人是目的，人类行为的目的是其本身，人的生存与生活质量是社会发展最根本的价值前提（陈惠雄，2006）。

美国人本主义心理学家马斯洛（A. Maslow，1908—1970 年）把人的需要分为 5 个层次：生理需要、安全需要、社交需要、尊重需要和自我实现需要。一般情况下，人们总是先使低层次需要得到相应满足，再去满足较高层次的需要。更严格地说，人的需要不是一个层次全部满足后再升入另一个层次的，而是视可实现各层次需要的条件来定（陈惠雄，2006）。因此，不同类型和层次需要得到满足是人们获取快乐和幸福的前提。运用马斯洛人本主义需求层次理论对自私自利的自然人性和无私利他的社会人性以及二者之间的连续性进行解读，能为我们揭示人类快乐与幸福关系的秘密。

快乐与幸福不但在量上存在差别，在质上也是有差别的。虽然幸福也是基于趋乐避苦的原则，但幸福不是一时的快乐，而是持久不断的快乐。幸福是人类整个生命历程中从低级需求的满足到各种高级需求的满足中享受到的持续不断的快乐，是人类从物质满足到精神满足中享受到的持续不断的快乐。人类对幸福的追求是一个从物质满足中享受到生存快乐走向从自我实现享受发展快乐的持续的动态过程（肖仲华，2010）。因此，快乐与幸福的区别可归结为三点：第一，快乐与幸福在人生中的持续期间不同。快乐是短暂的满足，幸福是长久且巨大的快乐。第二,快乐与幸福对人生的意义也不同。快乐未必对人的生存和发展有利,因为快乐有积极的,也有消极甚至变态和反常的,如酗酒、吸毒虽然能带来短暂的快感,但有害人的身体健康,影响人生幸福。幸福则对人的生存发展意义重大。第三,快乐与幸福关乎不同的人性。快乐是需求和欲望的满足,涉及的是人的生理本能和自然本性;而幸福是生存发展的完满,涉及的是人的理性、思想和社会属性。

(2)幸福的定义

综前所述,快乐是欲望和需求得到满足后的心理体验。幸福是对一定人生阶段的快乐水平的总体评价,是一定人生阶段的生存和发展水平的总体评价。依据人本主义思想,幸福就是一定人生阶段内的生理满足的快乐、安全满足的快乐、受尊重的快乐和自我实现的快乐的总和。可用公式将幸福表达为:幸福=物质满足+安全满足+情感满足+尊重满足+自我实现(肖仲华,2010)。

2.1.2 幸福的测量

1)快乐的衡量标准

幸福测量方法的科学性直接关系到测量的信度和效度,从而直接影响到主观幸福研究的质量和水平。幸福是个体一定人生阶段所有快乐的总和,因此,如果把快乐测量出来了,幸福就能测量出来。边沁最早提出了快乐计算的量化思想,认为可用七大标准来衡量快乐。

①强度。强度(Intensity)是指人们实现某种快乐时产生的满足强烈程度。对快乐强度进行考量主要是因为:一方面,不同事件给人体各官能带来的快乐感受程度可能是一样的;另一方面,同类事件重复发生给个体带来的快乐变化量是递减的,也就是幸福的边际效用递减。

②持续性。持续性(Duration)是指一种欲望满足给个体带来的快乐的持续时间。生理欲望的满足带来的快乐持续时间较为有限,而荣誉、地位等精神层面的要素给人带来的快乐持续时间要长得多。洛克认为,生活中持续时间最长的快乐来自健康、声望、知识、行善和对来世永恒的幸福的期望(弗兰克·梯利,1987)。

③确定性。确定性(Certainty)是指快乐实现时给个体带来的可感受程度,或者说快乐实现的可能性。一般来说,个体会倾向于选择能确定地带来预期后果的目标来满足自身的快乐需要。

④远近性。远近性(Propinquity Or Remoteness)是指个体获得快乐需要等待的时间。有些快乐是投入当期就可获得的,如吃下一碗米饭肚子马上不再饥饿;有些快乐的满足则需要长期努力和等待,如对子女教育的投资和期待,“十年寒窗无人问,一举成名天下闻”中对学业功名的投入与期待,金榜题名作为传统国人的大喜之事,对个体来说期待时间长、投资时间长,得到的快乐强度也更高,且快乐持续的时间也更长。当然,人们对于近期快乐和远期快乐的选择与个体在个性、毅力、投资能力、理性选择等方面的差异性有关。

⑤继生性。继生性(Fecundity)是指某一种快乐发生后产生其他快乐的正面效应,如由升官带来的前程之乐,由结婚带来的亲情之乐。显然,个体会更愿意选择那些同时有助于其

他快乐实现的目标。

⑥纯洁度。纯洁度(Purity)指某一快乐之后产生相反感受的可能性,比如乐极生悲,也就是说快乐会不会产生副作用。从经验来看,快乐的纯洁度关乎人类生活的一切方面,如一些人沉迷网络游戏,贪图一时之乐,却因此荒废学业,遗憾终生。一般而言,个体会优先选择那些副作用较小的事物,以获得更高满意度和可持续的快乐。

⑦广延性。广延性(Extent)是指快乐的受益人数。受益人数越多,快乐水平越高,这一观点体现了边沁的功利主义快乐观,因为他主张把"最大多数人的最大快乐"作为道德和立法的原则(陈惠雄,2006)。

边沁的快乐衡量标准具有一定的科学性,但边沁只是从定性的角度对快乐的量化思想作了描述,并没有提出具体的快乐计算公式。后来的研究者循着这个思路进行了许多尝试,但都仅仅是对快乐与欲望和需要满足之间的关系进行了描述,迄今为止还未找到快乐与需要之间的精确计算公式,因此,通过测量快乐并加总得到幸福的方法并未给我们一个关于幸福测量的满意的答案。

2)幸福的测量方法

生物学家、心理学家等开始尝试用实验的方法、科学的仪器来测量个体的快乐体验,但实验方法只能证明快乐的客观生理基础的决定作用,并不能真正为快乐测量进行数学建模和定量分析。直接测量方法的困难引发研究者们对间接测量方法的思考,如让旁观者来报告被测试对象的快乐水平,或者观察被测试对象完成给定任务的情绪反映情况来评价其快乐水平。然而,个体欲望在多大程度上得到了满足或者说获得了多大的快乐,只有个体自身最清楚,因此,目前得到广泛认可的快乐测量方法还是自陈报告法(肖仲华,2010),即被测试者实时报告自己的快乐。同时,为便于对幸福进行定量研究与评价,心理学家们专门提出了主观幸福感的概念。奚恺元(2008)认为,用主观幸福感概念代替幸福概念的好处在于:一是能避开人们对幸福概念的无休止争论,为众人所接受,即不论什么国家、民族、文化,也不管是持有快乐论幸福观还是完善论幸福观,都可以基于一个共同的平台来探讨幸福问题。二是能让研究者对幸福进行客观的测量,以便采取实证的方法来研究幸福与其他各变量之间的关系。当被测试者报告自己的快乐时,可以直接报告其自身的主观幸福感程度。另外,还有一些学者认为可以用一系列社会指标体系(即幸福指数)来对幸福进行衡量。鉴于幸福与快乐、主观幸福感和幸福指数的紧密联系,凡是对四者进行研究的文献都是本书关注的范畴。

从测量对象的差异来看,研究者们采用的幸福测量方法有"客体测量法"和"主体测量法"。客体测量法主要包括生理测量法、行为测量法和社会指标法;主体测量法主要包括基于单项或多项问题问卷的自陈报告法和基于体验抽样的日重现法。

(1)客体测量法

生理测量法(Csikszentmihaly, et al,1987)主要是通过仪器测试被测试者的生理反应来达到测量幸福的目的。因为一定的情绪体验总会伴随相应的生理反应,如恐慌时心跳加快,愤怒时血压升高,兴奋时内啡肽分泌增加等,还会伴随相应的皮电反应和神经放电量的变化,同时会激活大脑特定的功能区域,如大脑的“快乐中心”。我们可以借助现代医疗仪器对这些反应进行检测,获得相应的生理指标,从而科学把握被测试者的情绪状态(娄伶俐,2010)。但是“它只有在被置于社会性视角内的时候才具有意义,否则与单纯的动物性快乐没有任何区别”(Csikszentmihaly M. & R. Larson,1987)。

行为测量法主要是通过观察人们的行为来对幸福程度进行判断。行为测量既可以在生活中的自然情境中进行,也可以在特别设定的实验情境中进行。个体的手势、身体姿势、面部表情、声音语气可以提供被测试者有价值的真实情绪状态,将被测试者的行为反应详细记录下来,有助于对被测试者当时的情绪状态作出判断和认定。行为测量法可以作为其他测量方法(如自陈报告法)的一种补充(娄伶俐,2010)。

社会指标法是借助对增进人们的幸福具有普遍意义的科学的社会指标对人们的幸福程度进行度量的方法,即构建“幸福指数”法。这些指标有种族、收入、社会地位、受教育年限、寿命以及城市生活和农村生活等客观变量。社会指标法一度被学界和公众普遍地认为是对生活质量、生活满意度和主观幸福进行测量的科学方法。目前有关幸福指数的研究主要分为三个层面:

一是关于宏观层面的国民幸福指数。澳大利亚墨尔本大学心理学专家库克教授认为,国家层面的幸福指数包括国家的经济形势、自然环境状况、社会状况、政府、商业形势、国家安全状况 6 个方面的指标(罗新阳,2006)。另外,世界各国从不同角度、不同层面研究了国民幸福指数,如不丹提出的由经济增长、环境保护、文化发展和政府善治 4 个方面指标组成的“四轮驱动式”幸福指数体系;丹尼尔·卡尼曼(2006)在加拿大的“国民幸福指数”问题国际会议上提出的“微观体验式”幸福指数体系;日本的“文化驱动式”幸福指数体系;英国新经济基金会(2006)地球之友组织提出的由生活满意度、平均寿命以及生态足迹或碳足迹三要素构成的全球幸福指数。

二是关于中观层面社会学视角的国民幸福指数。现有的社会学视角的国民幸福指数研究大多是基于研究个体的人口社会学因素来设计幸福指数体系。国外有关人口社会学因素的数据可取自“欧洲社会调查”计划、“欧洲晴雨表”舆论调查和汇集多国数据的“世界价值调查”。

三是关于个体层面的国民幸福指数。许多研究者提出了自己的个人幸福指数指标建构设想,如澳大利亚墨尔本大学心理学专家库克教授认为个人幸福指数包括人们对自己的生活水平、健康状况、在生活中所取得的成就、人际关系、安全状况、社会参与、自己的未来保障 7 个方面的内容。北京大学经济学院的刘伟教授认为,个体层面的幸福指数应是一个包括政治自由、经济机会、社会机会、安全保障、文化价值观、环境保护六类构成要素在内的国民幸福核算指标体系(罗新阳,2006)。

(2)主体测量方法

自陈报告法(Andrews & Withey, Beck, et al)主要是通过设计的单项问题或多项问题对幸福进行测量。单项问题测量其适用性、一致性、时间稳定性和对变量之间因果关系之间的解释性都有所欠缺。而多项问题测量则可以从多个方面的变量去测量幸福,更有利于对幸福进行全面深入的理解。Yew-Kwang NG.（1996）提出，只要将人们所拥有的净幸福量视为零、正或负的比例进行比较，就可对幸福进行跨时间和跨地区的比较；关键在于零幸福分界线的确定。为此，可要求被调查者在以下选项中选择一个：非常幸福、比较幸福、一般（或略微）幸福、既没幸福也没不幸福、不幸福、非常不幸福。具体的操作办法是设计一个专门的测量问卷，问被调查者类似下面的一些问题：从有记忆以来，我曾有过不同程度、短暂或长时间的幸福感受，有时则为肉体或精神上的痛苦（用类似正弦曲线的图形来表达，横轴是时间，纵轴代表幸福、零点和痛苦水平）。把零点线上和线下的面积加总，两相比较的结果：总幸福远远超过总痛苦；总幸福略微超过总痛苦；总幸福等于总痛苦；总痛苦略微超过总幸福；总痛苦大大超过总幸福。Yew-Kwang. NG（黄有光）的这种快乐积分计量是以他所说的“最小可感知的快乐”为计量单位进行快乐测量和人际比较的。

美国的世界价值研究机构是国际上最具权威的幸福指数研究机构（已有 80 多个国家的调查数据），它由美国密西根大学教授罗纳德·英格哈特负责，目前，它是进行主观幸福感受调查的最权威机构，即世界价值调查（World Value Survey, WVS）。WVS 是对世界各国的人们涉及政治、经济、文化、社会生活等方面的价值观进行全面调查的机构。从 1980 年到现在，WVS 已经进行过 5 次大的世界范围的价值观调查，其中就包括对中国居民的主观幸福感和生活满意度的 4 次调查。其世界价值观调查对幸福的计算方法简便，说服力强，通过对被访问者的调查结果进行处理后即可得出。通常只有一个非常简单的问题，即：把所有的事情加在一起，你认为你是非常幸福，比较幸福，不很幸福，还是不幸福？通过对受访问者的答案进行统计处理，从而得出各个国家的幸福指数。这样计算所得的幸福指数在国际上是比较权威的，而这个就是单项问题测量的一个例子。

日重现法（Day Reconstruction Method, DRM）是 2002 年诺贝尔经济学奖得主丹尼尔·卡尼曼等提出的测度幸福值的一种方法，是在体验抽样方法的基础上创造出来的。日重现法（DRM）是利用专门减少回忆偏差的程序系统引导被测试者回忆、再现一天中有关快乐或痛苦的状态，记录相关的生活片段和情感体验强度，以获得个人日常生活不同时刻的准确画面，并对这种状态进行评估（娄伶俐，2010）。

由于自陈报告法的合理性和世界价值观调查的广泛性和科学性，经济学中大部分研究的幸福变量主要来自被调查者对当前生活总体幸福感的评价，所以本书将在后面的研究中采用主观幸福感代替幸福进行量化研究，并且所用的居民幸福感数据是来自世界价值观调查的历次调查数据。

2.2　幸福理论

无论是在西方还是在东方，无论在古代还是在当代，人们对幸福的理解和追求都会随着社会生产力发展水平的变化而变化。这些幸福理论即使有时代的局限和阶级的桎梏，却依旧拥有智者的光环和思想的沉淀。从西方的幸福理论到马克思的幸福理论再到中国的幸福理论，人们一直都在不断探索、不断“扬弃”，为构建科学的幸福观而奋斗。

2.2.1 西方的幸福理论

对西方幸福论可以从两个方向进行探索：一是按照哲学的基本派别进行横向研究，将其划分为唯物主义幸福论和唯心主义幸福论。唯物主义幸福论认为幸福来自现实，与人的现实生活有着首要关联的就是经济，其根源就是物质利益。而唯心主义幸福论认为幸福来自人的精神实体，是人内心的主观感受，它同人的现实生活、物质利益没有任何联系。二是按照历史的时间序列进行纵向研究，将其划分为古希腊时期的幸福理论、中世纪时期的幸福理论及近代时期的幸福理论三个阶段。本书根据历史的时间序列进行西方幸福理论的探索。

1）古希腊时期的幸福理论

在古希腊罗马时期，由于社会经济发展落后，为改变贫穷落后的状况，人们更加注重追求经济生活和物质上的满足，对幸福的要求也相对比较朴素，能够让自身获得快乐就满足了。与之相对应的唯心主义幸福论则倡导追求精神上的幸福而不是物质上的幸福。

（1）金钱与幸福

开创“幸福哲学”先河的梭伦提出：“许多很有钱的人并不幸福，而许多只有中等财产的人却是幸福的”（高延春，2015）。他主张用辩证的思维看待幸福：如果财富太少了很难满足人们对物质的追求，但是追求物质享受而没有精神上的升华，也不可能得到真正的幸福。他将收获幸福看成一个变化发展的过程，认为一成不变的东西在现实生活中是不存在的，现在富有、幸福，或者贫穷，将来未必如此，所以要把握好眼前幸福与长远幸福的关系，早做规划，从长计议，使幸福善始善终。

（2）精神与幸福

随着经济社会的进步，人们开始意识到精神生活的重要性。苏格拉底强调知识对幸福的重要性，他认为人们只有不断获取知识，丰富内心世界，清晰地认识自己，明白自身的追求，才能得到真正的幸福。他反对人们的各种物质享受，主张将人的物质欲望从精神生活中完全剥离出去，但是也认为这样可能会导致人们去努力认识自己时陷入迷茫，产生追求幸福又失去幸福的矛盾。所以苏格拉底带有鲜明禁欲主义倾向的幸福论为后来的宗教神学幸福思想开辟了道路。柏拉图直接继承了苏格拉底的思想体系，创立了唯心主义“理念论”，认为人们应放弃现实世界中的一切物质需求和感官快乐，把幸福寄托于神性的“理念世界”（高延春，2015）。在柏拉图的理念世界里，推崇德性和智慧在幸福中的关键性，在满足二者的基础上追求快乐，克制自己的情欲和享受，追求美德和至善，这才是人生真正的幸福。

（3）快乐与幸福

与以上唯心主义幸福论相反的是唯物主义幸福论的思想。它认为幸福来源于物质世界，是对现实物质生活的反映，主要代表人物有德谟克利特、伊壁鸠鲁等。德谟克利特说：“一生没有宴饮，就像一条长路没有旅店一样。”（周辅成，1964）强调幸福是物质、肉体快乐与精神、心灵快乐的结合，人们在追求肉体上快乐的同时，更要追求精神上的幸福。他还说："幸福不在于占有畜群，也不在于占有黄金，它的居处是在我们的灵魂之中。"（周辅成，1964）幸福也有高低贵贱之分，肉体上的快乐虽然刺激，但是是暂时的，常常还可能会带来许多痛苦，属于低级的快乐；而灵魂上的快乐才是长久的、完整的，也不会带来肉体的折磨。所以德谟克利特认为，幸福的最佳状态是外在肉体快乐与内在灵魂快乐的和谐统一。他还指出了获得幸福的方法和途径，即"节制使快乐增加并使享受加强"（高延春，2015），并指出："如果你所欲不多，则很少的一点对你也就显得很多了，因为有节制的欲望使得贫穷也和富足一样有力量。"（周辅成，1964）因此，人们在追求幸福的过程中应该坚持适度的原则，既不能不顾一切疯狂追求所谓的幸福，也不能安于现状，守株待兔，否则就难保自己的财富和统治，陷入痛苦的泥潭中。希腊晚期唯物主义哲学家伊壁鸠鲁继续坚持了德谟克利特的基本思想，并进行了进一步发展，特别是在认识论上，他强调感性认识和理性认识相结合，修正了德谟克利特片面强调理性认识的缺陷（高延春，2015）。在幸福思想上，他从感性认识出发，认为人生活的目的就是为了追求快乐和享受幸福，这无疑对人们生活理念的改变起了积极作用，但在一定程度上模糊了快乐和幸福的区别，也遭到后来思想家的指责。

（4）至善、幸福与德性

有"古希腊百科全书"之称的哲学家亚里士多德对幸福问题进行了比较深刻而系统的研究，他的伦理学被称为幸福论。他提出了一个著名的观点："至善即是幸福。"（高延春，2015）他把善分成三类：外在的善、身体的善和灵魂的善。显然，财富、权力、名誉都属于外在的善，是一种手段善，是众善中从属的、外在的善。灵魂的善指德性，灵魂比财物和身体更高尚、珍贵，追求外在善和身体善都是为了灵魂善。幸福是唯一的、最高的目的善，属于最真实的、内在的善。亚里士多德还强调："幸福就是'有为的实践'，幸福就在于'善行'，在于'合理的活动'。缺乏理性和美德的活动，就不会有幸福。"（罗国杰，宋希仁，1985）幸福是合乎德性的现实活动，是人一生中按照德性来活动的。另外，他还非常重视城邦治理和城邦整体幸福，他认为一个善治政府能为每个公民追求并实现幸福生活提供最好的政治保障，以致力于把追求每个人的幸福生活作为政府公共政策选择的基本价值取向（高延春，2015）。亚里士多德的幸福论既体现了人本主义，又体现了现实主义，但他忘记了实践对幸福的意义，把幸福归结为纯粹的思辨活动是片面的、不彻底的。

综上所述，在这一时期，由于社会生产力发展水平的限制，人们比较关注经济生活和物质满足。对于财富、权力这些虚无缥缈的欲望，人们必须有正确的认识和理性的态度，保证身体不受痛苦和灵魂不受干扰，进而根据自身对幸福的追求进行合理地选择和放弃，才能真正地从内心深处得到属于自己的真实的幸福。

2）欧洲中世纪时期的幸福理论

由于古罗马奴隶制社会的崩溃，封建社会在欧洲确立。在前中期，宗教神学控制着整个社会的意识形态领域，社会各阶层各领域都疯狂崇拜天主教的信条和教义。幸福论也披上了满是神学色彩的外衣，原本以人为中心的幸福论转化为以上帝为中心的幸福论，现实世界的幸福变成了来世幸福。后来，进入文艺复兴时期，为了打破宗教神学的束缚，许多学者开始肯定人性，追求个性自由，提出神权并非至高无上，主张人追求的幸福应该是现实生活中的幸福和快乐，为近代资产阶级幸福论开辟了道路。

（1）上帝、来世与幸福

奥古斯丁是基督教哲学、神学的奠基者，他提出“幸福在于爱上帝”。他将爱上帝纳入幸福中，因为不懂尊重和爱自己的造物主的人永远不懂得真正的幸福。另外，他将智慧、勇敢、节制、正义、信仰、希望、爱总结为“七德”，爱位于“七德”的首位，正因为有了爱，才有了其他美德。爱是永恒，它能使人变得高尚和虔诚，“只有由于对来世的希望，这不幸地陷于许多现世的重大罪恶中的人生才是幸福的”（周辅成，1964）。过多的物质欲望很难在现世得到满足，人们也不可能享尽物质快乐，但是为了追求那一份可望而不可即的亘古不变的爱的希望，甘愿忍受现实生活的苦难，甘愿接受上帝的惩罚，来世才会在一个宁静祥和美好的天堂里得到解脱和补偿。忍受的苦难越多，来世得到的幸福也越大。奥古斯丁虽然让当时无所适从的灵魂得到皈依，但也暴露出消极厌世思想和上帝信仰的欺骗性及虚伪性。

欧洲中世纪宗教神学的最大代表托马斯·阿奎那继承了奥古斯丁的神学思想，又加入了亚里士多德的“至善”的理论。他提出“幸福是人的最完善的境界；同时也是所有的人想达到的善的顶峰”（阿奎那，1963）。他所说的“最完善的境界”“善的顶峰”就是指上帝和来世，上帝是人类追求善的终极对象，是一切欲望的终极目的（高延春，2015）。他企图用一个抽象的、人格化的上帝规定为至善的完美形象，统摄现世生活来引导人们追求幸福。还依照亚里士多德“人天然是个社会的和政治的动物”的思想，结合基督教神学，看似努力协调公共幸福与个人幸福的关系，安抚人们忍受尘世间的一切苦难和不幸，实际上强化了社会的宗教意识，最终巩固的是封建统治秩序。

（2）人性、现世与幸福

进入“文艺复兴”时期后，逐渐形成了一系列“人文主义”思想，也出现了一大批人文主义思想家，如彼得拉克、薄伽丘、蒙台涅、布鲁诺等。他们强调以“人权”代替“神权”，人应该认识自己，认识自己的个性自由和独立意识，肯定人性，提倡个性自由和现世的幸福，反对神性和来世幸福，否定神权至上的权威，敢于以人性与神性斗争到底，为争取自身解放而斗争，从事自己喜欢的事情，享受生活中的快乐，为近代资产阶级幸福思想的产生奠定了基础。但他们作为新兴资产阶级的代表，所谓的人性和人的幸福都是资产阶级的人性和幸福，而忽视了广大劳动人民的人性和幸福（高延春，2015）。

3）近代时期的幸福论

17 世纪的欧洲哲学是在希腊文化和中世纪基督文化的摩擦中产生的，它既有人文主义的思想，又对人的价值、人的幸福做了进一步深化，更加注重人的主观感受、功利和现实的幸福，协调解决个人利益与他人利益、社会利益之间的关系，主要是经验论派的幸福论与唯理论派的幸福论。到 18 世纪，欧洲哲学更加繁荣，西欧各国出现了各种幸福理论，如功利主义者的幸福论、德国古典哲学家的幸福论、空想社会主义者的幸福论，但都是为了维护资产阶级的利益，没有考虑到劳动人民的幸福。

(1)经验论派的幸福思想——感性经验与幸福

经验论派是与中世纪宗教神学相对立的一个哲学派别,它强调感性经验是一切认识的来源,把一直受到排斥和轻视的"经验"上升为一种科学原则和方法。弗兰西斯·培根在坚持唯物主义的哲学的立场上,痛斥中世纪宗教神学泯灭人性的愚昧的禁欲主义思想。他提出,"最有德的人并不是摒弃情欲的人",强调情欲是人的感官产物,它是人获得幸福的重要途径(高延春,2015)。而霍布斯这位精明的资产阶级思想家则从利己主义的角度阐述幸福思想。他认为人生就是一场追求个人幸福的赛跑,人生的目标就是不断地追求自己的利益和使自己快乐的事物,人们追求幸福是无止境的,这一切来自人类的自我保护欲望。后来,又一位著名的唯物主义经验论哲学家洛克肯定了霍布斯的观点,他的一个著名的思想是:"人人都欲望幸福——人们如果再问,什么驱迫欲望,则我可以答复说,那就是幸福,而且亦只有幸福。"(洛克,1959)他以现实生活和历史事实为依据来说明每个人追求的快乐和幸福是不相同的,如有人追求金钱,有人追求知识,有人追求荣誉等,所以个人幸福和他人幸福无关,只有用理性把个人和他人联系起来,个人才能得到永久的幸福。此外,还要理性地处理眼前的幸福和将来的幸福,在现实生活中大胆地追求属于自己的快乐和幸福,为后来18世纪英国功利主义幸福论的形成奠定了基础。

(2)唯理论派的幸福思想——理性认识与幸福

唯理论派是与经验论派平行发展、互为补充的哲学派别。经验论派认为人类是依靠感觉器官去认识自然并改造自然的,而唯理论派认为感性经验是靠不住的,只有将感性认识上升为理性认识,才能透过事物的表象看到事物本质。唯理论派重要的代表人物笛卡儿认为,事物是不断变化发展的,一切感性认识都是不可相信的、不可靠的,只有理性认识才可以认识事物的本质及规律。人人都具有理性,人们依据理性的指导就能过上幸福的生活。他提出"我思故我在"的思想,即我思考就是我存在着,我进行着理性的思考就是幸福的,这使他的幸福论都倒向唯心主义和神学的方向(高延春,2015)。德国哲学家莱布尼茨说:"在最深切的悲哀和最揪心的忧愁中人也能够得到某种快乐,就像喝酒或听音乐那样,只是不快占优势;而同样在最尖锐的痛苦中心灵也可以是愉快的,那些殉道者就是这种情况。"他认为,幸福是一种由刺激发起的欲望,这种刺激不仅包括快乐,也包括痛苦,二者一直是此消彼长的状态,是不能截然分开的。苦甜参半也可以促使人们心理达到一种平衡和安适的状态,这才是真正的幸福。他认为幸福"是理性和意志引导我们走向幸福,而感觉和欲望只是把我们引向快乐"。告诫人们只有拥有了理性和意志,在面对感觉和欲望的诱惑时才不至于迷失自我,在面对痛苦和失意时才不至于一蹶不振,这样才能获得新的、最大的幸福。

(3)18世纪法国的各种幸福思想——个人与幸福

18世纪初,法国资产阶级启蒙思想家继承了英国的唯物主义思想,坚持从世界本身来说明世界,崇尚理性,尊重人的经验,把人的利益和幸福放在首要位置。最早的一位启蒙思想家让·梅叶,坚持人性而反对神性,要求废除私有制,建立公有制,以实现人人平等和人的幸福。在公有制社会中,人人都有权享有天赋的自由和福利,人们共同劳动并共同享用社会财富，这是人类的最大福利和幸福（高延春，2015）。法国思想界的泰斗式人物伏尔泰继承了梅叶的无神论思想，认为人们应该坚持经验论和反对禁欲主义去追求和实现自身的幸福，除此之外，还要有一个良好的社会制度。他主张废除封建专制制度，实行君主立宪的开明制度，用坚定的革命思想抨击封建专制制度，促进了欧洲资产阶级幸福思想的形成。拉美特利从唯物主义和无神论出发，继承了笛卡儿“人是机器”的思想，使他的幸福思想具有强烈的反封建和反宗教的战斗力，为法国资产阶级革命做了一个较好的铺垫。卢梭则立足于人性论探讨了痛苦与幸福、欲念与理性的关系，他说：“由于每一个人都对保存自己负有特殊的责任，因此，我们第一个重要的责任就是不断地关心我们的生命。”（周辅成，1964）人要追求幸福，首先必须要爱自己，承担起保护自己生命的责任。但是如果一个人只爱自己，他在需要帮助的时候就没有人伸出援助之手，他的生存将会受到影响和威胁。因此，卢梭的思想既有爱自己，也有爱别人，既希望自己幸福，也真心地祝愿人人都幸福。此外，卢梭还认为欲念的多少与幸福的多少是直接联系在一起的。人们应该根据自己的实际情况来调节自身的欲望，欲念不要太高，这样的欲念比较容易得到满足，人的幸福就多一些。卢梭反对禁欲主义剥夺人的自由，但又担心人的贪婪，主张克制欲望使其不要超过自己的能力，力求过上一种知足常乐的幸福生活，也从侧面反映了资产阶级的软弱性和动摇性。杰出的无神论思想家霍尔巴赫同卢梭一样，认识到个人幸福与他人幸福之间的联系以及家庭和社会对实现幸福的重要作用，通过人与人之间的交往和互动能得到精神上的援助。他思想的独到之处就是能从精神需求方面认识到个人幸福与他人幸福的关系。

（4）空想社会主义者的幸福思想——社会背景与幸福

随着资本主义生产关系的确立，资本主义社会内部矛盾日益尖锐。空想社会主义者目睹了资产阶级的野蛮、残暴和私有制给人们造成的贫困。他们同情生活在水深火热中的人民，提出了要使广大劳动人民摆脱穷困，必须从根本上废除私有制，建立公有制，要求社会平等，倡导平均主义，指出实现社会主义的方法和途径，为人类描绘出一个没有私有财产、没有剥削、没有压迫、令人幸福的美好社会（高延春，2015）。早期空想社会主义者莫尔在《乌托邦》一书中指出：“所谓快乐，乌托邦人是指能使我们顺乎自然得到愉快的一切身心的活动和状态。”（周辅成，1964）他认为，只有正直、高尚的快乐才能构成幸福。主张用感化教育的方式而不赞成通过阶级斗争的方式废除和消灭私有制，建立公平合理的物质分配方法，这样才能为人们提供实现幸福的社会条件。最具有献身精神的法国空想社会主义者巴贝夫用阶级分析方法来看待人的幸福问题，提出建立一个“平等共和国”的构想，在这个国家的每一个人在政治和经济上绝对平等；实行财产公有和产品平均分配，人人都是生产者和消费者；共同劳动，团结互助，为每一个人创造经久不衰的幸福源泉（高延春，2015）。而面对资本家的剥削、奴役和压迫，穷人必须拿起武器进行坚决的革命，彻底推翻私有制社会制度，为后来的无产阶级战士树立了光辉榜样。巴贝夫的思想高于之前的空想社会主义，体现出一定的无产阶级幸福论，但是这个时代的空想社会主义者的幸福论并没有找到资本主义剥削的社会根源和实现社会幸福的正确途径，找不到实现人类幸福的现实途径，所以也只能停留于空想阶段。

(5)英国功利主义者的幸福思想——实际功效、利益与幸福

与此同时,功利主义幸福论在英国发展起来。功利主义是一种以实际功效或利益作为道德标准的伦理学说,主要代表人物有杰利米·边沁、约翰·斯图亚特·穆勒等。边沁是开创西方系统功利主义学说的重要人物,他详细地论证了趋乐避苦的功利原则,驳斥宗教神学的禁欲主义原则,独创苦乐计算方法,通过比较苦乐的多少和价值的大小来决定人们的行为选择。他认为社会是虚构的团体,由个人组成,没有个人的幸福就没有社会的幸福,这暴露了资产阶级的利己本质。而穆勒则修正了边沁的苦乐思想,他认为快乐既有数量上的区别,也有质量上的不同,反对资产阶级庸俗的快乐主义;完善边沁的最大多数人的最大幸福的原则,提出美德是追求幸福的手段和目的,在利益的基础上把美德与幸福统一起来,调和了它们之间的矛盾,为功利主义幸福论找到了一定合理性论据,也为英国的资产阶级提供了更加文明的思想武器。不难看出,功利主义一方面强调个人利益与社会利益是一致的,企图欺骗人民,掩盖阶级矛盾;另一方面为了大力发展经济,鼓励自由竞争来获得更大利润,最终目的是缓和无产阶级和资产阶级之间日益突出的矛盾,巩固资产阶级的统治。

(6)德国古典哲学家的幸福理论——道德、自由与幸福

18 世纪末 19 世纪初,德国古典哲学达到近代欧洲各国资产阶级反对封建哲学的顶峰,是马克思哲学的直接理论来源。其创始人康德发动了一场资产阶级的哲学革命,得到的结论:一是遵守道德就不能追求物质享受;二是遵守道德也不能拒绝物质享受。总的来说,他们把辩证法引入幸福论,看到了幸福与道德、理性与幸福、义务与幸福之间的矛盾,但是很遗憾并没有找到解决矛盾的方法。古典主观唯心主义哲学家费希特反对康德把道德与幸福的统一交给彼岸世界的上帝去解决,认为人的主观精神能自发产生冲动,冲动能驱使人们观察并分析各种社会现象,辨别是否能促使自我完善,衡量能否促进人的幸福,这就能使道德与幸福在此岸的现实世界中得到统一实现(高延春,2015)。在自由与幸福的关系问题上,他认为人的本质在于人的自由,没有人的独立和自由,人就享受不了幸福,强调意志自由、思想自由及政治自由对实现幸福的重要性,号召人们要进行斗争来获得思想自由和政治自由,体现了德国资产阶级一定的革命性和进步性。在德国古典哲学史上还有约瑟夫·谢林、费尔巴哈等一批优秀的哲学家从抽象的、思辨的、理性主义的人性论出发探讨道德与幸福的问题,还从具体的、直观的、感性主义的人性论出发研究快乐与幸福的问题。二者都是为资产阶级的利益服务的,为推动德国资产阶级革命起了先导性作用(高延春,2015)。

2.2.2　马克思的幸福理论

人的幸福一直是马克思极为关注的问题,但是在他的经典著作中,很少有专门论述关于人的幸福问题的文章。本书立足于马克思为无产阶级事业奋斗的一生,结合其生活的时代,梳理马克思从唯心主义向唯物主义和共产主义转变的过程,探究实现人的幸福的物质力量和现实道路。

1)马克思幸福论的形成过程

1818 年诞生马克思的德国莱茵省特利尔城是早期自由主义、民主主义和空想社会主义

思想的传播区域。中学时，在具有进步思想的老师的影响下，马克思开始接受启蒙思想、人道主义、自由主义，追求真理，向往自由、平等、博爱，在其当时的两篇作文中就可以看出他为了人类幸福而奋斗的崇高志向和远大理想。尽管含有明显的启蒙思想色彩，但却是马克思幸福论的萌芽，涉及个人幸福与社会幸福的统一关系，为其以后追求无产阶级的解放事业和人类幸福，最终形成无产阶级幸福论奠定了思想前提。1835—1841 年的大学期间，马克思把自己的兴趣主要放在了文学、哲学和历史领域，表达对自由和幸福的向往。其博士论文发扬了辩证法思想，突出自我意识的能动与变革作用，但他没有把自我意识夸大为绝对原则，于是，马克思与主观唯心主义划清了界限，按照自己的独特思路来解释哲学与现实之间的关系。大学毕业后，他进入《莱茵报》工作，积累了接触并研究大量社会现实情况的经验，把注意力从精神自由转向物质利益，关注人的现实生活并研究幸福问题，这说明马克思唯心主义幸福论已经开始向唯物主义幸福论转变。

在实现转变之后，马克思开始继续深化，《1844 年经济学哲学手稿》（简称《手稿》）为其唯物主义幸福论的确立打下了坚实的基础。他把人的意识活动与自由自觉的劳动实践活动结合起来，重新定义“幸福”：幸福不但是一种自我感受，更是一种创造过程。人的幸福不仅仅是满足于生命机体的存在，更重要的是有意识地、有目的地改造世界；劳动是人实现幸福的主要途径，只有依靠劳动把自我反映到劳动对象中去，人才会真正地认识自己并得到幸福；人的幸福的最高目标是实现共产主义社会，因为共产主义社会消灭了资本主义私有制和社会分工，没有了剥削和压迫，人的本性得到复归，人的本质力量得到实现，这是人的幸福的最高理想状态（高延春，2015）。1845 年春天，马克思写了《关于费尔巴哈提纲》（简称《提纲》），1845—1846 年与恩格斯合写了《德意志意识形态》（简称《形态》），公开树立起“新唯物主义”“实践唯物主义”的旗帜，同旧唯物主义、直观唯物主义相对立。首先是创立了科学的实践观，把实践引入历史观，确立了实践在社会历史中的基础地位，也明确了实践在实现人的幸福中的关键性作用，标志着马克思哲学思想发展中的重大飞跃。其次是批判了费尔巴哈的直观唯物主义和唯心史观，在批判中首次系统阐发了历史唯物主义幸福思想。可以说，历史是“个人本身力量的发展历史”，是现实的人的生命活动的历史（高延春，2015）。“只有在共同体中，个人才能获得全面发展其才能的手段，也就是说，只有在共同体中才可能有个人自由”（中共中央马克思恩格斯列宁斯大林著作编译局，1995），最终同包括费尔巴哈在内的一切旧唯物主义划清了界限，成就了马克思唯物主义幸福论。

2）马克思幸福论的逻辑理路

马克思从现实生活世界的人出发，拨开笼罩在幸福上的迷雾，还原幸福清晰而真实的面目。他并没有对幸福进行直接的定义，但是多次提出，“人的根本就是人本身”“真理的彼岸世界消逝以后，历史的任务就是确立此岸世界的真理。”（高延春，2015）所以，幸福就应该立足于人本身，立足于此岸世界的人。幸福是对于人生具有重大意义的需要、欲望和利益得到一定程度上实现的心理体验，是人生重大的快乐，它影响人的整个生活的总体效果，对人生构成了无限意义（高延春，2015）。通过对马克思幸福论的形成过程及对幸福的概念界定的分析，可以理出其整体发展脉络和逻辑理路。

(1)马克思幸福论的逻辑起点:人的现实生活世界

实践的观点是马克思主义哲学首要的、基本的观点,人的实践活动创造和生成了现实的生活世界,幸福也必然建立在现实的生活世界基础之上。所以,马克思幸福论的研究就从人的现实生活世界开始,进而,人的幸福根植于现实生活世界中的实践。它既不是脱离人之外的自在世界中的感性幸福,也不是超越人的自为世界之上的理性幸福,而是人的经验所证实的现实生活世界中的感性幸福与理性幸福的统一,这种统一的关键就在于人的实践(高延春,2015)。

(2)马克思幸福论的实质:人的本质的实现

马克思又以实践为基点克服了以往人的本质理论的缺陷,在扬弃理性主义和感性主义人的本质理论的基础上,从人的物质生产活动出发,揭示出人的需要是人的内在本质。因而,其幸福论的实质就是人的本质的实现。马克思从人的需要、人的劳动生产实践和人的社会关系三个不同的角度说明了人的本质。

第一,"人的需要"是从人追求自己对象的本性和人的机能的角度来讲的,是人进行生产实践活动的内在要素和根本动力。那么人的需要就决定了幸福的属人性;人的需要的内容决定了幸福的内容,人的需要就可以分为物质需要与精神需要;人的需要高低决定了人的幸福的层次,人的需要有三个层次,即生存的需要、享受的需要和发展的需要。在马克思看来,既能把人和动物从根本上区别开来,又能产生出人的各种特性并使之得以发展的内在根据是人自由自觉的活动,即劳动实践(高延春,2015)。

第二,"自由自觉的活动"是从人的本质的自我确证和外在表现的角度来讲的,是为了满足人的需要而进行的社会性实践活动,是人的实践本质。人的实践本质是人的幸福的本源依据,正是实践的创造性劳动才使人的物质需要与精神需要、生存需要、享受需要及发展需要得到一定的满足,给人带来幸福和快乐;人的实践本质是人的幸福的创造源泉,人的幸福是由人的创造性实践活动获得的,离开人的实践活动的创造,人的幸福是无源之水、无本之木。然而,劳动实践只是把人和动物区别开来,并不能把不同社会中的人区别开来,也不能作为使人成为现实的人的依据,所以还需要研究人的社会本质,探索能使人幸福的社会条件。

第三,"社会关系的总和"是就人的现实本质的社会性来讲的,是满足人的需要和进行实践活动的条件,因为人的社会本质规定着人的幸福实现的多种条件。生产关系是一切社会关系的基础,它是决定人的本质的最基本的社会关系,也是规定人的幸福最基本的社会条件。人的社会本质还决定着人的幸福的历史性,社会本质和幸福只能是一种变化和发展中的本质和幸福,永恒不变的、超时代、超历史的人的社会本质和人的幸福是根本不存在的。人的社会本质决定着人的幸福的阶级性,人们所处的各种社会关系最终都会受到一定阶级关系的影响,人们追求和实现自己的幸福必定会受到一定阶级关系的制约。总而言之,人的本质就是由一定的社会关系所决定的通过人的自由自觉的实践活动而满足的自身需要,幸福就是人的本质的实现,人对幸福的追求也是人的本质的确证(高延春,2015)。

(3)马克思幸福论的最高理想:人的全面自由发展和人类的解放

马克思的幸福理论关注的落脚点是现实生活世界中的人,他分别从人的发展与人的幸福、人的价值与人的幸福、人的自由与人的幸福三个方面来论述人的全面而自由的发展是人的幸福的核心内容,也是马克思幸福论的最高理想状态:实现人的全面自由发展和人类的解放。

第一,所谓人的发展就是指人的类特性的发展、个人的社会关系的发展、个人的个性的发展等。在马克思看来,人的类特性在个人身上的发展主要是同个人的活动的丰富性、完整性和可变动性联系在一起的,每个人都把不同的社会职能当作互相交替的活动方式的个人,从而将成为自由而全面发展的人。不难看出,马克思关于人的发展理论既有类的层面,又有个体的层面,无论是作为类的人的发展和幸福,还是作为个体的人的发展和幸福,它们都是不可分割的统一整体,相互依赖,相互制约,共同推动人去追求幸福。

第二,人的价值必然与人的幸福存在着一定的关联,人总在实现人的自身价值中感受到生活的意义和幸福。人的价值的基本形式可以分为人的个人价值和人的社会价值,只有较好地满足个人需要和幸福,才能充分调动社会成员的积极性和创造性,努力实现其社会价值,为满足他人、社会需要和幸福多作贡献;而作为社会的人,如果离开社会的发展和社会的满足,个人需要的满足和个人幸福的实现就是一句空话。所以,我们应该充分协调人的社会价值与个人价值之间的矛盾,确立正确的价值目标,这样人的个人幸福与他人幸福、社会幸福才能实现和谐发展。

第三,人的自由与人的幸福也是密切相关的。人的发展侧重于人自身,而人的自由侧重于人与必然性的关系。马克思所说的自由是指人们通过不断发展的社会实践以实现对客观必然性的正确认识和对客观世界的有目的的改造。简言之,“自由是对必然的认识和对客观世界的改造”。幸福也正是人在遵循客观必然性和改造客观世界中获得的,所以说,在实现人的自由的过程中,也伴随着人们不断追求并实现自己的幸福(高延春,2015)。

3)马克思幸福论的基本特征

从前文对幸福的描述可知,快乐的心理体验是幸福的主观表现形式,人生重大需要、欲望、利益的满足和实现是幸福的客观内容。决定幸福类型的不是幸福的主观形式,而是幸福的客观内容,一个人究竟享有何种类型的幸福,这主要是由人的重大需要、欲望和利益的类型所决定的,这是不以人的主观感受为转移的(高延春,2015)。我们可以根据人的需要、欲望和利益的类型将幸福分为物质幸福与精神幸福、创造幸福与享受幸福、个人幸福与社会幸福。不同的人所追求的幸福是不同的,对幸福的理解和体会也各不相同,究其根源在于幸福的多种性质。

第一,客观性与主观性。人的需要是人意识到的需要,幸福是人被意识到的重大需要的满足,这体现了幸福的主观性。不同人的重大需要是客观的,满足不同人的欲望和利益的方式。程度是客观的这说明幸福具有客观的一面。从幸福的实现过程来说,幸福主体是具有自我意识的人,他是现实的、具体的、历史的人,他的意识是大脑对于客观世界的主观反映,因而幸福绝不可能停留在主观世界中的心理体验上(高延春,2015)。幸福客体是物质世界中的客观存在的事物;幸福的中介就是实践活动,也是客观的;实践活动是处于一定社会历史条件的活动,它会受到社会生产力与生产关系、经济基础与上层建筑的影响和制约。总之,幸福既是主观的,又是客观的,追求幸福就要使二者实现统一,二者统一的基础就是实践。

第二,真实性与虚幻性。现实生活中,人不可能完全得到真实的幸福,也不可能完全地排除虚幻的幸福,一个人的重大需要、欲望和利益既可能得到真实的实现,也可能是虚幻的实现。但是,我们必须保持清晰的头脑,我们所追求的幸福主要是依靠需要、欲望和利益的真实满足来实现的,虚幻的满足充其量不过是暂时的精神安慰罢了。其实,幸福的真实性与虚幻性反映了幸福的主观形式与客观内容的关系:幸福的真实性体现了幸福的主观形式与客观内容的一致性,而幸福的虚幻性则体现了幸福的主观形式与客观内容的不一致。所以,一个追求幸福的人得到的有真实的幸福,还有虚幻的幸福(高延春,2015)。

第三,绝对性与相对性。任何人的幸福都说明自己的重大需要、欲望和利益得到一定程度的实现,这是无条件的、绝对的。原因在于:一是人的需要是人先天具有的内在必然性,它表明人对周围外部的物质条件和精神生活条件的依赖关系,这都是客观的、绝对的。二是人的需要满足的唯一途径在于实践活动。实践是创造幸福的唯一源泉,这也是绝对的。随着人的认识能力和实践水平及范围的发展,人的实现幸福的内容越来越丰富,层次越来越高级,这种发展趋势也是绝对的。三是人满足需要后的快乐体验是确定的。而幸福的相对性主要体现在:一是不同的人有不同的需要,同一个人在不同的发展阶段也有不同的需要。人既有物质需要,又有精神需要,既有创造的需要,也有享受的需要,既有个人的需要,也有社会的需要,从这个角度讲,人的需要是主观的,因而是相对的。二是实践作为满足人的需要的方式受到自然环境、自身实践能力和范围等各种条件的限制。因而处于不同历史发展阶段的人只能在当时社会生产力发展水平和社会生产关系的条件下来实现一定程度上的幸福,不可能完全按照人们所期望的进行,这是有条件的、相对的(高延春,2015)。三是人评判幸福的快乐体验是相对的。判断一个人是幸福或不幸福的客观标准是:人的重大需要、欲望和利益是否得到满足和实现。我们可以把别人作为参照物,也可以把自己作为参照物。总而言之,任何幸福都具有相对性和绝对性,我们既要追求绝对的幸福,也要追求相对的幸福,最后才能得到真正的幸福。

4)马克思主义幸福论的当代价值

随着工业革命的兴起和科学技术的进步,人类社会逐步摆脱了物质条件缺乏和物质产品匮乏的时代,走进了一个物质丰裕的社会;然而人们的幸福指数下降了,这就是所谓的"幸福悖论"。马克思认为,生产力的发展水平决定着人的需要的满足程度,生产力发展水平越高,人改造自然的能力就越大,就越能够满足人的需要。如果人的需要随着生产力发展水平做出相应的提高,人们的幸福感也会逐步提高。一旦生产力发展水平与满足人的需要之间有了间距,人的幸福感就会下降。人在满足最低层次的自然性的生理需要之后,就会产生满足社会交往、安全保障、受人尊重、自我发展等较高层次的需要。需要的层次性决定着幸福感的强弱、大小和高低。可见,人的需要满足与幸福程度呈正相关关系,而与人认识世界水平、社会生产力发展水平呈负相关关系,这种悖论导致"幸福悖论"的形成(高延春,2015)。所以,世界性的"幸福悖论"要求我们回归马克思幸福论,实现个人幸福和社会幸福的有机统一,共同推动人与自然、人与人、人与社会之间的和谐,与生态危机、精神危机、金融危机等斗争到底,共创和谐社会,追求人类幸福。

2.2.3 中国的幸福理论

在中国的传统文化中,儒道佛三家都集中了先哲的人生感悟和思想精华,蕴涵着丰富的幸福体验和幸福思想。这些体验和思想有助于解决社会转型时期人类的价值失范、价值真空、道德危机等一系列问题,缓解当前人类的幸福危机和“幸福悖论”,指引人们探索幸福的真谛,树立正确的幸福理念和幸福取向,共同构建社会主义和谐社会,最终达到共同富裕。

1)儒家的幸福思想——“入世有为”

2000 多年来,由孔子集大成的儒家学说已经构成中国传统文化的核心部分,其经典著作《论语》可谓中国传统文化之精髓、中华文化之经典,也是一部有关什么是幸福、怎样才能获得幸福的著作。《论语》中隐含的幸福取向具有显著的精神性、共享性、适度性、内在性、超然性等本质特征,进一步彰显了以孔子为代表的儒家文化幸福的独特之处(毕昌萍,2013)。

(1)“修己安人”的幸福取向

以《论语》为理论基础的儒家思想一直奉行的是“修己安人”的幸福取向。主要体现在:

第一,安贫乐道。子曰:“贤哉,回也!一箪食,一瓢饮,在陋巷,人不堪其忧,回也不改其乐。”(《论语·雍也》)箪瓢陋巷,洒脱释然,享受常人所不能享受到的快乐。显然,虽贫而心犹乐,超越了纯粹物质上的贫富贵贱,追求的是一种精神幸福,“精神愉悦才是幸福的本真蕴涵”(罗敏,2001)。当然,幸福的人生离不开物质生活条件作为基础和保障,只是“箪食瓢饮”的超然之乐可以使人在面对困难时保持平和的心态,在面对诱惑时不贪图享乐,从而获取心灵所需的持久幸福。

第二,推己及人。子曰:“夫仁者,己欲立而立人,己欲达而达人。”(《论语·雍也》)这是孔子“泛爱众”的仁爱观的具体体现。孔子视天下全体百姓的幸福为己任,要求个体在追求幸福的同时,也兼顾他人、社会的幸福,同时还要从他人、社会的实际情况出发,将心比心,做到“己所不欲,勿施于人”(《论语·卫灵公》)(毕昌萍,2013),这充分体现了幸福的共享性。孔子认为,不断提升自身的内在修养,幸福即离我们不远,再去“安人、安百姓”,使别人心安、幸福,那便是我们最幸福的时刻(毕昌萍,2013)。

第三,克己复礼。子曰:“克己复礼为仁。一日克己复礼,天下归仁焉。”(《论语·颜渊》)前面提及的“安贫乐道”“推己及人”关键在于从自身做起,遵循严格的要求以“修己”,方能成就仁者之风范。“克己”的最终效果是愉悦、幸福,要坚持适度的原则,言行举止一定要符合一定的道德礼仪和社会规范,对待幸福也不能自由散漫、贪得无厌,这样才能妥善处理好人与自然、人与社会、人与人之间的关系,追求真实的、持久的幸福。这充分体现了幸福的适度性。

第四,闻过则幸。“人非圣贤,孰能无过。”孔子认为,做错事并不可怕,关键是看我们面对过错的态度,“过而不改,是谓过矣”,“不善不能改,是吾忧也”(《论语·述而》)。面对过错,我们应该以积极的态度正视错误、改正错误,对于别人的批评、建议要达到“闻过有幸”的境界。一个人要做到"闻过则喜",把别人指出过错看作幸福的事,不断丰富自我,省视自己的内心,才能获得真正的幸福。

(2)"内求诸己"的幸福路径

不难看出,《论语》中的幸福主要源于心灵深处的自足与快乐,这也决定了获取幸福的路径不在于向外探索,而在于内求诸己,具体如下:

第一,学而忘忧。孔子一生颠沛流离,累累若丧家之犬,却依然守死善道,活到老学到老,因在学习过程中每一进阶均有所悟、有所得,故乐从中生(毕昌萍,2013)。从幸福学角度来看,认定目标并为之不断地努力是一个创造幸福并幸福的过程。每一个阶段都包括过程之乐与结果之乐,要达到"学而不厌""忘食忘忧""饭疏食饮水,曲肱而枕之,乐亦在其中矣"的崇高精神境界,才能真正体会到幸福的快乐。

第二,仁者无忧。子曰:"仁者不忧。"(《论语·宪问》)"不仁者不可以久处约,不可以长处乐。""唯仁者能好人,能恶人。"(《论语·里仁》)显然,孔子把"仁"作为立身之本。获得幸福的必要条件是在"仁及一家"的基础上,实现"仁及天下"的远大目标。对于自己的内心要坦然,对于他人要有将心比心的宽容与理解,灵魂平静地、安泰地生活,不为其他情感困扰,这就是"仁"者之幸福境界。

第三,乐天知命。孔子一生奔走六国,仕途屡屡受挫,却依然自得其乐。对于他来说,天命可知但不易知,可"畏"但不可"惧",可"知命""畏命",但不可"认命""顺命"。对于幸福而言,在于个人积极的创造,这种创造过程是实现自身价值的过程。当然,在创造幸福的过程中,有可能结果并不如人意,作为真正知命的君子,内心应镇定而坦然,不耿耿于得失之间,这样幸福快乐才能常伴左右。

第四,行于中庸。"过犹不及""执两用中"是孔子中庸思想的重要哲学命题。对于国家而言,唯有符合被尊为至德的中庸之道,才能兴国安邦、国泰民安,人民过上安定祥和的幸福生活;对于个人而言,孔子告诫人们在获得安稳、幸福生活时应居安思危,曰:"人无远虑,必有近忧。"(《论语·卫灵公》),不能随心所欲,一味沉醉于现有物质上带来的满足,这样不能维系长久的幸福;在交友方面,孔子主张须有所判断和选择,"择其益者,避其损者";在处事方面,讲究客观、公正,"以直报怨,以德报德"(《论语·宪问》),君子仁人做事就应该光明磊落、坦坦荡荡,不偏不倚;在治学上,孔子强调"学""思"结合,"学""思"并重,曰:"学而不思则罔,思而不学则殆。"(《论语·为政》)在学习的基础上,要积极思考,若执其一端,则终将难有所成。

《论语》以简单质朴的道理,循循善诱、言传身教的方式,含蓄地告知现代人:在这个追名逐利的社会,什么是真正的幸福,如何获得幸福。它彰显出一种超然淡定的积极入世的精神。综上可知,幸福是一种基本的物质需求而又远远超越于其上的精神愉悦状态和内在心灵的感受(毕昌萍,2013)。

2)道家的幸福思想——"出世无为"

道家哲学以"道"为宇宙万物生生之本,以"自然"为道德核心内容,以"无为""不争""处下""守柔"等看似消极的哲学思想和实践原则来阐释幸福哲学,其最大智慧是教人避祸得福之道术。

(1)“与世无争”的幸福取向

老子生活在春秋战国时代,整个社会都处于混乱和动荡之中。他目睹了战争给黎民百姓带来的困苦和悲惨,痛心疾首却无可奈何,因此主张“不争无忧”。其奉行“与世无争”的幸福取向具体表现为:

第一,上善若水。老子笔下的水,以其谦虚卑下、与世无争、大公无私的崇高精神和豁达情怀赢得无忧无虑的自如境界(毕昌萍,2013)。老子告诫世人,幸福与否不在于权势、地位、身份的高低贵贱与处境的优劣,“一个人的快乐幸福全在于他对生命价值的认识。如果他有正确的人生目标,坚定的人生信念,那么无论在怎样的环境中,他都可以感到自由自在,感到生活的充实。”(秦彦士,1995)如果我们每一个人都有如水般自然的心态,有如水般宽厚的胸襟,人生何愁不幸福呢?

第二,报怨以德。在面对复杂的人际关系时,应该报怨以德,忍一时风平浪静,退一步海阔天空。只有我们心底真正做到不在乎,以宽容、平和、自然的心态面对世间百态,才能体会到心灵深处自由安宁的幸福。

第三,贵生爱身。老子问:“名与身孰亲? 身与货孰多? 得与亡孰病?”他将名、货与身,得与亡进行对比,告诉我们,在人生的价值取向上应摆正“名”“利”与“身”之间的关系,权衡利弊、得失,视生命高于一切。如果过分注重名利,把这些身外之物看得比自家性命还要重要,精神上就会患得患失,宠辱皆惊。虽说生命本身就是幸福,但不是拥有了生命就必然拥有幸福,所以想拥有幸福,就应该重身爱身,淡泊名利,宠辱不惊,以平静的心态面对世间冷暖,在功名利禄面前保持淡然和镇定,实现自我超越。

第四,祸福相倚。老子说:“祸兮,福之所倚;福兮,祸之所伏。孰知其极? 其无正。”在老子看来,福祸没有严格的界限,两者之间存在着相反相成、相互转变的辩证统一关系,祸福所至均为人自取,好与坏、有益与无益只能是相对而言的,在不同的时期或者同一时期不同阶段,同一件事物往往呈现出截然不同的效果或特性(毕昌萍,2013)。因此,我们应该用整体的、发展的眼光去看待事物,并使之尽可能朝着我们期望的方向转化、发展,不以福喜,不以祸悲,得之淡然,失之泰然。

(2)“自然无为”的幸福路径

与老子“与世无争”的幸福取向相适应的就是其“自然无为”的幸福路径。在“道”的指导下,遵循“自然无为”之上德,贯彻道和德的基本特征和要求,“处无为之事,行不言之教”,终至“无为而无不为”的幸福境界(毕昌萍,2013)。它具体有以下 5 点:

第一,尊道贵德。在老子看来,大道的德性是无私、无欲、无求、不争、公正的。如果我们每个人都尊道贵德,顺应事物自然本性,“行无为之事”,方能达“无不为”之效果,知晓幸福人生的真谛,放大到整个社会,“如果合乎了大道和大德,那么一切事情都会顺其自然,天下安定,人民幸福”(李耳,2006)。即由个体延伸至整个人类社会,实现了国泰民安、欣欣向荣的幸福社会局面。

第二,致虚守静。在老子看来,若能使自己的心灵达到“虚”“静”的状态,便是归根(返回到它的本根即是清静)、复命(复归于生命本然即是自然)。正如陈鼓应所言:"'虚静'的生活,蕴藏着心灵保持凝聚含藏的状态。唯有这种心灵才能培养出高远的心志与真朴的气质,也唯有这种心灵才能引导出深厚的创造能量。"(陈鼓应,2003)真正的幸福不在于拥有多少金钱权利,而在于精神的充实和心灵的宁静。

第三,"三去"无忧。老子告诫世人,要想获得幸福必须遵循常道,顺乎自然,摒弃那些极端的、奢侈的、过分的欲望及行为,谓"去甚,去奢,去泰"(毕昌萍,2013)。甚者,过度,是指一个人恶性膨胀的欲望,不可得而强求之,或得而不知足者;奢者,奢靡,"去奢"就是要求人们勤俭节约;泰者,极端,控制欲望,不刻意追求积聚财富,做一个真正享受生活幸福的人。也就是说,幸福是有适度性的,我们应该顺应自然,无为无不为,摒弃过分、奢侈、极端的欲望与行为。

第四,绝学无忧。即弃绝接受或学习那些外在的虚伪与巧饰的东西,使百姓重返淳朴敦厚的本真状态,过上安居乐业的幸福生活,天下重现太平和合的局面(毕昌萍,2013)。先进的技术、新奇的发明如果得到合理的应用,带给人们的会是物质享受和精神愉悦;若过度滥用,则带给人类的就是灭顶之灾。所以老子认为回归自然,放弃学习那些外在的虚无缥缈的东西,才是获得幸福的重要途径。

第五,知足知止。不能将其片面地理解为不思进取、安于现状的消极人生态度,而是一方面不要放纵、沉溺于物质的追求和享受之中,另一方面要求人们不单纯以物欲私利为人生的价值取向,而要超越物欲私利,追求内在精神层面的提升。总的来看,老子所主张的幸福路径核心在于自然无为,合于道或自然,顺从人和物的天性才是真正的幸福。

3)佛家的幸福思想——"出世无我"

西汉年间,佛教自印度传入中国,与中国本土的儒道两家文化经由一定时期的冲突、碰撞、磨合,形成具有中国本土特色的文化,历经岁月的沉淀和洗涤,同样也深深地影响着华夏儿女的幸福观。

(1)"自觉觉他"的幸福取向

佛家的幸福,在个体上表现为追求涅槃佛境的"佛""佛陀"理想人格;在社会或群体上表现为"度一切苦厄";在精神上追求"心如虚空"的自由境界(毕昌萍,2013)。他们一直奉行"自觉觉他"的幸福取向,具体表现在:

第一,涅槃佛境。佛家以"涅槃境界"之"佛""佛陀"为理想人格的目标追求,而其所描绘和向往的"涅槃境界"是快乐之境,更是人生幸福之地。在这个超越的境界里,修行得道者能够得到精神上的解脱和自由,获得无上的幸福。可见,佛家所追求的同样也是彻底没有痛苦烦恼的终极理想境地,这种境界能让诸佛远离无尽的喧嚣、痛苦烦恼的羁绊,享受当下的内心的幸福。

第二,普度众生。《心经》开篇云:"观自在菩萨,行深般若波罗蜜多时,照见五蕴皆空,度一切苦厄。"在佛家看来,众生必须自种善因,自结善缘,遵循因果循环的规律,方能获得幸福;若不种善因,企图坐等佛陀降临,帮你去除痛苦,给予幸福,只会与佛法背道而驰。只有笃诚地践行佛法,慈悲爱人,利他救世,才能得到彻底的解脱,获得涅槃的无上幸福。

第三,心如虚空。《心经》曰:“色不异空,空不异色;色即是空,空即是色。”“色”即世间万象,“空”即“无常”,佛家所求的幸福就是自家本心的自静、自化、自我提升和完善。幸福其实就是一种心态,拥有一颗“虚空”之心及超脱的智慧,摆脱世俗的羁绊和束缚,不以物喜,不以己悲,“看破、放下、自在”,用真心去品味人生,自然能感受到人生中无处不在、无时不在的幸福(毕昌萍,2013)。

(2)“无相住心”的幸福路径

人生苦短,佛家的目的是教人化苦为乐,它不仅揭示了人生“苦海无边”的事实,也给人类指出了“回头是岸”的路径,即幸福人生之路,所以,佛家的幸福路径是“无相住心”。

第一,明心见性。“明心”即断除自己的妄心,顿悟自己的真心,这个心就是菩提心、智慧心、平常心。“明心见性”就是打破痴心妄想,保持自身的本真之心,“安详之心是人生幸福不可忽视的重要源泉,它是幸福,也给人创造幸福的条件”(徐敏,2007)。只有内心如明镜,清透、泰然,才能无往而不乐,悟出幸福的真谛。

第二,破除“三毒”。在原始佛家看来,“造成人生痛苦的最根本的原因是‘烦恼’,而‘烦恼’之最大者即是贪、嗔、痴‘三毒’”(张岱年,2004)。而不贪(施舍)、不嗔(慈悲)、不痴(智慧)之“三善根”是对治“贪、嗔、痴”之“三不善根”的良方,淡然对治荣辱,释然化解恩怨,超然消解烦恼,幸福才能永驻。

第三,福慧双修。福德与智慧都是创造人生幸福快乐的主要条件,福慧要处理平衡,不能偏重哪一方,不然难成正果,难得真幸福。佛家的智慧就是通过身与心的清净和安宁达到精神上的自由和解脱;佛家的福德就是尊重恭敬之心,孝顺报恩之心,悲悯同情之心,修福之人,要懂得惜福、积福,切莫损福。既有智慧又懂得修福,才能成就人生幸福之境。

佛家的幸福思想可以冲刷人心灵的污垢,洗去人诸多的烦恼,涤荡人无尽的痛苦,除去尘世的喧嚣与不安,留给灵魂一处得以皈依的净土,成就一个身心清净、淡泊名利、快乐无忧的人。

4)中国幸福思想的当代价值

(1)古代幸福思想在中国人生活中的实践

中国人的幸福实践主要体现在中国传统生活方式上,这种生活方式是在传统文化及儒、道、佛三家幸福思想、幸福理念指导下的,它合乎并体现出幸福的“道德性、适度性、精神性、共享性、节俭性、和谐性等本质特征”,其本质就是一种幸福生活方式。

人生的目的就是追求个人和最大多数人的幸福。如果你身边的人都不幸福,你一个人也很难幸福,这充分体现了幸福的共享性、和谐性。这种共享性、和谐性主要体现在劳动与交往生活方式中,尤其体现在家庭成员之间的和谐、共享,以及邻里之间的和谐、共享。其次就是消费生活方式的简约性和适度性,人们的传统生活理念就是追求一种安逸舒适、平淡而不失温馨的生活,在这种简单而知足的生活方式下,人们“除了维持最低限度的生存外,任何别的消费都视为不必要,或甚至视为浪费”(袁亚遇,1990)。还有就是闲暇生活方式的简约性和和谐性,幸福生活具备的三大要素:智慧、美德与休闲。无论人们是贫穷还是富有,都是“日出而作,日落而息”的劳动方式,特别是节庆型的闲暇生活方式,是一种具有中华民族特色的群众性的生活方式,这体现的就是幸福所具有的简约性、精神性。随着社会的进步,在一定的物质基础上，人们更多的是追求精神生活，其主要体现在精神生活方式的内在性和超然性，这是一种高雅的生活品位和休闲格调，如抚琴之乐、弈棋之乐、品茶之乐等。随着社会的进步，我们也应该顺应历史发展的潮流，用辩证的眼光来萃取有益于自身健康发展的生活理念和精神元素，从而追求幸福的生活方式。

(2)中国特色社会主义的幸福理论

随着经济科学技术的进步，人们对生活质量和生活品位的要求也越来越高，对幸福的理解和要求也随之变化。尽管当今社会的物质财富相当丰富，人民的物质生活水平逐步提高，但是人们在精神上却感到压抑、孤独、迷茫、空虚。从幸福理论的角度看，这些危机的实质就是人类的幸福困境，要解决这些问题，我们必须树立科学的幸福观，找到获取幸福的正确方法和途径。复旦大学教授钱文忠(2010)指出："传统文化的缺失和精神信仰的贫乏是很多人感觉不到幸福的原因，要寻找幸福就必须重建我们的传统文化。"就此，当前我们寻找幸福的途径就是要把传统文化的基本概念、价值融进我们的信仰世界，提升我们的文化软实力，只有这样，我们才能把财富兑换成幸福，从而超越财富，获得一份深厚、悠远的幸福感(毕昌萍，2013)。

从国家顶层设计的角度看，要促进人类幸福最大化，努力构建中国特色社会主义和谐社会，关键就是要实现人与自然、人与人、人与社会的和谐，具体表现为：

第一，人与自然的和谐是人类幸福的基石。2013 年 9 月 7 日，习近平总书记在哈萨克斯坦纳扎尔巴耶夫大学发表演讲并回答学生们提出的问题，在谈到环境保护问题时他指出："我们既要绿水青山，也要金山银山。宁要绿水青山，不要金山银山，而且绿水青山就是金山银山。"充分说明了生态文明建设的重要性和必要性，良好的生态环境是最普惠的民生福祉，保护生态环境就是保护生产力。以谋求人与自然和谐发展，实现经济社会发展与生态环境保护的共赢，为子孙后代留下可持续发展的"绿色银行"。

第二，人与社会的和谐是人类幸福的保障。通过前文对马克思幸福论的研究可以看出，马克思认为社会是人的社会，人是社会的人。那么，个人与社会和谐的首要条件是社会应当而且必须给生活于其中的全体社会成员提供一个易于产生幸福感的环境。目前，国家为建设社会主义和谐社会一直坚持"以人为本""执政为民"的原则，在经济发展的基础上更加注重社会建设，完善社会保障制度，推进社会体制改革，扩大公共服务，争取做到老有所养、病有所医、劳有所得、学有所教、住有所居，推进和谐社会的建设(毕昌萍，2013)。

第三，人与人的和谐是人类幸福的体现。马克思说："能使大多数人得到幸福的人，他本身也是最幸福的人。"(李兴方，1996)人作为社会的人，首先必须处理好自我与他人的关系，实现个人幸福的物质条件和精神条件都是由他人、集体、社会提供的。所以，我们要清晰地认识到个人利益与他人利益、社会利益的辩证统一关系，不断寻找个人、他人和社会的需要、利益和幸福的结合点，最终找到自己想要的幸福。

结论：西方的幸福理论首先起源于古希腊罗马时期，一方面以朴素的唯物主义为代表的幸福理论主张从人们的现实生活、物质利益出发追求快乐和探索幸福；另一方面是明显的唯心主义的幸福理论把幸福看成一种超越现实生活的精神境界，否认幸福来自现实生活和物质利益。其次是在中世纪时期,由于社会制度的更替,幸福论具有浓厚的神学色彩,逐渐割裂了现实生活与幸福的关系。进入"文艺复兴"时期,幸福论中开始肯定人性,提倡个性自由,主张追求现实生活中的幸福。近代资本主义时期,幸福论既重视人的价值和人的幸福,也重视对人的内心的反省,同时强调理性、经验、功利以及现实的幸福。19 世纪 40 年代,马克思把幸福根植于现实的生活世界,从现实的人出发,批判地继承了西方幸福论的合理思想,科学阐释了幸福的基本内涵和特征:幸福是对人生具有重大意义的需要在一定程度上得到满足的快乐。而今天,中国共产党坚持将马克思主义与中国国情相结合,努力构建和谐社会,破解"幸福悖论"这一世界性难题,正为实现人民幸福的中国梦而奋斗。

2.3 幸福的影响因素

2.3.1 西方国家居民的幸福感影响因素

1)经济因素与幸福

(1)收入增长并不一定带来幸福感提升

收入是经济学界最早关注的幸福影响因素。1974 年 Easterlin 的开创性研究——《经济增长是否改善人类——一些实证证据》,通过对 20 多个国家的统计、抽样调查资料进行分析发现,尽管在一个国家富人报告的幸福水平高于穷人,但从跨国比较来看,穷国的幸福水平几乎与富国一样高。这就是著名的"幸福悖论",又称"伊斯特林悖论"。此后,西方经济学界有关收入对幸福影响的研究大多围绕此悖论展开,集中探讨了"幸福悖论"及其产生的原因和政策含义。其主要观点如下:

①收入的边际幸福效用呈递减趋势。围绕 Easterlin 提出的"幸福悖论",学者们从绝对收入、相对收入等角度分析了收入变化对国家整体幸福水平和微观主体幸福感的影响。目前得出的比较一致的结论是,在人们基本生活需要得到满足以前,绝对收入的增长确实会带来幸福的增长。收入高的人有条件接受更好的教育,享受更好的保健服务,更有条件保持良好的健康状况,从而产生更高的幸福感(Oreopoulos,2007)。高收入者也可能会因为其居住环境好、社会保障制度健全(Helliwell,2003)、政府服务合意和社会民主程度高(Inglehart, et al,2000)而获得更高的幸福水平①。然而,收入的边际幸福效用呈不断递减趋势。从国家层面来看,一国的人均 GDP 在达到 1.5 万美元以前(Frey & Stutzer,2002);从微观层面来看,个人年收入在达到 7.5 万美元以前(Kahneman & Deaton,2010),绝对收入的增长的确会带来

① 有时国家间幸福感差异可能与收入根本无关,如在不同文化背景影响下,各国居民倾向于报告不同的幸福感(Diener, et al,1995),美国人更倾向于说自己快乐而法国人则相反,因为在美国快乐被认为是积极的,而在法国"快乐的人是傻瓜"(戴高乐的名言)。而在亚洲,儒家文化提倡谦虚的美德,人们一般不会轻易说自己很快乐。

幸福水平的提升。不过,幸福水平的提升速度会随着收入水平的提高而递减。当绝对收入达到并超过这一水平后,幸福不再随收入增长而提升,从而出现“幸福悖论”(Easterlin,2003)。如果收入的增加是源于工作时间长和工作环境差的补偿,甚至是以牺牲健康为代价(Muller,2011),或者收入增加的同时付出了更高的住房代价和交通成本,那么,收入增加就未必能带来幸福水平的提升。而且,因收入增加而带来的物质消费的增加比如住大房子、开豪华汽车或者佩戴珠宝等都只能带来短暂的幸福效用。从长期来看,收入增长带来的幸福增长极为有限,这就是所谓的“快乐水车”现象。此时,相对收入水平和其他非收入因素的影响变得更为重要。

②相对收入水平是导致“幸福悖论”的重要原因。人们之间存在攀比心理,使得社会相对收入水平也成为影响幸福的重要因素。如果自身收入与他人收入同等程度增加,个人相对收入地位并没有改变,那么个人幸福感几乎不会增加(Luttmer,2005)。这说明即使是在短期内,绝对收入增加有时也难以提升幸福水平。行为经济学的相关量化研究表明:“自己得5元钱别人得1元钱”的方案比“自己得6元钱别人得5元钱”的方案更能增加个人的幸福感(McBride,2001)。对不同收入层次的人群来说,相对收入的幸福效应并不对称。少数富人因相对收入高而得到的幸福感的增加程度要低于多数穷人因相对收入低而导致的幸福感的损失程度(Carbonell,2004)。显然,收入再分配会增加全社会的总体幸福水平[①]。同时,人们对高收入水平具有内在的适应性,个人的收入期望会随着收入的增加而增加。根据Samuelson的幸福方程式:幸福=效用/期望,收入增长带来的效用水平的提升会被收入期望的提高而抵消(Carbonell, et al,2004)。因此,收入增长的幸福效应是短期的,从长期来看幸福会回复到收入增长之前的最初水平(Clark,2008)。适应性理论也可用来部分解释国家层面的“幸福悖论”问题。Caporale(2009)用概念参照理论(the Conceptual Referent Theory)对悖论进行了另外一种解释:人们对幸福生活的定义不一样,因而对幸福影响因素的评估也不一样。如果个人本身就喜欢恬淡寡欲的生活,那么在他们看来,收入对于幸福并不那么重要。

(2)失业会显著降低个人幸福感

在所有幸福感的影响因素中,失业给个人带来的负面影响最大,甚至超过离婚和分居等因素(Clark, et al,1994)。

①个人失业时幸福感最低。失业会降低收入水平,增加生活压力和降低生活质量;失业会使人产生压抑和焦虑情绪,使自尊心受到损害,从而降低人们的主观幸福感[②]。实证研究表明:在欧洲,失业时个人的生活满意度会下降19%,主观幸福感会下降15%(Lelkes,2006a)。与就业者相比,失业者的幸福感要低5%~15%(Stutzer,2004),即使是休闲时候,

---

① 并非所有的收入不平等都会带来幸福感损失。由于“隧道效应”(Tunnel Effect)的存在,在转轨中的东欧国家(Caporale,2009)和英美(Clark,2003a),不平等传递出有利于竞争和个体未来经济地位可能改善的信息,使得收入不平等反而促进了人们幸福水平提高。

② 失业者幸福感的降低会持续至少一年以上,往后由于个体对失业具有一定适应性,失业的负面影响会逐渐减弱;但是,即使重新就业,其幸福感也不会恢复到失业前的水平(Lucas, et al,2005)。

失业者也表现出较少的快乐(Krueger,2012)。失业给男人(Theodossiou,1998)、中年人(Pichler,2006)、在英国受过更高教育的人(Clark, et al,1994)、在美国持右翼政治倾向的人(Alesina, et al,2004)和高收入国家的人(Fahey, et al,2004)的幸福感所带来的负面影响更大。(…,et al. ,2004)

②失业率上升对人们幸福的影响是复杂的。一方面,社会整体失业率升高,社会经济前景堪忧,人们担心自己未来可能失业,担心未来税收负担增加;失业率太高会导致犯罪率上升、社会局势紧张(Di Tella, et al,2001)。另一方面,失业率升高,并且熟人也失业时,失业带来的心理压力和社会负面影响会减弱(Shields, et al,2005)。如果失业并非个人原因而是经济形势低迷所致,那么失业者自尊心就不至于受到太大伤害;如果其他人也都失业了,耻辱感和社会歧视就不会那么普遍,失业者的痛苦程度就小得多(Clark,2003b)。可见,失业率升高对人们幸福感的影响是复杂的。相关实证研究表明:在美国(Alesina, et al,2004)和英国(Di Tella, et al,2003),失业率上升降低了居民的主观幸福感;在欧洲12国(Di Tella, et al,2001),失业率每上升一个百分点,居民的生活满意度就会降低0.028个单位,这相当于把超过2%的人口从“不太满意”下移到“完全不满意”。然而,随着失业率的持续上升,他人失业会降低失业者的痛苦程度,使失业对幸福的负效应逐渐减弱,直到完全消失。据研究,在英国,失业率大约为22%(Shields, et al,2005)或24%(Clark,2003b)时,失业就不会再对幸福产生负面影响。

(3)通货膨胀也会降低主观幸福感

物价上涨会导致生活成本上升、生活质量下降、收入分配状况恶化,社会稳定受到冲击,幸福感也会因此而降低。在欧洲(Wolfers,2003)、拉丁美洲(Graham, et al,2001)和美国(Di Tella, et al,2003),通胀明显降低了居民的主观幸福感。Di Tella等人(2001)对欧盟12国1975—1991年的研究表明,通胀率每增加5个百分点,居民的平均满意度会下降0.05个单位。这相当于把5%的人口由“非常满意”下移到“较为满意”。

通胀与失业是政府宏观调控的两个主要目标。学者们对失业与通胀的交替进行了幸福效应分析,结果发现:失业给幸福带来的负面影响远远超过通胀,两者的比例在欧洲12国为1.6∶1(Di Tella, et al,2001),在英国为2.9∶1(Di Tella, et al,2003)[①]。因此,政府在制定宏观调控政策时,需要考虑失业和通胀对居民幸福感程度不同的负面影响。传统的痛苦指数赋予两者同等的权重,在进行政策设计时,低估了失业对居民幸福感的影响。

2)人口社会学特征与幸福感

人们因性别、年龄、种族、教育水平、健康状况、婚姻状况、宗教信仰、时间分配、社会信任和亲朋好友关系等人口社会学特征不同,其主观幸福感表现出很大的差异。

(1)健康的人更幸福

健康与幸福的关系是双向的。良好的身心健康状况有助于提升人们的幸福感;反过来,

① Wolfers(2003)在Di Tella(2001)研究的基础上,对欧洲16国1973—1998年的数据进行了研究,得出“失业给幸福带来的损失是通货膨胀的5倍”的结论。

幸福感也会对健康产生重要的影响。人们普遍认为，病痛会大幅降低个人的幸福感。但Shields（2005）利用固定效应模型研究发现，在考虑了调查时个人的情绪和性格差异及个人自己评估健康的主观性等因素后，病痛对幸福感的影响没有人们想象的那么大。Oswald（2006）的研究表明：由于人们对疾病具有一定的适应性，疾病的幸福负效应有逐步减弱的趋势。如残疾后个人的生活满意度会立即降低0.596个百分点，1年后降低0.521个百分点，2年后降低0.447个百分点，3年后降低0.372个百分点。自我适应性还会使患者的幸福感随着时间的推移而逐渐回升，幸福感回升的幅度由疾病（如残疾）的严重程度反向决定。研究表明，残疾后人们的幸福感一般能回复到健康时幸福水平的30% ~50%（Oswald，2006）。健康会随着年龄的增长逐渐变差。健康对人们幸福感影响最大的时候是50岁左右，因为在50岁时健康状况的恶化会使人们首次感到死亡的威胁（Deaton，2008）。

（2）高质量的情感关系有助于提升幸福感

①婚姻稳定的人们幸福感更高。无论男性还是女性，其幸福感会因其所处的已婚、未婚同居（Frey, et al, 2000）、离婚或丧偶、分居（Wildman, et al, 2002）状态而依次降低（Helliwell，2003）。采用时间序列数据的研究还表明，新婚时人们幸福感最高，然后呈下降趋势。分居甚至离婚后，幸福感降至最低水平。同居或再婚后，幸福感会逐步回升，但无法达到新婚时的水平。人们的幸福感会在多远的将来回复到哪个水平，存在广泛的个体差异（Lucas，2005）。总的来说，稳定和安全的亲密关系有利于幸福感的提升。

②子女对父母幸福感的影响是复杂的。若考虑收入因素，只有当家庭收入随子女数量增多而增加时，父母的生活满意度才会提高（Lelkes，2006b）。虽然子女让父母享受了天伦之乐，但在单亲家庭（Frey, et al，2000）、离婚母亲（Schoon, et al，2005）、新近搬家（Magdol，2002）、家庭贫穷（Alesina, et al，2004）及子女生病需要额外护理（Marks, et al，2002）的情形中，养育儿女并没有促进父母幸福感的提升，甚至还降低了父母的幸福水平。子女成年后仍然与父母住在一起时也不会提高父母生活满意度（Pichler，2006）。子女对父母幸福感的影响因社会文化和宗教信仰的不同而有较大差异。在英国和美国，子女给父母的幸福感带来了很大的负面影响（Di Tella, et al，2003）；在欧洲和俄罗斯，这种负面影响则小得多（Smith，2003）；在以色列虔诚的犹太教信徒家庭，子女给父母带来了很高的幸福感（Praag，2010）。

③朋友对幸福的影响不如人们想象的那么大。纯洁、真挚的友谊能给人们带来幸福感。然而，Demir（2010）的研究表明，朋友对幸福的影响没有人们通常所认为的那么重要，对有伴侣的人而言，只有母子关系和恋人关系才对幸福有显著影响。良好的情侣关系有助于化解朋友间的矛盾，而好友却没有缓和恋人冲突的功效。其他有关朋友和家人对幸福影响差异的研究也得出了朋友没有显著提高人们生活满意度的结论（Martin, et al，2003）。

（3）不同个体特征会使幸福感呈现出差异

①年龄与种族对幸福感的影响。采用截面数据的研究发现，年龄与主观幸福感大致呈U形曲线关系（Carbonell, et al，2007）：年轻人和年老人幸福水平较高，32 ~50岁的中年人幸福水平最低。然而，考虑了随年龄增长而变化的收入、健康、就业等因素后，中年人的相对幸福水平并没有降低太多。在美国，西班牙裔幸福感最高，白人次之，非洲裔幸福感最低

(Thoits, et al,2001)。但对年长者来说,幸福水平的种族差异并不明显(Baker, et al,2005)。

②宗教信仰和社会信任有助于幸福感提升。通常,宗教信仰会有助于提高人们的生活满意度(Helliwell,2003)。至于信何种宗教、信徒的多少(Rehdanz, et al,2005)等并不重要。在同一宗教内部,人们因信仰程度不同,主观幸福感表现出较大差异(Cohen,2002)。虔诚的宗教信仰可帮助人们克服失业或收入的意外损失对幸福的负面影响。对一个天主教徒而言,相信上帝可以减缓一半的负面打击;定期参与宗教活动可以提升主观幸福感(Clark, et al,2005)。人们之间的互信也有助于提高个人的生活满意度(Helliwell,2006)。邻里间的信任(Pickles, et al,2005)、普遍信任(Generalized Trust)(Bjørnskov,2007)以及对公共机构(如警察、法制和政府)的信任(Hudson,2006)都有助于提高人们的幸福感。

③合理的时间分配能提升人们的幸福水平。个人在工作、通勤、锻炼、宗教信仰等方面的时间分配会对其幸福水平产生影响。虽然就业比失业令人有更高的幸福感,但对就业者来说,幸福感与其正常工作时间的长短呈负相关(Luttmer,2005)或倒U形关系(Meier, et al,2008)。最初的加班可带来收入增加,但当工作占去太多时间时,整体福利就会由上升转为下降。上下班的通勤时间长短与生活满意度负相关(Stutzer, et al,2008),适当的体育运动(Chiungjung Huang,2010)和简单的体力劳动(如,园艺)(Baker, et al,2005)、定期参与宗教活动(Clark, et al,2005)与较高的主观幸福感有一定的正向联系。

④教育和性别的幸福效应不明显。有关性别和教育的幸福感差异的研究,迄今为止还没有一致的结论。“男人女人谁更幸福”“教育程度更高的人是否更幸福”仍是争议的话题。在考虑了健康(Oswald, et al,2006)、工作类型(Berg, et al,2007)等问题后,性别的幸福效应并不显著[①]。接受不同层次教育的人的幸福感差异并不明显。不过,Stutzer(2004)的研究认为,中等教育水平的人们有最高的生活满意度。由于个人的智力、选择接受教育的动机和家庭背景的差异会影响教育质量(Meier, et al,2006),教育质量的不同又会使教育对幸福的影响呈现出个体差异。教育还会通过影响收入和健康对幸福产生间接影响[②],受教育程度高的人具备更强的竞争力,能获得更好的就业机会和更高的收入,以及更有条件保持良好的健康状况,从而获得更高的幸福感(Oreopoulos,2007)。这就使教育对幸福感的影响变得更为复杂(Blanchflower, et al,2004)。

3)制度和政策因素与幸福

(1)民主和自由有助于提升居民幸福感

研究表明,生活在宪政民主下的居民有更高的幸福感,因为政治家更有动力根据居民的利益来治理社会(Dolan, et al,2008)。民主对幸福,尤其是对高收入者的幸福有显著的积极影响。瑞典的数据研究表明,民主权力最大的州比最小的州的居民幸福水平要高出11%(Frey, et al,2000)。一般来说,与政治自由和个人自由相比,经济自由更能促进人们的幸福

① Herbst(2011)的研究表明,由于政治参与、人际互信及财务安全等方面的恶化,近年来男人的幸福感下降得比女人更快。

② 在美国(Bukenya, et al,2003)和瑞典(Gerdtham, et al,2001),接受高中和大学教育,通过改善收入和健康状况使幸福感提升了大约三分之一。

感,但在教育水平高的富裕国家,政治自由对人们的幸福更重要(Veenhoven,2000)。

(2)合理的政府支出政策能提升居民幸福感

有关政府支出可以增强人们幸福感的理论研究认为:一方面,政府支出由税收转化而来,税收将资源从特定人群的私人消费领域转移到人人都能享用的公共服务领域,降低了私人消费时由于攀比而带来的幸福损失(Yew-Kwang NG,2003);另一方面,政府支出为居民提供诸如教育、环保、保健和安全等公共服务,居民因此会减少谨慎性储蓄,将未来消费转化为当期消费,从而会提升幸福感(Amitava K. D., 2006)①。有关 145 个国家的大样本数据(Ram,2009)以及转型国家的数据(Lena,2008)的实证研究证明了增加政府支出可以提高居民幸福感的观点。进一步研究表明,政府增加社保(Veenhoven,2000)、失业(Di Tella, 2003)、医疗卫生(Kotakorpi, et al,2010)、公共安全(Wassmer,2009)和教育(Hessami,2010)等方面的支出,可大幅度提升居民幸福水平。但是,也有少数研究认为,政府支出可能会降低人们的幸福感,因为政府支出增加会导致税收负担加重,成为人们痛苦的根源之一(Ram, 2009)。Hessami(2010)认为,政府支出规模与居民幸福之间呈倒 U 形关系。而 Ott(2010)的研究表明,政府规模对幸福的影响取决于民主、法治和腐败等社会因素,政府质量比政府规模对幸福的影响更大。

4)广义环境因素与幸福

(1)环境破坏和气候恶化会降低居民幸福感

人类活动会破坏环境,甚至对气候产生负面影响;而污染的环境、反常的气候又会影响人类福祉。有关空气污染(Welsch,2002)、水污染(Israel, et al,2003)和噪声污染(Praag, et al,2005)的研究均表明,环境污染会显著降低居民幸福感。Levinson(2012)对空气污染的幸福损失在不同教育程度的人之间进行了估算。结果表明,为了维持既定的幸福水平,上过大学的人比没上大学的人情愿每天多支付 20 美元以改善空气质量。正常的气候条件对居民幸福感并无重要影响,但极端的气候条件如高温与严寒(Rehdanz, et al, 2005)、干旱(Carroll, et al,2009)与洪涝灾害(Luechinger, et al,2009)会降低人们的幸福水平。

(2)城市化会降低城市居民的幸福感

来自瑞典(Gerdtham, et al,2001)、澳大利亚(Dockery,2003)、东欧(Hayo,2004)、拉丁美洲(Graham, et al,2006)、欧洲 15 国(Hudson,2006)及中国(Knight, et al,2009)的证据均表明,城市居民比农村居民幸福感低,而且城市规模越大,居民幸福感越低(Hayo,2004)。尽管城市居民有相对较高的收入,但其住房、交通、教育和医疗等方面的支出更大,且城市居民更可能遭受失业带来的痛苦;城市交通更拥挤、犯罪率更高等。所有这些都降低了城市居民的幸福感(Knight, et al,2009)。

总之,根据西方经济学者们对幸福的影响因素的研究发现,随着收入的边际幸福效用递减,其他非收入因素对幸福的影响力逐步增强。健康良好、婚姻稳定、宗教信仰、社会信任和宪政民主有利于增强人们的幸福感,而失业、通货膨胀、环境污染、极端气候和城市化会降低

① Diener 等(2009)认为,公共支出提升居民幸福感的前提是政府清楚地了解地方居民偏好。

人们的幸福感。居民的幸福水平会随政府支出规模的变化呈倒 U 形曲线变化，也会因年龄、性别、种族、教育程度、时间分配、朋友关系和子女个数等方面的不同而呈现出广泛的个体差异。

以上是西方相关文献中对居民幸福感影响因素的探讨，相关结论基本上是上述因素对西方国家居民幸福感的影响。由于中西方文化、经济社会条件和制度等方面的差异，中国居民的幸福感影响因素必定会与西方国家居民有所不同，因此，下面将继续对中国居民幸福感影响因素进行理论分析。

2.3.2　中国居民的幸福感影响因素

中国古人所陶醉的“洞房花烛夜，金榜题名时，他乡遇故知”都是对幸福生活的白描，但是，我们处在纷繁复杂、日益变化的社会中，人生阅历在雕琢着我们对幸福的认知。老子在《道德经》里说，“天之道，损有余而补不足”，即中国的居民一直保持的中庸之道。在几千年高度集权的封建王朝的统治下，加上历代战乱的影响，使现实生活中的中国居民对兵荒马乱、流离失所的厌恶，对失去的恐惧，对安全稳定的需求，以及对家庭观念的重视都淋漓尽致地体现出中国人对幸福的理解。中国居民的幸福弥漫着一种儒道合体的精神法则，更讲求低调。因此，中国居民为了适应社会的进步在追求上进、积极进取的同时，又强调不能过分追求名利，不太看重结果，更注重过程，进而真正体会内心的幸福感。

1）家庭对个人幸福极为重要

家庭幸福感是个人幸福生活的源泉。提升中国城乡居民幸福感的首要前提就是提升城乡居民的家庭幸福感，这有助于维护社会稳定和谐，促进经济健康发展，建设美丽富强中国，对实现中华民族的伟大复兴具有深远的意义。

（1）中国家庭幸福感对居民个人的幸福感影响较大

调查显示，2015 年全国城乡居民家庭幸福感标准化评分[①]为 6.60 分，而个人幸福感标准化得分为 6.41 分。由此可见，家庭在中国人的文化观念中占据极其重要的地位，家本位的文化基因决定了个人幸福感与家庭幸福感紧密相连。调查显示，2015 年全国城乡居民家庭幸福感标准化评分为 6.60 分，显著高于 2013 年的 6.22 分，明显低于 2014 年的 6.83 分，不过，仍然可以说明中国大多数家庭感觉幸福（中国人口宣传教育中心、中国社会科学院人口与劳动经济研究所，2016）。

中国人一直秉承“家和万事兴”的传统家庭观念，在家里、与家人在一起的时光是个人幸福感最高的时候。调查显示，城乡居民普遍比较认同“国家重视家庭建设能够提高居民幸福感”，国家和政府重视家庭建设，重视家庭、家教与家风将会提高居民的幸福感（中国人口宣传教育中心、中国社会科学院人口与劳动经济研究所，2016）。虽然多数居民认为国家在物质上的支持会使居民幸福感增加，但同时也希望国家给予家庭和个人更多精神与文化层面

---

① 如无特殊说明，2015 年调查均为标准化评分，感觉幸福指标标准化评分在 6 分及以上（10 分为最高分，0 分为最低分）。

的支持。

(2)家庭结构与家庭规模对城乡居民幸福感有重要影响

家庭成员的幸福牵动着每个人的心。具体而言,家庭成员的受教育程度、健康状况和婚姻状态等都对居民个人的主观幸福感有重要的影响。调查发现,标准核心家庭的家庭幸福感比较低。一般生活在标准核心家庭中的人群大都是上有老下有小的中年人,他们需要面对工作和生活的压力,家庭责任与负担较重,个人的幸福感相对较低;对于一些未婚的中青年群体而言,既有工作和生活的压力,还有婚姻的缺失,也降低了其幸福感;隔代家庭多有祖辈与未成年的孙子女,或已婚孙子女与年老的祖父母构成,隔代间的价值观念、生活习惯等方面的差异,在一定程度上对其个人幸福感,甚至家庭幸福感都可能带来负面影响;还有一些核心家庭多为单亲家庭,个体离异、丧偶后配偶的缺失,或是父(母)的缺位使个体的生活中缺少了应有的支持和关爱,亲情、爱情的缺失会对个人的心理产生一定的负面影响,进而降低了个人的幸福感(中国人口宣传教育中心、中国社会科学院人口与劳动经济研究所,2016)。

2)经济社会地位影响居民幸福感

社会阶层对我国居民幸福感有较大的影响。社会阶层主要指人们在经济社会资源分配上所形成的阶梯式的不平等,大体上可以从职业地位、权力、社会声望、收入水平等方面去衡量个人的社会阶层,在这些方面中,应用比较广泛的就是社会经济地位。社会经济地位对幸福感的影响对不同国家和不同收入层次的居民来说都是不同的。豪威(Howell)等人考察了发达国家和发展中国家经济地位与幸福感之间的关系,结果显示:发展中国家经济地位与幸福感的相关度大约为0.20,明显强于发达国家的0.13;在发展中国家,低收入群体的经济地位与幸福感之间的相关度最强($r=0.28$),高收入群体最弱(孙健敏,2014)。可见,社会阶层的高低对西方发达国家居民幸福感的影响较小。而我国作为发展中国家,较低的社会阶层则会在一定程度上限制居民幸福感的提升。原因可能是,高社会阶层的人比底层的人掌握了较多的社会资源,可以更容易实现自己的目标,可以满足更多的需求,进而幸福感更高。

但社会经济地位与居民幸福感之间并不呈线性关系,中等地位的人幸福感最高。这可能是因为社会经济地位与收入、文化层次有很大关系,个体的社会经济地位越高,面临的工作或者社会压力可能越大,陪伴家人的时间也就可能越少,这在一定程度上影响了幸福感提升。王晓彦(2006)考察了武汉、上海等7个城市436名在职中青年幸福感的影响因素,结果显示:中等收入的在职人员的幸福感水平显著高于高收入和低收入的在职人员。周明洁等(2007)运用生活满意度量表对国内1 308名农村居民进行测试,结果表明:不同社会阶层的农村居民的幸福感并没有随其社会地位的高低呈现一致性的变化。其中教育科研卫生人员作为农村社会地位较高的阶层代表,是拥有文化资本最多、经济收入也相对较多的阶层,可是他们的幸福感却呈现出较低的状况;而乡镇企业的工人虽然社会地位与收入相对教育科研卫生人员较低,但是他们的幸福感却较高。

3)中国传统文化价值观阻碍高幸福感的报告与形成

不同文化对“幸福”有不同的理解和诠释。比如,根据自我概念的结构,北山和马库斯发现,在日本,“幸福”涉及良好的关系、履行义务等,在美国则包含自尊与自我实现(孙健敏,2014)。而在中国,传统的幸福讲究的是低调,奉行的是中庸之道。各国居民对幸福的不同理解在一定程度上源于人们对幸福的文化价值观不同,而这些价值观又可能深深地影响着人们对幸福感的表达。譬如在拉丁美洲的哥伦比亚,其文化强调积极情绪(自信)的价值,将积极情绪视为适宜,将消极情绪视为不适宜。相反,儒家文化影响下的中国,则比较重视消极情绪的适宜性,强调日常生活中的谦虚、隐忍、低调。因此,在表达幸福感时,拉美居民倾向于报告较高的幸福感,而中国居民倾向于报告较低的幸福感。

文化对幸福感影响途径的差异也会导致东西方居民幸福感的差异。文化通过以下两个途径影响居民幸福感:一是通过影响个体评判幸福的标准来影响幸福感;二是通过影响个体的社会心理取向来影响幸福感。中西方幸福感影响因素的差异主要表现在个体的社会心理取向上,比如,及时行乐倾向是西方文化尤其是拉美文化的显著特征,而未来享乐则是东方文化尤其是中国文化的显著特征。这种文化上的差异直接导致了东西方居民在享受幸福的现在还是未来的取向上和幸福水平报告上的差异。在情感压抑、消极认知等取向上,东方文化群体都明显高于西方文化群体,并且这些取向与幸福显著负相关,从而导致东方文化中的个体形成了较低的幸福水平(孙健敏,2014)。

此外,宗教作为一种文化信仰也影响着居民幸福感。中西方居民在宗教信仰上有较大差异,西方居民普遍都有宗教信仰,而中国居民中有宗教信仰的较少。已有研究发现,个体的宗教信仰对主观幸福感有一定的积极作用。有宗教信仰的人通常比无宗教信仰的人更加幸福,宗教信仰越明确,其幸福感就越高(孙健敏,2014)。中国居民宗教信仰的普遍缺失在一定程度上影响了其幸福感提升。

4)城乡二元结构加大了城乡居民幸福感的差距

中华人民共和国成立以来,我国逐渐形成了以户籍制度为主的城乡分割体制,在不同的生活经历、生活背景下,城乡居民体会到了不同的幸福感。研究发现,是否具有城市本地户籍与居民幸福感显著相关,特别是对高教育水平的外来居民,户籍制度和机会不均等降低了其幸福感。调查显示,近10年来,非本地户籍在本地是否有住房与家庭幸福感的关联度正逐渐提升,在当地有购房计划的非本地户籍的家庭幸福感最高(7.200分),在当地没有购房计划的本地户籍的家庭幸福感最低(6.563分)(中国人口宣传教育中心、中国社会科学院人口与劳动经济研究所,2016)。但是,关于城镇居民和农村居民的幸福感比较还没有一致结论,从就业壁垒与歧视、社会稳定与城市发展的角度看,农村居民的主观生活质量低于省市居民;而将生活满意度作为指标进行分析时,城镇居民的生活满意度低于农村居民的生活满意度。

5)上下级关系对在职人员幸福感有重要影响

对在职人员来说,与上级领导的关系是个体所要面对的非常重要的关系。研究指出,在中国,积极的领导风格能够促进下属的幸福感,提高个人工作的积极性。与领导建立良好的交换关系,成为领导的“圈内人”,无论是在工作还是生活中得到领导的认可,也是提高个体主观幸福感的影响因素。与西方相比,中国的领导和下属之间的关系更看重的是他们之间工作之外的交流与关系,比如,逢年过节或者下班后,员工会打电话或者去看望领导,领导会邀请员工到他家吃饭;遇到婚丧嫁娶之类的特殊事件,员工会去看望领导(孙健敏,2014)。

结论:通过分析中国城乡居民幸福感的影响因素发现,传统的中庸之道在中国老百姓的幸福观里根深蒂固,人们讲求低调,渴望稳定。家庭幸福感对于个人幸福感至关重要,家庭结构、家庭规模都是城乡居民幸福感的重要影响因素。从社会结构的角度看,社会阶层居中的群体幸福感反而较高,城乡二元结构则降低了居民的幸福感。中国传统文化价值观使人们在生活中更多地表现为谦虚、隐忍、低调,调查中倾向于报告较低的幸福感。而与领导工作之外的交流与关系是否优良对在职人员幸福感有重要影响。

第3章 财税政策影响居民幸福感的理论分析

3.1 财税政策的目标、范围与居民幸福感

3.1.1 居民幸福感、社会和谐和财税政策目标

1)GDP 增长的财税政策目标与社会和谐

政府要引导社会发展以实现和谐的状态,需要采用相关的政策手段,而财税政策是政府常用的宏观经济政策工具。但是,政府应该运用财税政策促进经济增长从而实现社会和谐吗? 答案是否定的,这是因为政府虽然可以综合运用财税政策促进经济增长,但经济增长、人们收入增加的同时,幸福感并没有增长,反而社会矛盾加剧。

(1)政府有稳定和发展经济的职能,可以运用政策工具调节经济

从理论上来看,一国政府通常履行政治、社会和经济三大管理职能。现代社会政府的社会管理和经济管理活动对企业生产、居民生活产生着广泛而深远的影响。现代经济是一种混合经济,在混合经济中政府的经济职能主要有:为规范经济主体行为制定法律制度体系,促进资源配置效率的提高和收入的公平分配,实现宏观经济的稳定增长。因此,对于任一经济体来说,政府对经济增长都有重要的影响。其影响途径可分为两类:一类是直接的影响,如通过政府预算安排,以政府投资或政府采购的方式对资源进行直接配置,通过影响社会需求总量和结构实现经济的稳定增长,如财政投资、政府采购、转移支付等财政手段。另一类是间接的影响,如通过政策和制度的设定,引导市场进行资源配置,如制定税收优惠政策引导企业和个人的投资和消费。

(2)经济增长并不等于幸福水平提升,"幸福悖论"在世界范围内普遍存在

这是因为,首先收入仅仅是幸福影响因素之一。幸福是个体的一种主观感受,影响幸福的因素有许多,收入只是其中之一。在收入水平较低的阶段,增加个体收入的确能增强其主观幸福感,但随着收入水平继续提高,收入对幸福的影响力递减,其他非收入因素(如健康、教育、婚姻、环保、公平等)对幸福的影响力逐步增强。比如,某个低收入者能有机会赚更多钱,他当然会觉得更幸福,但假设这要求他将更多的时间用于工作,以至于无法正常休息从而影响健康时,他的幸福水平会下降;更进一步,如果这种获取更多收入的代价是要求其长

期异地工作，而影响其婚姻质量时，他也许宁愿放弃这种带来收入增长的工作机会。这也符合经济学原理，工作时间越多，收入越高，非工作时间（或闲暇）也因此更宝贵，个体将理性地在工作（获得更多收入）与闲暇（获得更多非收入的福利）之间进行选择，以实现幸福的最大化。

其次，个体对高收入水平具有适应性。心理学角度的幸福研究认为，个体对好的事件和不幸的事件均有一定适应性，突发事件对个体幸福感影响短期内是巨大的，长期的影响并不显著。如突然给某个人每月增加一笔收入，他（她）因此欣喜，情绪高涨，慢慢地会理所当然地认为这是他（她）应得的数额，拿到这笔钱时不再兴奋、欣喜，幸福感逐渐回落；此时如果突然宣布中止给他（她）这份额外的收入，其幸福感甚至会下降到收入变化前的水平；但从更长远来看，收入的起起落落给幸福感带来的影响是很小的，增加的或下降的幸福感会恢复到最初的水平。同样，适应性也存在于其他幸福影响事件中，当个体遭遇残疾等不幸事件时，情绪跌入谷底，然而随着时间的推移，他（她）会调整自己的心态以适应残疾的现实，于是逐渐走出不幸变残疾的阴影，幸福感逐步回升，尽管不会回复到当初健康时的水平。正是由于人们的适应性，从而使得从长期来看他们的幸福感并没有因收入增加而有实质性增强，尽管收入的幸福效应在短期内是很明显的。

最后，个体间的相对收入状态对其幸福产生重要影响。心理学角度的幸福研究还认为，由于人们之间存在攀比心理，相对收入水平会在很大程度上影响个体幸福水平的提高。具体来说，自己收入增加会提高幸福水平，但别人收入增加会降低其幸福水平；所有人收入同等程度增加，相对收入水平不变，幸福水平几乎不会增加。中国经济高速增长的同时伴随收入分配不公加剧，大多数国民的相对收入地位下降，从而在一定程度上影响了国民幸福水平的提升①。可见，收入的边际幸福效用是递减的，当收入达到足够高的水平，或者说周围人群的收入也增加时，收入增加将不会带来幸福水平提升，“幸福悖论”由此出现②。

（3）片面发展经济的结果是社会不和谐

世界范围内市场经济发达国家和部分发展中国家经济得到长足发展后无不呈现出许多问题，如资源浪费、环境污染、贫富分化等，人与人之间的关系紧张，人与自然的矛盾加剧。可见，片面追求经济增长的结果只会是社会越来越不和谐。这背后的哲理逻辑主要是：在有限理性控制下的人类行为实践脱离了人本主义的自由、理性思想本源，在经济发展中选择了实用主义的路径，在片面强调满足本能欲望（特别是官能欲、物质欲和追逐欲）的过程中导致了“物本主义”或者完全基于个人本位的人本主义。由于这种基于个人本位的人本主义过分突出人在世界中的地位，具有典型的“我”向思维，习惯于把对象客体化，在此基础上设计的

---

① 另外，对不同收入组人群来说，相对收入的幸福效应是不对称的。富人因相对收入较高而得到的幸福感增加数低于穷人因相对收入较低而导致的幸福感损失数（Ferrer-i-Car bonell，2005），这意味着政府应采取措施促进收入公平分配以使全社会幸福最大化。

② 田国强等（2006）认为悖论会出现在幸福最大化的临界收入水平以上，此时唯有增加非收入因素才能提升幸福感；陈惠雄（2006）认为悖论出现在个人基本物质需求满足的收入水平以上，此时唯有增加精神需求方面的消费才能提升幸福感。

经济制度过度损害弱要素的利益,而赋予强势阶层更多的机会利益。作为强要素的资本把资源环境和普通劳工均当作利用、制服的客体对象的结果是破坏了个体与社会整体的平等、和谐关系,从而导致贫富差距扩大、社会矛盾加剧。另外,由于本能欲望、理性、生命有限性约束和经济要素力量的非均衡的自然存在,使得人类经济发展诱发了大量机会主义。生产力水平越高,个人本位意识越浓,物质主义观念越强,要素使用权交易越不平等,对生态资源的毁灭力越大。不均衡的经济发展已经带来的严重的生态安全问题,甚至有可能威胁到人类自身的生存与发展(陈惠雄,2006)。

2)居民幸福最大化的财税政策目标与社会和谐

(1)居民幸福与社会和谐具有内在统一性

法国空想社会主义者傅立叶(Charles Fourier,1772—1837 年)主张的"情欲论"快乐主义认为,人类真正的幸福在于能满足自己的一切欲望(傅立叶,1979)。情欲即人的感情、欲念,人的一切行为都是为了追求情欲的满足,都是被情欲与物质财富之间的矛盾所驱动。人的情欲分为三类:一是物质或感性的欲望,即五官对物质财富的享受,这些感官需要是推动人们进行各种实践活动的基本动力。二是爱慕的或情感的欲望,即友谊、爱情、虚荣和家庭,它们推动人们结成社团,产生组织,建立各种人际关系。三是高级的或指挥的欲望,即争雄、创造和爱多样化。这些欲望推动人们去拼搏、奋斗、奉献和关心别人,成为社会进步的巨大动力。这些欲望还会形成一种最高的欲望——和谐欲望,这种欲望把个人幸福与人类幸福结合起来,使社会形成一种和谐制度,在这种制度环境下,个人幸福和一切人的幸福一致,人们自由地沉浸在自己的情欲和爱好之中(陈惠雄,2006)。可见,个体的幸福与人类整体幸福是可以并行的,并且这种相容会带来社会的和谐。

(2)居民幸福最大化应该取代 GDP 增长成为财税政策目标

人本主义是针对宗教对人性自由的严重束缚而提出来的。人本主义思想认为,人是目的而不是手段,人类行为的目的是为了人本身,人的生存与生活质量是社会发展最根本的价值前提。但是,基于个人本位的"人本主义"最后形成了"人类中心主义"或"唯人主义",它过于突出人在世界的中心地位,把对象客体化,破坏了个体与社会整体的平等、和谐关系。只有基于社会本位的人本主义会将个人本位的"我"向思维转变为"我们"向的社会本位思维,体现了一种"主体—社会"互构的"互主体"思想。其理论特色是:其一,对强势主义的批评和对弱势群体命运的关注。如边沁主张"最大多数人的最大快乐"的社会功利原则作为一切道德和法律的基础;西斯蒙第认为每个人都应该具有基本价值和尊严,经济学是"为全民幸福管理国家财富的",经济学的目标是社会福利。其二,对过度物质主义的批评和对生态环境的关注。它强调个人和社会的统一和社会整体发展,反对重物轻人的片面物质主义发展观;认为作为地球生物系统的一个组成部分的人类,生态整体的安全存在是人类自身整体安全存在的前提条件,而过度物质主义必然导致对环境整体乃至人类整体的伤害。人本主义幸福论认为包括经济行为在内的人类一切行为的最终目的在于满足人的精神快乐需要,人的需要及需要满足的层序性说明 GDP 并非人类行为的终极价值,经济增长可能存在合理限度(陈惠雄,2006)。因此,人类幸福应该成为社会发展和政府财税政策的首要目标,经济增长只是实现人类幸福目标的工具。

3.1.2　居民幸福感与公共支出范围

只有当公共支出所形成的公共产品和服务正好满足居民的公共需求，并对其幸福生活的各个方面产生积极影响时，公共支出才能提升居民幸福感。因此，居民幸福最大化的公共支出政策目标的实现需要在界定好居民幸福生活主要方面的基础上分析影响居民幸福生活的因素，并因此推断出居民具体的公共需求，从而有针对性地安排公共支出来提供相应的公共产品。下文将详细分析居民幸福的5个方面及其影响因素、由此而形成的公共需求和由公共需求决定的公共支出范围，更简明的结构与逻辑演绎见表3-1。

表3-1　幸福视角下国民的公共需求与公共支出范围

序号	主要内容	影响因素	公共需求	公共支出
1	健康生活	身体健康 心理健康	食品安全 体育锻炼设施、健康娱乐场所、免疫营养等 心理咨询服务	教育、食品监督支出 文体、医疗卫生支出
2	收入保障	收入水平（绝对和相对收入状况） 就业状况 住房条件 社会保障	就业信息 职业技能培训 失业保险 失业救助 住房保障	就业支出、补贴支出 社会保障支出（救济支出） 住房保障支出
3	情感支持	爱情、亲情、友情等	婚介信息 传统文化教育 社交场所 情感咨询服务 法律援助	城乡社区公共设施 社区管理事务 文化教育支出 司法支出
4	生活环境	社会环境 自然环境 制度环境 宏观经济环境	交通便利、治安状况及城市化； 减少水、土壤、大气的污染和恶劣天气频率； 收入分配公平、政治民主权利和地方自治程度等； 低通胀率和低失业率等	城乡交通等基础设施支出 公共安全支出 教育支出 环保支出 社会保障支出
5	价值实现	社会认同感 自我认同感	教育机会公平 传统文化价值观引导	教育支出 文化支出

1）幸福生活的5个方面及其影响因素

从已有的幸福研究文献来看，构成国民幸福的主要内容有健康生活、收入保障、情感支持、生活环境和价值实现5个方面。健康生活需要在身体和心理两方面都保持健康的状态，哪方面的缺失都会影响个体的幸福感受。收入保障意味着不论从相对收入水平还是绝对收入水平来看,都能保障个体现有的生活需要。但如果考虑时间维度的因素,就业是否稳定、能否为收入提供不只是现阶段的保障,还提供未来生活的经济保障,因而就业状况是收入保障应该考虑的内容;从更长远来看,年老退休无法工作时或特殊情况下(如意外事件导致劳动能力丧失时)能否有足够的收入保障生活,因此,社会保障也是一个应该考虑的因素。另外,收入只用来消费和除此之外还需要付住房的按揭或租金,这是两种完全不同的保障水平。情感支持方面,情感主要包括亲情、友情和爱情几个方面,如果与亲人、朋友和爱人的关系都很融洽,那么情感方面该人是非常幸福的。生活环境方面主要应考虑个体所生存的自然环境、形成人与人之间社会关系的社会环境、国家规范企业和个体行为的制度环境和微观主体开展经济活动形成的一个经济整体即宏观经济环境。从价值实现来看,主要来自外界对个体的认同和个体对自我的认同两个方面。

2)由幸福生活引致的公共需求

(1)身体健康方面的公共需求

居民身体健康需要有安全放心的食品可吃。有毒食品、添加剂超标的食品、“三无”食品和“山寨”食品显然不利于健康;健康的体魄还需要有健全的体育设施来锻炼,有健康的娱乐场所可消遣,有充足的疾病免疫保障和全面均衡的营养结构;健康的心理还需要有良好的心理咨询服务。这样就形成了对食品安全、体育锻炼设施、健康的娱乐场所、营养免疫和心理咨询服务等方面的公共需求。

(2)收入保障方面的公共需求

居民收入有保障主要体现在首先不管什么情况下他(她)都有地方住,有一份自己喜欢且收入稳定的工作,这意味着居民得具备特定的职业技能,能通过相应的平台或渠道便利地获得充分的职位需求信息,即使不幸失业还有失业保险和失业救助可以保障其最基本的生活。这样就产生了就业信息、职业技能培训、失业保险、失业救助和住房保障等方面的公共需求。

(3)情感支持方面的公共需求

情感支持方面,个体与其父母长辈、兄弟姐妹或儿女孙辈等的亲情体验、维系和发展深受中国传统家庭教育思想(如孝文化、尊老爱幼、家和万事兴等)的影响,也受到个体原生家庭成员间相处模式的影响,还受到周围乃至社会因素(如模范家庭事迹)的影响。由于家庭是社会细胞,社会潮流和社会风气会影响家庭成员对亲情的认知和态度,从而对个体亲情维系和发展产生很大的影响。个体原生家庭的亲情处理方式实际上是其家族在当时的文化背景下所形成的家庭模式并一代一代传承下来的,因此,个体亲情之乐如何,从根本上来看是由中国的传统家庭文化教育所决定的。而个体对待爱情、友情的方式也莫不深受传统文化中有关婚恋和友谊的观点影响。可见,一国传统文化是形成其居民亲情观、友情观和爱情观的基础。当然,由于个体秉性和其他环境的差异,个体的亲情观、友情观和爱情观呈现出广泛的多样性,获得的情感支持也有着较大的差异。个体要获得友情、爱情,必须通过一定的渠道拓宽自己的交际圈,以获取相关的交友信息。于是健康、便利的社交场所和婚介平台就成了刚需,而现代网络技术和通信技术的发展使这些成为可能。如果个体间的情感交流和维系出现问题,就需要用适当的方法来解决问题,寻找专业人士的帮助是有效解决问题的途径,从而产生了对情感咨询服务的需求。更进一步,如果这些情感问题与经济问题等交织在一起,就需要通过法律途径来解决,从而产生对法律(援助)服务的需求。

(4)生活环境方面的公共需求

生活环境方面,便利生活更多地出现在城市。但人口大量流动和城市化进程也带来了许多问题,如交通拥堵、社会治安差。大规模工业化生产和农业生产带来了丰富的消费品,但工业排污和农业化肥农药的使用也造成了大气、水和土壤的污染,使环境状况恶化。二氧化碳的排放改变了气候条件,导致全球平均气温升高,导致海平面上升,部分物种失去原有的生存环境。气候条件改变还导致了恶劣天气频繁出现。大规模猎杀动物(以获取动物皮毛和象牙等)引发了生态失衡。现代市场经济的发展要求资本、劳动力等要素按照其数量和质量来进行劳动成果的分配,同时为了实现要素的最高价值,允许要素在地区间自由流动。但个体间先天禀赋差异和后天努力程度不同决定了其获得收入相差悬殊,收入分配不公又引发社会矛盾加剧。随着文明程度的提高,个体参政议政的意识也在提高,种种与个体切身利益相关的社会问题如何解决,不再仅仅由当权者决定。人们参与听证会、基层民主选举和民意调查,利用新媒体发布信息监督政府官员执政情况;而对于基层地方性事务的解决,个体也有更浓厚的兴趣参与决策,可见,个体对政治民主权利和地方自治要求也越来越高。自由竞争的市场经济发展到后期必定出现垄断和分配不公,从而导致有效需求不足,失业率上升。为了调控萎靡不振的宏观经济,政府常常运用宽松的货币政策(如增发货币)来刺激经济,或鼓励出口增加国外需求,最终导致货币贬值。高通胀率会通过降低个体所持货币购买力,从而降低其实际收入水平;而高失业率会增加个体失业的风险,失业意味着收入锐减和个体自尊心的伤害。个体面临的所有这些社会环境、自然环境、制度环境和宏观经济环境问题会给其生活带来一定的困扰,从而在生活环境方面产生了交通便利、治安服务、污染治理、保护生态、调节收入分配、保障基层民主和地方自治、低通胀和低失业的需求。

(5)个体价值实现方面的公共需求

个体价值实现包含社会对个体的认同和个体对自身的认同两个主要内容。社会认同是个体归属感认同,即自己归属于哪个社会群体、哪种文化的过程。个体的社会认同以个体的社会文化、价值标准等为载体来实现。人们之间的价值多元化带来了社会认同的多样化,从而也成了社会冲突的潜在来源。个体可以通过社会文化的习得与创新来获得社会认同,而此过程中教育能帮助个体较快吸收另一社会文化的精华并获得新的转换,从而促进个体的社会认同顺利实现(李耀锋,2009)。个体的自我认同是指个体在自我发展过程中形成的对自身与其周围世界关系的独特感觉。具有自我认同感意味着个体能够理智地看待并且接受自己以及外界,能够精力充沛,热爱生活,奋发向上,积极而独立,有明确的人生目标,并且在追求和逐渐接近目标的过程中会体验到自我价值以及社会的承认与赞许,不会沉浸在悲叹、抱怨或悔恨之中。自我认同包含自我了解和自我实现两部分,自我了解就是对自我所处环境的适当评估,对所扮演角色的正确认知和对于理想与现实能力的掌握。自我实现可理解为已充分利用和开发自己的天资、能力、潜力等。个体只有充分地了解自己和开发自己的潜能，才能真正实现自我价值而接受更多的教育，读更多的书以拓宽自己的知识视野，提高自己的思维能力，接受更多的传统文化价值熏陶，才能更清楚地了解自己是谁、是个怎样的人、想成为怎样的人、应该成为怎样的人，最终充分利用和开发自己的各种潜在能力，以成为理想中的自我。因此，个体自我价值的实现使其产生对教育和传统文化价值的需求。

3）居民整体的公共需求所决定的公共支出

由以上论述可知，个体在食品安全、体育锻炼设施、健康的娱乐场所、营养免疫和心理咨询服务等方面形成公共需求，必然要求政府增加教育、文体、医疗卫生和食品监督等方面的支出。个体在就业信息、职业技能培训、失业保险、失业救助和住房保障等方面的公共需求，必然要求政府增加就业支出、社会保障支出（包括社会福利和社会救济支出）和住房保障支出。个体在婚介信息、传统文化教育、社交场所、情感咨询服务和法律援助等方面的公共需求，必然要求政府增加城乡社区公共设施投资、社区管理事务支出、文化教育支出和司法支出。个体在交通便利、治安服务、污染治理、保护生态、调节收入分配、保障基层民主和地方自治、低通胀和低失业等方面的公共需求，必然要求政府增加城乡交通等基础设施、公共安全、教育、环保和社会保障等方面的支出。个体在自我价值的实现方面产生的对教育和传统文化价值等方面的需求，必然要求政府增加教育和文化支出。

3.1.3 居民幸福感与最优税收

居民幸福最大化的税收制度设计应当是能兼顾公平与效率的最优税收制度。一般来说，税收制度越有效率，越有助于居民个体的幸福感提升，社会整体的福利水平也会越高；税收制度越不公平，个体间幸福的不平等程度也会递增，社会整体的福利水平会下降。值得说明的是，由于效率和公平对社会福利影响的程度不一样，其在个体幸福函数以及在社会福利函数中应当具有不同的权重。可见，从幸福视角来看，最优税收就是效率和公平兼顾从而使得社会福利最大化的税收。

具体来说，从居民幸福感角度来看，最优税收涉及最优税收规模和最优税收结构两个方面的问题。首先，是居民幸福感下降最少的税收规模如何确定的问题。税收是从居民收入中取走一部分归政府支配，所以政府征税越少对个体越好，居民的幸福感越高。然而，政府征税的目的是为社会提供公共产品和服务，能在一定程度上弥补因征税导致的幸福感下降，因此，考虑公共产品和服务之后的最优税收规模可能会与之前的最优税收规模不一样。另外，如果税制设计合理有效率，税收征收和管理成本较低，最优税收规模可能会更低。其次，是居民幸福最大化的税收结构安排问题。这主要包括 3 个方面的内容：一是在税收规模既定的情况下，确定商品税和所得税的最优比例选择以满足居民幸福最大化。二是应选择怎样的税率结构，使商品税的效率损失最小。三是假定政府收入由所得税来保证，应选择怎样的所得税累进程度来实现公平但又能兼顾效率的所得税制。

3.2　公共支出政策与居民幸福感

3.2.1　公共支出规模增长与结构变化的理论分析

1)公共支出规模增长的理论分析

历史数据表明,世界各国的公共支出无论是绝对量还是相对量,无论是发达国家还是发展中国家,都呈不断增长的趋势。

(1)公共支出规模增长的需求侧分析

①工业化和城市化导致的公共支出规模增长——瓦格纳法则

瓦格纳认为,随着人均收入水平的提高,在政治因素和经济因素的共同作用下,财政支出的相对规模也随之提高。首先,随着工业化发展,社会分工和生产专业化日益加强,扩大出口的市场与市场主体间的关系日趋复杂化,导致各种摩擦或社会冲突加剧,这就需要建立有关的司法和行政制度,从事公共管制和保护活动,从而导致政府维持性支出增加。其次,进入工业化发展阶段之后,具有外部性特征的行业越来越多,为了克服由于外部性而导致的资源配置低效率和收入分配的不公平,政府需要更加直接地参与生产性活动,从而导致政府经济性支出的扩大。最后,随着人均收入增加,由于教育、娱乐、文化、保健等公共福利的收入弹性大于1,从而导致政府用于这些方面的社会性支出大幅增加。

②特定历史时期支出膨胀后无法复原——梯度渐进增长理论

皮考克和魏斯曼认为,随着经济增长和收入水平上升,以不变的税率征收的税收总额会上升,这是财政支出渐进增长的部分。但在非常时期,如发生经济危机、战争或其他重大灾难,财政支出上升的压力骤然增大,政府被迫提高税收水平,而公众在非常时期也相对较容易接受提高了的税收水平。然而,当经济社会恢复到常态,膨胀后的支出并不能返回到之前的常态,财政支出因而呈阶梯性跳跃增长。

③公共部门劳动生产率低导致支出规模膨胀——非均衡增长理论

鲍莫尔认为,公共物品的价格相对私人商品会上升,从而引发财政支出增长。因为公共部门的活动是劳动密集型的,其生产率的提高远比资本密集型的行业慢,而公共部门的工资水平又要和其他经济部门的工资水平保持同步增长,从而使公共物品的单位生产成本相对上升,在公共物品需求量不会下降的情况下,财政支出增长规模就会扩大。

④选民、政治家和官僚行为导致预算最大化——公共选择理论

公共选择理论认为,政府支出是政府的行为,制度及政治决策过程必然对财政支出产生影响,从而造成财政支出的政治性扩张。首先,从选民来看,财政支出的扩张在选民环节具有政治支持基础。由于纳税与受益是分离的,而政府又有税收以外的融资手段,从而容易产

生“财政幻觉”,导致选民将选票投给实行高支出政策的候选人。其次,从政治家来看,为了获得最多的选票,他们总是想取得骄人的政绩,这就需要扩大预算规模来满足选民的需求。最后,从官僚来看,由于其收入大幅增加的机会很小,作为预算的实际执行者,他们更关心薪金外的津贴、荣誉、地位和权力,而这些都与官僚的预算规模正相关。因为信息不对称,官僚有机会通过夸大各种支出的重要性和支出的需要量增加预算请求和扩大预算安排;政治家自身也有扩大预算规模满足选民各种需求以获得更多票数的动机,不会对官僚的预算扩大申请提出异议;而立法官员则会由于信息不对称极容易让官僚扩大的预算获得通过。最终,财政支出规模大大扩张(刘京焕,陈志勇,李景友,2011)。

(2)公共支出规模增长的供给侧分析

公共支出规模之所以能被政府扩张,最重要的原因在于经济规模的增长和劳动生产效率的提高,使得政府可以从经济中拿走更多的资源来提供公共产品和服务。首先,经济规模增长了,以一定比例征税来满足的公共支出绝对额也会增长。其次,随着科技进步、劳动生产率提高和产业结构的优化,一定产品中所含的剩余价值增加,政府能以更高的比例从经济中拿走更多的资源,而不会对经济产生不良影响。

当然,公共支出规模不能无限制增长,对于特定阶段的经济社会来说,公共支出规模有一个最佳的理论水平值。局部均衡理论认为,如果同样数量的资源交由公共部门配置所获得的收益等于私人部门配置所能达到的收益,支出等于社会机会成本,则整个社会资源配置达到最佳状态,公共支出达到最优规模。一般均衡理论认为,当私人商品与公共商品的边际效用之比等于两者的边际成本之比时,社会资源达到最优配置状态,此时的公共支出规模是最优水平。

2)公共支出结构变化的理论分析

(1)政府职能的扩张导致公共支出结构的变化

在经济的不断发展和社会的不断变迁中,政府职能在不断变化、扩张。现代经济中政府拥有广泛的政治、经济和社会职能,从而使财政职能也表现为资源配置职能、收入分配职能和经济社会稳定发展职能。如自由竞争的市场经济中,政府仅履行“守夜人”的角色,支出结构中行政管理和国防支出占主要地位;而当市场出现失灵,甚至经济大危机出现时,政府既需要干预经济,加大经济建设方面的支出力度,帮助企业恢复信心、渡过难关,还要增加转移性支出,以帮助失业人员或广大低收入者走出困境,重拾生活信心,因此,政府支出结构中经济建设性支出、转移性支出会大大增加。

(2)经济发展不同阶段公共需求变化导致公共支出结构的变化

马斯格雷夫和罗斯托认为,不同的经济发展阶段,公共支出需求的重点不一样,从而带来公共支出结构的变化。经济发展的早期阶段,为了满足人们的基本需要,政府投资在社会总投资中占有较大的比重,公共部门为经济发展提供社会基础设施,如道路、交通、法律制度、教育和医疗及其他资本品等。由于经济发展早期阶段物质财富不丰富,人们的收入水平较低,企业的积累不够,因此私人投资不足,政府投资就成为此阶段甚至发展中期一国经济腾飞必不可少的条件。经济发展的中期阶段，由于经济发展了，人们生活水平得到了提高，人们在满足基本生存需求的同时，开始关注是否能接受良好的教育、是否有足够的医疗环境和社会保障。此阶段支出的重点在发生变化，从基础设施投资支出转向以教育、医疗和福利服务支出为主，从而使此阶段公共消费支出增加。这时，政府仍将继续投资，但公共投资的份额只扮演辅助性角色，是私人部门投资的补充。另外，随着收入水平提高，社会的收入差距拉大，人们对贫富悬殊难以容忍，政府用于促进收入公平分配的转移性支出比重也会增加。经济发展的成熟阶段，人们的收入水平进一步提高，那些收入弹性较大的物品和服务（如社保、环保、教育和医疗等服务）的需求也会大大增加，从而基础设施方面的支出继续减少，社保支出、环保支出、教育支出和医疗支出等方面的支出进一步增加。这些支出的增长一般会超过其他支出的增长甚至 GDP 的增长，从而使政府支出的重点体现为转移性支出占更大比重（刘京焕，陈志勇，李景友，2011）。

3.2.2　公共支出规模扩大对居民幸福感影响的机理

公共支出规模扩大对居民幸福感产生影响的途径有三：一是公共支出规模扩大意味着政府向社会提供的公共产品和服务增多，使居民的公共需求得到更大程度的满足，居民的幸福水平提升。二是公共支出的来源是税收，公共支出规模扩大意味着政府税收规模的相应增长，而政府通过税收对资源进行重新配置，能将居民的私人消费转移到公共物品提供上，从而降低由私人消费时由于个体间相互攀比而导致的幸福损失。个体幸福损失的减少相当于居民幸福水平提升（Yew-Kwang NG，2003）。三是如果政府将其通过税收筹集的资源用于教育、医疗、养老等领域，居民后顾之忧减少，当期谨慎性储蓄减少，其自主消费能力提升，幸福感必定增强。然而，公共支出增加意味着税收增加，而税收负担过重则是降低人们幸福水平的一个重要因素。因此，理论上，在一定社会经济条件下，一国政府最大化国民幸福的公共支出规模必定存在一个最佳水平。已有研究表明，政府支出规模与居民幸福之间呈倒 U 形关系（Zohal Hessami，2010）。

3.2.3　公共支出结构优化对居民幸福感影响的机理

1）公共支出结构、公共支出结构优化与居民幸福感提升

不同的公共支出可以满足居民不同的需求，影响幸福生活的不同方面，从而形成不同的居民幸福感水平。不同的公共支出组合即不同的公共支出结构，是不同的政府职能范围和不同的经济发展阶段所决定的。随着经济社会发展，政府职能范围发生了变化，不同的经济发展阶段有不同的政府支出需求，从而形成不同的公共支出结构。也就是说，公共支出结构是变化的。如果公共支出结构朝有利于支出目标实现的角度变化，说明公共支出结构得到了优化。关键是将什么确定为支出的目标，是社会福利最大化，还是公共需求满足最大化？按照传统观点，公平和效率目标的实现后社会福利水平更高。由此，从宏观来看，能更好地促进公平和效率目标实现的支出结构调整就可以称为公共支出结构优化。相应地，人们公

共需求得到满足后幸福感会提升。由此,从微观来看,能更好地满足人们公共需求的公共支出调整就是公共支出结构优化。不管是实现社会福利最大化,还是公共需求满足最大化,都有利于居民幸福感提升。因而,凡是有利于公平和效率目标实现的公共支出和能更好地满足人们公共需求的支出都具有幸福正效应。公共支出结构优化对居民幸福感的影响机理分析,可通过对那些有利于公平和效率目标实现的支出调整和更好地满足人们公共需求的支出调整的幸福效应分析来实现。

2)公共支出结构变化的幸福效应分析

不同的经济社会发展阶段,效率和公平的侧重程度是不一样的。在经济发展初期阶段,效率摆在第一位,政府支出有促进经济增长和发展的重要责任,经济建设方面的支出比重自然应该大一些。经济发展到较高阶段,收入差距在拉大,公平问题更严重,政府有促进收入公平分配的责任,社会性支出比重就应该更大。假设公共部门使用资金的效率不比私人部门低,则在初期阶段,政府增加基本建设支出、国有企业挖潜改造资金、科技三项费、简易建筑费、地质勘探费、支援农村生产支出、工商业和交通部门的事业费支出,就有利于资源配置效率的提高和效率目标的实现,从而也就实现了社会福利的最大化,有助于居民幸福感水平提升。而在经济发展的较高阶段,政府增加教育、医疗卫生和社会保障等支出,可以增加低收入阶层的收入,还可以提高低收入阶层的人力资本,增强其身体素质,间接提升其收入水平,有利于公平目标的实现,从而也实现了社会福利的最大化,提升了居民幸福感。

在不同的经济发展阶段,公共支出需求会发生变化。如果公共支出随之发生相应的变化更大程度地满足了公共需求,则居民幸福水平必定提升。经济发展的早期阶段,需要发展经济使物质变得更为丰富,以满足人们基本生存的物质消费需求。但资源是有限的,政府用于投资的多了就得减少当下的消费以换取未来的消费增加。因此,政府支出中更多的用于经济建设、更少的用于社会性支出是符合人们需求的。人们幸福感在此阶段的资源约束条件下是最高的。在经济发展的中期阶段,人们的基本生活需求已经得到满足,开始关注精神层面的需要,如更高的文化层次、更好的医疗条件、更安全的社会保障。如果政府此阶段相应减少些经济建设投资,而增加教育、医疗卫生和社保支出,就能满足人们在精神方面的公共需求,从而提升其幸福感。在经济发展的成熟阶段,物质已经相当丰富,同时收入差距也变得很大,广大中低收入阶层无法容忍收入分配的极度不公。如果政府增加转移性支出促进收入的公平分配,居民的幸福感自然上升。同时,经济的发展必然会带来环境的破坏,人们从自身健康和可持续发展角度考虑,会希望政府增加环境保护方面的投入。如果政府增加环保支出用于解决环境污染的问题,人们幸福感也会上升。

3.3 税收政策与居民幸福感

3.3.1 税收规模增长、结构变化的理论分析

1)税收规模增长的理论分析

纵观人类社会发展历史,税收规模是不断扩大的。尽管特定历史时期有减税政策,如结构性减税、部分税种减税,但为了保证筹集足够的财政收入,还会对部分税种有增税的做法。因此,从历史角度来看,税收规模总是增长的。市场经济条件下,税收规模增长的主要原因来自对税收收入需求的增加和经济社会提供更多税收的可能性增强。

(1)税收规模增长的需求侧分析

①政府职能扩张引发了对税收更大规模的需求。市场经济条件下的财政是公共财政,政府征税的主要目的是为政府向社会提供公共服务提供资金保障。从自由竞争的资本主义市场经济阶段到垄断的资本主义经济阶段,再到“大萧条”和现代“混合型”的资本主义市场经济阶段,政府职能从履行一个“守夜人”的角色发展到被赋予资源配置、收入分配和社会稳定发展的职能等,财政支出的范围由基本的行政和国防等支出扩大到文化、教育、科学、卫生、体育、通信、广播电影电视等社会性支出领域,扩大到基础设施、基础产业、工业、农业和住宅投资等经济建设领域,扩大到社会保障和财政补贴等转移性支出领域。政府支出规模的快速增长和不断扩大要求为其提供资金来源的财政收入规模相应增长,而税收作为现代政府财政收入的主要形式,支出规模扩张自然会导致税收收入规模的不断增长。

②非税收入形式的有限使政府支出更多地依赖税收增长。非税收入形式有多种,如国有资产收益、政府基金、公共收费、公债收入和其他收入(如罚没收入、彩票公益金、特许权收入等),所有这些非税收入形式占政府收入的比重较小,就目前中国的水平而言,大概也就只有18%(当然,这不包括那些隐匿于预算外制度外的政府收费)。其中国有资产收益依据的是国家对国有企业和国有资源的所有权,主要包括来自国有企业和国有股权的资产收益,国有土地和场所的使用费和国家矿藏资源管理费等。在国有经济占比较高的国家,国有资产收益会相对较多,但现代市场经济国家基本上都以市场配置资源为主,所以一国不可能依靠国有资产收益为主来提供公共物品。政府基金是为支持某项特定产业或事业发展而专门征集的各种基金、资金、附加和专项收费。作为促进特定产业和事业发展的资金筹集,不可能取代税收为大多数公共产品和服务提供资金保障的地位。公共收费是政府公共部门在向社会提供管理服务或事业服务时,面向管理和服务对象收取的费用。这部分收费的依据是这些准公共物品具有私人受益特性,是根据成本收益对称的原则而向服务的接受者收取的费用,这类收费具有专门用途,是对政府资金耗费的一种补偿。从理论上看,公共收费是对准公共物品提供的一种资金补偿,不应该成为主导公共物品提供资金保障的角色。然而,如果

一国的财税体制保证不了地方政府的公共物品提供的资金需求，就会产生大量的公共收费来弥补税收不足，从而使公共收费规模过大甚至超过税收总额。不过，这应该只是一定阶段的现象，随着经济社会的发展和财税体制的完善，公共收费规模过大的现象应该会得到遏制。而诸如罚没款、彩票公益金、特许权收入显然只能是非经常性获得的收入。

(2)税收规模增长的供给侧分析

①经济规模扩大为税收规模增长提供了可能。经济增长和发展是税收增长的源泉，经济规模与税收收入之间是“源”与“流”的关系。所谓源远流长，经济发展水平高，经济规模大，政府从经济中征收的税收规模就可以越大。经济规模的扩大有可能是由于经济增长的数量所带来的，也有可能是由于经济增长的质量所带来的。以税收总额占经济规模一定比例来说，经济规模基数变大了，其一定比例的税收收入规模也会随之增长。经济增长质量的提高会带来税收收入的增长。因为随着经济发展经济结构优化，农业规模占经济总量的比重会下降，服务业占经济总量的比重会上升，第一二三产业的比重逐步升高，而第一二三产业中剩余产品和价值也越来越高。税收是剩余产品和价值的一部分，因此，随着经济质量的增长和产业结构优化，来自经济中的税收规模也会增长。

②税收征管能力增强保障了一定水平的税收供给。在一定的经济规模总量和政府公共支出需求总量下，政府从经济中获取的资源是一定的。然而，政府是否能全部以征税的方式将此规模的资源全部征集到，这实际上是一个税收征管能力的问题。一方面，现代社会政府需要筹集的资金规模很大，不可能依靠一个或两个简单易征的税种就可筹集到位。另一方面，现代国家的政府都是多层级的，至少也是三级或以上，分税制条件下每级政府都要分配相应的税种以满足其资金需求，因而，每个国家基本上都至少开征几个税种。不同的税种，征税对象、征管难度相差较大。在信息不完全的现实条件下，税务机关并不能做到应征尽征，从而导致了一些地方不得不额外征收相当数量的费来弥补税收收入的不足。但是，随着电子技术、网络技术和大数据等现代科技的发展，税务机关能获取更多的纳税人信息，税收征管水平大大提高，使更多的财政收入可以通过税收方式来筹得。因此，科学技术的发展使税务部门征管能力增强，原来不得已必须通过收费方式实现的收入现在可以用征税的方式来解决，从而带来税收规模的增长。

2)税收结构变化的理论分析

(1)税收结构及其类型

税收结构是指由课税基础不同的税收类型组合而成的主辅有别的税收宏观架构。一般来说，经济循环流转中，可作为课税基础的主要有支出流量、收入流量和财产存量，以三者为基础的课税就是流转类税收、所得类税收和财产类税收。理论上依据三类税收在一国税制中的主从地位不同可形成以流转税为主体的税收结构、以所得税为主体的税收结构、以财产税为主体的税收结构或者任意两者相结合(如流转税和所得税并重，或所得税与财产税并重等)的税收结构(张念明，2014)。

现实中，一国税收结构形成的基本逻辑是：假设一国由支出需求所决定的税收收入总量一定，政府应主要对支出流量、收入流量还是财产存量进行征税，才能促进经济效率提升、收入公平分配和实现宏观经济稳定发展的目标？如果政府将课税的重心放在税源广泛的商品劳务流转额上，从初次分配环节的支出流量上筹措收入，而相对弱化对要素市场的收入流量与资本市场的财产存量的税源控管，就会形成以流转税为主体、所得税与财产税为辅的税收结构。如果一国政府更加注重分配公平与社会公正，将征税的重点放在再分配领域的收入流量与财产存量之上，而相对减少对初次分配环节市场价格机制的税收扭曲，就会形成以所得税与财产税为主体、以流转税为辅的税收结构。如果一国政府能够恰当地平衡效率与公平，将宏观税收负担合理地分布在经济支出流量、收入流量和财产存量之上，就会形成流转税、所得税和财产税三大税基并重的税收结构（张念明，2014）。

（2）税收结构的历史演变

人类社会经历了自然经济时代、市场经济时代和混合经济时代。在不同的经济发展阶段，可作为课税基础的经济支出流量、收入流量和财产存量有很大差异，从而形成不同的税收结构。在自然经济时代，人均国民收入水平偏低，经济产出以农业为主，经济总体规模不大，经济中的新增流量很少，以土地、房屋等财产存量为主，而当时的国家机器也主要是提供公共安全等一般性公共服务。筹措财政收入是经济社会对税收提出的基本职能要求，从而形成了以财产税为主的税收结构。在市场经济发展的初级阶段，经济的流动性增强，人均国民收入水平较农业自给自足时期有大幅度提高，经济中的商品劳务流转额丰富，政府有可能从支出流量中征收较多的税收。由于政府职能扩张，古老的以财产税为主体的税收结构满足不了财政支出的需求。人均国民收入水平提高虽然产生了许多收入流量，但自由市场经济中收入分配差距较大，收入和财富更多地集中在少数富人手中，大多数劳动者收入水平较低，所得税普遍课征缺乏经济基础。而在市场经济发展的初级阶段，社会普遍认为政府规模应该尽可能小且税收保持中性，从而形成以流转税为主体的间接税税收结构。在市场经济发展的中后期，人均收入水平进一步提高，经济中的收入流量、国民收入水平普遍较高，政府普遍征收所得税就有了经济基础。同时，由于经济中收入分配差距依然很大，如何缩小收入差距成为政府重要的职能，从而形成以所得税为主体的直接税税收结构。在现代混合经济条件下，人均收入水平普遍较高，经济中既有的财产存量、新增的收支流量都极为丰富，政府对流量、所得和财产征税都具有较好的经济基础，因此可以进行相应的组合以更好地实现公平和效率兼顾的政策目标，从而形成直接税和间接税较好地组合的税收结构，这也是税收结构优化的方向（张念明，2014）。

（3）税收结构变化的原因分析

①经济结构决定的税基约束是税收结构变化的供给侧原因

国内生产总值（GDP）是税收的基础，税制体系的整体布局取决于国内生产总值的内在结构。从生产、支出和收入三个角度来测度的国内生产总值会有不同的构成模块，由此形成不同的经济结构，进而构成税制优化的结构性税基约束。

第一，产业结构决定的税收结构。用生产法衡量的国内生产总值是指通过生产账户将经济体所有产业、行业当期新创造的价值加总，此时 GDP 是各经济部门增加值之和。这种从供给角度分析的 GDP 主要来自第一产业、第二产业和第三产业的增加值，经济体产业结构的不同布局会对税收形成不同的税基约束，从而影响税收结构的整体布局、作用空间和调整方向。在以第一产业主导的经济结构中，农业构成国民经济的主导性产业，是税收的主要源泉。农业经济是自给自足的封闭经济，缺乏流动性。农业经济以土地为基础，随四季交替而循环，产出的主要是农作物。此时，税收基础主要是土地、房屋、农用器械、牲畜、谷物等静态的存量性财产，经济中的流量性税基较少，因此，以第一产业为主体的产业结构会形成以财产税为主导的税收结构。在第二产业为主的产业结构中，工业制造业构成国民经济的主导性产业，是税收的主要源泉。制造业经济具有高流通、多环节、广覆盖的特点，其自身具有复杂、精致和有机循环的产业链条。同时制造业投资还会引致经济从上游到下游的相应发展，如其从农业购进原材料，生产的服务性产品为第三产业提供服务，从而导致经济中商品劳务流通额丰富，为多环节、多梯次、广范围课征的流转税提供了税源基础。另外，为促进投资与经济增长，此时一般对私人部门的所得流量课轻税或不课税。因此，以第二产业为主的经济结构主要形成的是以流转税为主导的税收结构，且此时的经济阶段还处于市场经济发展的初级和中级阶段。在以第三产业为主的产业结构中，服务业成为国民经济增长的主导性与引领性行业，是税收的主要源泉。服务业包括生产性服务业和消费性服务业。生产性服务业是与工业制造业和投资密切相关的服务业，如交通运输业、现代物流与金融业；消费性服务业是与居民终端消费密切相关的服务业。在发达市场经济体中服务业占比很高，至少都在一半以上。服务业主导的经济结构中，经济中的收支流量丰富，商品劳务流转额较多，企业投资回报率较高，居民收入水平普遍较高，且财产存量较丰富，生产的商品化、社会化、货币化、信息化和科技化程度较高，税源广而丰厚，为选择适合经济社会发展客观要求的税收结构奠定了坚实的经济基础（张念明，2014）。因此，以第三产业为主的经济结构为兼顾公平和效率的税收结构提供了较好的税源基础，从而有助于政府在直接税与间接税间进行合理协调与平衡，促进税收结构向最优的转化。

第二，支出结构决定的税收结构。用支出法衡量的国内生产总值是从其终端使用角度来考量的，按照购买者价格核算的商品与服务的最终使用价值之和也就是消费、投资和净出口之和。在居民终端消费需求主导的经济结构中，其居民收入水平普遍较高，居民收入在国民财富分配中占较大比例，居民的高收入为其高消费支出奠定了基础。可见，高消费主导的经济结构中所得税源丰富。另外，如果征管水平同步的话，政府还可直接对居民部门的消费支出征收直接税。在资本形成总额主导的经济结构中，投资在经济结构中占较大份额，经济依靠规模投资和生产性建设驱动在投资的乘数效应下倍数扩张，此时经济中商品劳务流转额较多，支出流量税基丰富，可课征多环节、普遍征收的流转税。高投资还会形成丰富的资本存量，如房地产、机器设备等，产生了一定的财产税税源，但财产税会抑制投资。政府选择征收财产税还是流转税，是由其政策目标所决定的。如果政府要实现经济的短期扩张和税收持续增长，就需要保持经济的高投资、高流转状态，此时可采用流转税方式；如果政府要调整经济结构，转变经济依赖规模投资的发展方式，就需要对资本性存量普遍课征财产税，以抑制投资，引导消费，此时可采用财产税方式。在商品劳务净出口占较大份额的经济结构中，一般国内有效需求尤其是居民消费需求不足，经济增长依靠外需驱动，这种模式下一国经济深受国际政治经济环境影响，一旦外部需求萎缩，经济极易进入下行通道。而且高外贸依存度的经济是无法提供一国所需的足够税源的，因为世界已进入国际贸易自由化时代，各国都对出口产品出口环节实行零税率，对以前环节所征之税也全部退还，且普遍降低出口关税壁垒（张念明，2014）。可见，在外需主导的经济中无法通过对商品劳务净出口征税获得足够财政收入。

第三，分配结构决定的税收结构。用分配法衡量的国内生产总值是指在国民收入分配账户中，生产要素投入（如劳动力、资本和政府公共服务）在初次分配中获取的市场价格收入（如劳动者报酬、固定资产损耗、生产税净额和营业盈余等）之和。国民收入财富在居民部门、企业部门和政府部门之间的分配结构决定了税源基础结构。如果经济中劳动者报酬占国民财富的比重较大，则课征居民部门的个人所得税具有丰厚的税源基础；如果企业部门的营业盈余较多，则为课征企业所得税提供了丰富的税源；如果生产税净额占比较大，说明政府通过课征于初次分配环节的流转税汲取了较多的国民财富，这一方面会通过流转税自身的收入刚性持续加大流转税份额，另一方面还会挤压所得税的征税空间，导致税收整体的超额负担较大。因此，适当控制和降低流转税份额为劳动者报酬和营业盈余比重，从而为所得税拓宽税源基础和作用空间。在劳动者报酬和营业盈余比重较低的前提下，如果两者间比例失调，具体来说，假设劳动者报酬持续减低，而资本要素报酬率不断增高，则企业与居民之间、居民与居民之间的收入分配格局将恶化（张念明，2014）。为此，政府可开征企业所得税和调节富人收入的个人所得税。

另外，在税源既定的情况下，税收征管能力会影响最终能征收到的税收总量。不同的经济结构形成不同的主体税源，从而需要对税务部门的征管水平形成不同的要求。一般来说，从产业结构来看，农业经济中财产税由于征税对象是静态的存量财产而较易征收；工业经济中增值税由于其自身具有环环相扣的特点也比较好征收；服务业经济中所得类税收的税基信息较为隐蔽，在信息化程度不高时较难征收。如果经济社会发展到一定程度，个体、家庭或企业的涉税信息都在税务部门的掌控下，所得税的征税成本就会大大降低，以所得税为主体的税收结构也就较易实现。从支出结构来看，以居民终端消费需求主导的经济结构中，如果居民收入水平的信息不能轻易获得，则以此为基础开征的所得税较难征收；以资本形成总额主导的经济结构中，以商品劳务流转额开征的流转税较易征收，以资本存量开征的财产税也较易征收。从分配结构来看，政府征收生产税较易实现，对企业盈余征收的所得税也不难实现，但对劳动者报酬征收过多的个人所得税则会导致收入分配恶化，不利于社会稳定和经济发展。可见，在不同的经济发展阶段和经济结构下，政府所能采用的主体税种是受当时的科学技术和信息技术制约的，如果征管成本太高，则该主体税种就不符合效率原则，最终也就成不了主体税种。

②政府职能扩大和转变是税收结构变化的需求侧原因

市场经济从自由竞争发展到垄断阶段，再到现在的混合经济阶段，政府角色定位由过去的只履行“守夜人”职责，到解决市场失灵而广泛深入经济社会的各个方面。混合经济中政府不但有资源配置职能，还有公平收入分配职能和经济稳定与发展职能。政府职能的扩大和转变首先需要筹集更多的税收来满足日益扩大的支出需求;并且,为实现不同的职能需要运用不同的税收工具,包括用累进的所得税来调节收入分配,用增值税来促进资源配置效率的提高。可见,开征某个税种不再仅仅是为了筹集财政收入,税收结构的变化和调整被赋予了更多的目的。

自然经济时代,政府的功能主要是维持国家机器的运转,经济体系较为简单,经济规模较小,经济管理事务很少。科学技术落后使得农业社会中政府促进农业发展的方式还集中在祭祀天地、祈求上天保佑风调雨顺农业丰收这个层面;修建农田水利设施等都还不是政府服务经济的主要方式;加上实物和劳役的财政收入形式,使得流转税、所得税和现代意义上的财产税都不可能成为税收结构的主体。因此,古老财产税是当时的较好选择。

市场经济发展的早期和中期阶段,政府除了要增加行政管理与司法支出和经济建设方面的投资支出外,还要随着人们收入水平的提高进行教育、医疗和社会福利方面的支出。到经济发展较高阶段,由于市场分配的不公平需要政府进行更多的社会保障支出。也就是说不同经济发展阶段,政府在公平和效率目标上有不同的侧重,需要开征流转税以更好地实现效率目标,开征所得税以更好地实现公平目标。况且,经济发展早中期,经济中商品流转额丰富,政府开征流转税有税源基础。而在经济发展较高阶段,经济中人们收入较高,政府开征所得税有丰厚的税源基础。所以,随着市场经济发展阶段的上升,税收结构会因为人们公共需求发生变化导致公共支出结构随之变化,从需求角度形成由流转税为主的税收结构向以所得税为主的税收结构转变。

3.3.2 税收规模扩大对居民幸福感影响的机理

1)税前可支配收入对居民幸福感的影响机理

税前可支配收入对居民幸福感的影响是非线性的。在人们基本生活需要得到满足以前,或者说在人均 GDP 达到 1.5 万美元以前(Frey & Stutzer,2002),或个人年收入达到 7.5 万美元以前(孙扬,2010),税前可支配收入的增长确实会带来居民幸福感的增长。原因主要是:绝对收入增长有助于个体接受更好的教育,享受更好的保健服务,更有条件保持良好的健康状况(Philip Oreopoulos, 2007)拥有好的,居住环境和享受健全的社会保障制度(Helliwell J. F,2003),从而产生更高的幸福感。当然,这里需要收入增长的同时并不付出其他的代价(如更高的住房和交通成本等)。但当收入超过这个临界水平时,个体可支配收入增加不再能提升居民幸福感。因为如果个体间收入都同等程度地增加了,其相对收入水平并没有发生变化,个体的幸福感并不会提升;或者个体收入增长了,但个体间收入增长的速度不一致,富人更富穷人更穷,少数富人相对收入水平高而增加的幸福低于多数穷人因相对收入水平低而减少的幸福,国民整体幸福水平下降;又或者说个体的收入期望随着收入的增加而增加了,收入增长带来的效用提升被收入期望提高所抵消。

2)税收规模增长对居民幸福感的影响机理

假设政府税收增加全部来自居民个体,这一假设是基于不管是所得税还是商品税,增加的税收最终都由居民个体来承担。下面来考虑对个体临界水平前后的可支配收入征税的问题：只要税收规模的增长给个体带来的收入下降使其收入水平还处在临界点之下，那么税收增长会通过降低个体的收入水平进而降低其幸福感；反之，如果税收规模的增长给个体带来的收入下降使其收入水平处在临界点之上，由于此时收入的增加与减少对个体幸福感的影响不明显，因此，税收增长并不会通过降低个体的收入水平进而降低其幸福感。这相当于税收规模增长仅仅是通过改变收入对幸福起作用的临界点水平（即将原临界值往上增加了人均税额）而对个体幸福感产生影响。

3.3.3　税收结构优化对居民幸福感影响的机理

1）商品税与所得税的最优比例与居民幸福感

商品税作为设置于初次分配环节的税种，与商品市场价格相关，有助于资源配置效率的实现。但过度征收商品税会导致收入分配的累退，不利于社会公平目标的实现；还会推高一般物价水平，抑制居民消费需求扩大，最终不利于效率目标的实现。

所得税作为设置于再分配环节的税种，对市场初次分配出现的收入差距有重要的调控作用，有助于社会公平目标的实现；但过重的所得税会给生产要素带来沉重负担，抑制要素供给与产出的积极性，损害效率目标的实现。直接税使纳税人税负痛苦感更强烈，进而强化其偷逃税动机，增加征管成本；高所得者有较强的税收筹划和规避税收的能力，若对其控管不力，会导致“劣币驱逐良币”的向下竞争效应，从而引发新的不公平。

可见，在一定经济社会条件下（如混合经济中），都不能过分地倚重商品税或所得税。当效率目标导向的商品税为主体的税收结构模式带来诸多社会问题时，一般都要向公平目标导向的所得税主体的税收结构模式转化；当公平目标导向的所得税为主体的税收结构模式引发新的社会矛盾时，一般就要向效率目标导向的商品税为主体的税收结构模式转化。商品税到底要下降到哪个比例，或者说所得税到底要下降到哪个程度，才是一国最优的商品税和所得税最优比例结构，取决于在这一时点上，社会公平和经济效率目标是否同时实现了。如果社会实现了收入公平分配，而经济增长又是有效率的，此时的税收结构即为最优的，居民幸福水平也是最高的。

在确定政府收入有多少由商品课税来满足，多少由所得课税来满足的基础上，最优商品课税意味着，确定合适的应税商品范围和税率，以使政府课征商品税带来的效率损失最小。最优所得课税意味着确定合适的所得税税率，以使社会在达到收入分配目标时，实现所得课税的效率损失最小。

2）最优商品税与居民幸福感

（1）最优商品税征税范围对居民幸福感的影响

假定税收总额一定，政府选择对商品流通中的所有还是部分商品征税，会对经济效率和社会公平目标的实现，从而对居民幸福感产生不同的影响。从经济效率角度来看，政府应该普遍课征商品税还是选择性课征商品税，关键是看哪种方式对社会福利损失最小。由于对所有商品课征相同的税率只产生收入效应，不产生替代效应，不会扭曲消费者的选择，不会带来税收的超额负担，社会福利损失较小，居民幸福感较高；而选择性对部分商品征税，不仅会产生收入效应,还会改变征税与不征税商品之间的相对价格,从而产生替代效应,改变消费者对商品购买的选择,进而产生税收的超额负担,社会福利损失较大,居民幸福感较低。因此,普遍课征一般性商品税带来的超额负担较小,比选择性商品课税更符合经济效率的要求。

然而,从社会公平角度来看,由于普遍课税必定会课及生活必需品,生活必需品在低收入群体消费品中所占比例远远高于高收入群体,从而低收入群体的相对税收负担高于高收入群体,这不符合税收纵向公平的原则——支付能力强的人多纳税,支付能力弱的人少纳税。对生活必需品也课税的普遍课征方式使税收负担在居民间具有明显的累退性,从而降低占人口大多数的低收入群体的幸福感。居民幸福最大化目标下的效率和公平原则要求最优商品课税应尽可能地广泛课征,同时也对一些基本的生活必需品免税(王玮,2015)。

(2)最优商品税税率对居民幸福感的影响

拉姆齐认为,如果商品课税是最优的或者说要使政府征税带来的超额负担最小,则选择的税率应当使各种商品在需求量上按相同的比例减少(哈维·罗森,2000),这一判定标准被称为"拉姆齐法则"。更进一步,鲍莫尔和布莱特福德认为,如果商品间不存在交叉价格效应(或者说各商品的需求相互独立),对各种商品的征税率必须与该商品自身的价格弹性呈反比,也就是说,对需求弹性较小的商品课征较高的税率,而对需求弹性较大的商品课征较低的税率。因为对需求弹性越大的商品征税,所产生的潜在扭曲效应越大,这就是著名的"逆弹性法则"。两个法则实质上是一致的,但逆弹性法则更严格,也就是说如果商品课税符合逆弹性法则,就能达到拉姆齐法则的最优状态。

现实中,由于生活必需品的需求价格弹性很低,而奢侈品的需求价格弹性很高,逆弹性法则意味着要对生活必需品征重税,对奢侈品征轻税,这显然不符合税收公平原则。当然,逆弹性法则的假设前提是人是同质的,不需要考虑税收公平的问题。但问题是,社会中人是多样的,收入高低相差悬殊。戴蒙德和米尔利斯将分析引入多个家庭经济的模型中,以分析最优商品税率的公平问题。在需求独立的情况下,一个商品的最优税率不仅取决于其需求价格弹性,而且还取决于其收入弹性。在商品税中把效率和公平综合起来考虑的一个办法是将高税率产生的分配不公与实行低税率带来的效率损失进行社会福利的比较。由于现实中有许多商品,如果对商品实行差别税率,对低收入群体偏好的商品或生活必需品采用低税率或免税,对高收入群体偏好的商品或奢侈品课征高税率,这样就可实现商品税的收入再分配功能。也只有这种既能实现效率又能兼顾公平的商品税制,才是社会福利最大、居民幸福最大的。由以上可知,拉姆齐法则和逆弹性法则说明统一的比例税率并不是最理想的。如果要使商品税制既有效率,又能在一定程度上促进公平,在可行的情况下,可对需求缺乏弹性的商品课以较重的税收以减少超额负担;但如果这些商品主要是由低收入群体消费时,就应当课以较低的税率以促进公平的实现。

3)最优所得税与居民幸福感

如果税收收入中的一定份额是由所得税来筹措,则最优所得税关注的是如何确定所得税的最优税率,以使社会达到收入分配目标的同时,实现对所得课税所带来的效率损失最小化。可见，最优所得税是符合效率和公平的所得课税方式，是社会福利和居民幸福最大的所得税制。埃奇沃思认为，在一个功利主义的社会福利函数形式下，个体效用的大小取决于各自的收入水平（收入总额一定）。由于收入的边际效用是递减的，即政府征税使高收入者损失的边际效用比低收入者损失的边际效用要小。为实现社会福利最大化，必使个体间收入的边际效用相等，为此，应实行累进程度很高的税率结构，对高收入者课以高税。当个体间收入水平相等，进而收入的边际效用相等时，社会福利最大，居民幸福最大。

（1）最优线性所得税与居民幸福感

如果是以个人收入的一定比例来征税，则最优线性所得税税率与纳税人的劳动——闲暇替代弹性成反比。并且当劳动——闲暇替代弹性一定时，社会希望的平等程度越大，最优比例税率就越高。斯特恩认为，其他条件不变的情况下，劳动供给弹性越大，最优税率越小，因为劳动供给弹性越大，对劳动所得课税所产生的超额负担就越大（王玮，2015）。总之，最优线性所得税边际税率随着闲暇和商品之间的替代弹性的减少而增加，随着财政收入的需要而提高，随着更加公平的需求而增加。

（2）最优非线性所得税与居民幸福感

如果所得税的课征采用对不同收入水平征收不同税率的方式，即所得税税率是累进或累退的情况下，怎样的所得税边际税率形式才是最优的？米尔利斯认为，边际税率应在（0，1）。对最高收入的个人的边际税率应为0；而如果最低收入的个人按最优状态工作，则其边际税率应当也为0。如果对高收入个体征高税，由于信息不对称，高收入个体很容易假装成低收入个体，从而政府很难征到高收入个体的税。因此，从社会公平和效率的总体角度来看，非线性所得税的最优边际税率结构应使高收入段的边际税率降为0；低收入段的初始税率接近于0；而中等收入者的边际税率可以适当高一些，即边际税率曲线应呈倒U形。这一点与传统的所得税观点（对高收入者征高的所得税边际税率）相左（王玮，2015）。

第4章　中国财税政策幸福效应的实证分析

4.1　中国居民幸福感影响因素的实证分析

西方已有关于各因素对居民幸福感影响的研究，大多认为，影响幸福的因素有许多，既包括宏观层面的经济发展状况、通货膨胀程度、社会整体就业形势、政府公共政策、宪政民主、城镇化程度、环境质量和气候条件等经济社会因素，也包括微观层面的年龄、性别、收入水平、健康状况、婚姻状况、教育程度、宗教信仰和社会信任等个体特征因素。本节在西方建立的幸福感影响因素分析范式基础上，采用多层 Logistic 模型对中国居民幸福感影响因素进行实证分析①，以确定各影响因素的大小和方向，从而为财税政策幸福效应的实证分析奠定解释变量选择的基础，为"幸福中国"建设提供理论依据和数据支持。本部分所用数据是 CGSS 2008 调查的微观个体数据和样本区县的宏观经济社会状况数据。

4.1.1　理论模型

由于居民幸福感数据一般通过调查方式获得，且用以下方式来衡量：非常不幸福（记为1）、不幸福（记为2）、一般（记为3）、比较幸福（记为4）和非常幸福（记为5）。对于这种有序的分类被解释变量，宜采用序次 Logit 或 Probit 模型等非线性模型来分析。而幸福感的影响因素又具有宏观经济社会和微观个体特征的层次性特点，且不同层面的因素可能会产生交互影响（如经济发展水平与个体收入水平之间），理论上宜采取多层序次 Logistic 随机效应模型来对居民幸福感影响因素进行分析。但由于目前多层序次 Logistic 回归还难以实现，所以本文把幸福感分为两类，非常不幸福和不幸福为不幸福一类（记为0），一般幸福、比较幸福和非常幸福为幸福一类（记为1），即暂且用两水平多层 Logistic 模型进行分析。

第一层模型用于讨论微观个体的特征变量对居民幸福感影响的差异，第二层模型用于讨论区县层面上的宏观经济社会变量对居民幸福感影响的差异。第一层模型如下：

$$\log\left(\frac{P_{ij}(H_i=1)}{P_{ij}(H_i=0)}\right)=\beta_{0j}+\beta_{1j}X_{1ij} \qquad (\text{式 4-1})$$

---

① 采用多层模型的好处是能把微观个体特征因素对居民幸福感的影响从宏观经济社会因素中分解出来，且对跨层因素间的交互影响进行分析，以有效地检验不同水平因素对居民幸福感的相对影响程度。

其中,式 4-1 左边是幸福与不幸福的对数发生比;β_{0j} 是随机截距;β_{1j} 是随机斜率;X_{1ij} 是微观个体特征变量。第二层模型如下:

$$\beta_{0j} = \gamma_{00} + \gamma_{01} G_{1j} + \delta_{0j}$$
$$\beta_{1j} = \gamma_{10} + \gamma_{11} G_{1j} + \delta_{1j}$$

在这里,第一层模型中的随机截距 β_{0j} 和随机斜率 β_{1j} 是第二层模型中宏观经济社会变量 G_{1j} 的线性函数。组合模型可表述为:

$$\log\left(\frac{P_{ij}(H_i = 1)}{P_{ij}(H_i = 0)}\right) = \gamma_{00} + \gamma_{01} G_{1j} + \gamma_{10} X_{1ij} + \gamma_{11} X_{1ij} G_{1j} + (\delta_{0j} + \delta_{1j} X_{1ij}) \qquad (式 4\text{-}2)$$

其中,$(\gamma_{00} + \gamma_{01} G_{1j} + \gamma_{10} X_{1ij} + \gamma_{11} X_{1ij} G_{1j})$ 和 $(\delta_{0j} + \delta_{1j} X_{1ij})$ 分别是模型的固定和随机成分;$X_{1ij} G_{1j}$ 是宏观经济社会变量与微观个体特征变量间的互动项;γ_{00} 是总平均值,固定参数;γ_{01} 是区县层面的宏观经济社会变量的回归参数效果;γ_{10} 是微观个体特征的回归参数效果;γ_{11} 是随机斜率;δ_{0j} 是未被观察到的区县层次的随机变量,为同一区县的个体所共同拥有;δ_{1j} 是微观个体特征因素对幸福感的影响在群间(未被变量所解释)的差异。在此基础上将函数式 4-2 写成如下模型形式:

$$Y_{ij} = \gamma_{00} + \gamma_{01} G_{1j} + \gamma_{10} X_{1ij} + \gamma_{11} X_{1ij} G_{1j} + (\delta_{0j} + \delta_{1j} X_{1ij} + \varepsilon_{ij}) \qquad (式 4\text{-}3)$$

其中,$Cov(\delta_{0j}, \delta_{1j}; \varepsilon_{ij}) = 0$;$Cov(\delta_{0j}; \delta_{1j}) \neq 0$;$\delta_{0j}$、$\delta_{1j}$、$\varepsilon_{ij}$ 呈联合多元正态分布。

4.1.2　实证分析

1)数据来源与结构

本文的微观个体特征数据主要来自 2008 年的中国综合社会调查(简称 CGSS 2008)①,包括个体的幸福感、性别、年龄、受教育程度、健康状况、就业状态、户口所在地、政治面貌、婚姻状况、家庭人均收入、家庭社会经济地位等。CGSS 2008 采取随机抽样调查方法,样本涵盖中国大陆除西藏、青海、海南在外的 28 个省区市、100 个区县的 6 000 名居民个人,所有调查对象均年满 18 周岁。除去居民收入缺失的 347 个样本,还有样本 5 653 个,其中城镇居民 3 199 人,占比 56.59%;女性 2 917 人,占比 51.6%。

本文的宏观经济社会变量包括区县的人均 GDP、人均公共支出、通胀率和城市化率等数据,主要来自 2008 年各省(市)年鉴和财政年鉴、中国县(市)社会经济统计年鉴、各地(市)统计年鉴、区(县)国民经济和社会发展情况报告和区(县)2007 年预算执行情况的报告。而其他关于社会整体就业形势、民主化程度、环境质量和气候条件等方面的宏观经济社会变量在目前统计条件下无法准确获得区县层面的相关数据,无法在本文中进行实证分析。另外,鉴于政府公共政策效应一般存在滞后的问题,本文所采用的宏观经济变量数据均为 2007 年的相应数据。表 4-1 对这些变量的基本信息进行了介绍。

① 该调查项目由中国人民大学社会学系和香港科技大学社会调查研究中心合作,迄今为止已在国内开展两期 5 次大型社会调查。第一期的调查年份分别为 2003 年、2005 年、2006 年和 2008 年,第二期的第一、二次调查年份为 2012 年、2013 年。所有调查数据免费对外提供。本部分研究用的是 CGSS 2008 年的调查数据。

表 4-1　变量的定义及描述性统计

变量	变量描述	均值	标准差	最小值	最大值
幸福感	0 表示不幸福,1 表示幸福	0.88	0.32	0	1
性别	0 表示女;1 表示男	0.48	0.50	0	1
年龄	岁	44.42	13.84	19	99
教育程度	用受过的教育年数表示(年)	8.54	4.35	0	24
健康状况	1 表示很不健康;2 表示比较不健康;3 表示一般健康;4 表示比较健康;5 表示很健康	3.68	1.05	1	5
就业状态	1 表示在城市就业;2 表示城市失业;3 表示还在上学(从未工作)或退休;4 表示目前务农	2.21	1.22	1	4
户口	0 表示农村户口;1 表示城市户口	0.57	0.50	0	1
政治面貌	0 表示非共产党员;1 表示共产党员	0.11	0.32	0	1
婚姻状况	1 表示在婚;2 表示离异或丧偶;3 表示未婚	1.26	0.64	1	3
家庭人均收入	上年全家总收入/家庭总人数(元/年)	11 902.51	33 833.89	100	1 200 000
家庭经济状况	1 表示远低于平均水平;2 表示低于平均水平;3 表示平均水平;4 表示高于平均水平;5 表示远高于平均水平	2.52	0.75	1	5
人均 GDP	区(县)GDP/年末总人口(元)	30 268.93	42 880.63	3 121.1	375 923.6
人均财政支出	区(县)级政府一般预算支出/年末总人口(元)	2 035.96	1 798.33	591.12	10 259.11
通胀率	用地(市)级 CPI 表示	104.79	0.98	102.4	107.5
城市化率	区(县)年末城镇人口/总人口(%)	53.54	32.4	2.02	100

注:幸福数据已根据研究需要进行整理。原始数据中的非常不幸福和不幸福归为不幸福一类(记为 0);一般幸福、比较幸福和非常幸福归为幸福一类(记为 1)。由于家庭人均收入变量中 347 个样本有缺失值,因此,所有样本数为 5 653 个(=6 000-347);对于人均收入为 0 的 16 个样本,已用各省市城乡居民最低生活保障标准进行调整。

2)变量选择

对于定性描述的微观个体特征变量,如健康状况、就业状况、婚姻状况和家庭经济状况等,本文通过设置虚拟变量的方式把它们转化为可定量分析的变量。健康状况分为不好、一般和好 3 组,其中健康状况一般为参照组;就业状况分为城市就业、城市失业、其他就业状况(上学或退休和务农)3 组,其中其他就业状况为参照组;婚姻状况分为在婚、离异或丧偶和未婚3组,其中在婚为参照组;家庭经济状况分为平均水平以下、平均水平和平均水平以上3组,其中平均水平为参照组。

关于交互变量的选择,一般应由理论和研究的问题来决定。本文的交互变量涉及同层交互变量和跨层交互变量两种类型。由于不同的年龄阶段和受教育程度,个体面临的就业机会可能存在差异;受教育程度高低、就业状况及是否是城镇居民,个体获得收入的能力与机会是不同的。另外,不同的经济发展水平区县,人均民生支出水平和城市化率也会存在较大差异。因此,同层的交互变量可主要选择年龄与就业,教育与就业、教育与家庭人均收入,就业与家庭人均收入、户口与家庭人均收入,人均 GDP 与人均财政支出、人均 GDP 与城市化率等。区县的经济发展水平不同,个体获得的家庭人均收入不同;区县政府的财政支出存在差异,为该地区的居民提供的教育、医疗卫生、社保与就业服务就会不同,个体的教育、健康和就业状况也会不同。因此,跨层的交互变量可主要选择人均 GDP 与家庭人均收入、人均财政支出与教育、健康和就业等。

3)经验分析结果

多层模型包括空模型、随机截距模型、随机截距和随机斜率模型等几类子模型。在下面的分析中,本文首先建立一个无条件平均模型(又称"空模型")来评估区(县)内同质性和区(县)间异质性,以判定是否需要采取多层模型进行分析。其次建立一个随机截距模型,探讨宏观经济社会变量对幸福感的影响在区县间的差异。最后引入一个随机截距和随机斜率模型,在考虑控制微观个体特征因素的情形下分析各因素对幸福感的影响及不同层次水平的因素对幸福感的交互影响。

(1)无条件平均模型结果分析

首先对宏观经济社会变量与居民幸福感之间关系作大致描述。由表4-2可知,各宏观经济社会变量的分组变量与幸福感的条件频数分布及卡方值表明,它们与幸福感之间存在一定的相关性,区县间的人均 GDP、人均财政支出、通胀率、城市化率不同,居民报告幸福与不幸福的比例存在较大差异。这为多层模型的使用提供了直观的证据,而更正式的证据是组间相关系数(ICC),它测量居民幸福感的方差中被区县所解释的部分。

表4-2　区县的宏观经济社会变量与居民幸福感

	幸福	不幸福	卡方值①
总体状况	88.36	11.64	
人均 GDP(元)			75.21***
≤20 000	85.04	14.96	
20 000～50 000	91.72	8.28	
>50 000	94.17	5.83	

① 卡方统计量是用于检验变量之间的独立性,本文采用 Pearson chi2 方法对变量间是否独立进行检验。如果计算出的卡方值大于卡方分布中的临界值,拒绝变量间相互独立的原假设,说明两者具有一定程度的关联。

*** 表示在1%水平下两者间显著关联。

续表

	幸福	不幸福	卡方值①
人均财政支出(元)			29.09***
≤2 000	87.10	12.90	
2 000 ~ 5 000	91.26	8.74	
>5 000	94.18	5.82	
通胀率			76.39***
≤4%	93.58	6.42	
4% ~6%	88.31	11.69	
>6%	79.66	20.34	
城市化率			52.99***
≤30%	83.94	16.06	
30% ~80%	89.44	10.56	
>80%	91.61	8.39	

下面对不包含任何解释变量的无条件平均模型进行估计,对个体幸福感的方差进行分析,以判断个体间幸福感的差异有多少是来自区县经济社会变量的不同,有多少是来自微观个体特征的不同,以及有没有必要采用多层模型进行后续分析。结果见表4-3。

表4-3　居民幸福感的无条件平均模型分析结果

参　数	模型1	
	系数	标准误
截距	2.195	0.083
随机效果 区县之间的变异(群间变异)(t_0^2)	0.441	0.098
群间关联度系数(ρ)	0.118	
区县样本量	100	
个体样本量	5 653	

根据群间关联度系数:

$$\rho = \frac{t_0^2}{t_0^2 + \sigma_0^2} = \frac{t_0^2}{t_0^2 + \prod^2/3} = \frac{0.452}{0.452 + 3.289} = 0.121$$

群间关联度系数为0.118,区县经济社会变量的不同解释了个体幸福感总差异的11.8%;群间关联度系数大于0.059的经验值(Cohen,1988),说明有必要采取多层模型来拟合有用的各区县的特征。

(2)随机截距模型结果分析

下面假定居民幸福感的差异都源于各区县间的宏观经济社会环境的不同,把区间的人均 GDP、人均财政支出、通胀率和城市化率等变量纳入模型,分析它们对居民幸福感的影响。

模型运行结果显示:区县的宏观经济社会特征变量人均 GDP、通胀率与居民幸福感显著相关。在其他条件相同的情况下,区县经济发展水平越高、通胀率越低,居民报告幸福的概率越大。而人均财政支出水平和城市化率对居民幸福感产生了一定的正向影响,但不显著,说明政府公共服务增加和人口向城镇化集中带来了居民幸福感的小幅提高。然而,若要分析居民幸福感的主要影响因素,财政支出和城市化率两个变量在后面的分析中应被去掉。

考虑宏观经济社会变量间交互影响的随机截距模型有助于更好地了解各宏观变量对幸福感的真正影响。本文引入人均 GDP 与人均财政支出和城市化率的交互项后,模型结果表明:经济增长对居民幸福感的正向影响不再显著,经济增长对居民幸福感提升的影响受政府公共支出行为和城镇化程度的调节。从交互项的偏回归系数(-0.05)和(-0.002)可知,经济增长对居民幸福感的作用与政府支出和城市化率对居民幸福感的作用存在着相互削弱的关系,在政府财政支出、城市化率的抵消影响下,经济增长给居民幸福感带来的促进作用变得不再显著。鉴于篇幅限制,文中只给出剔除微弱影响变量后的结果(此时,宏观层面的变量没有交互项),如表4-4 模型2 所示。

比较无条件平均模型和随机截距模型,可知区县随机变量的变异值大大减少,由 0.452 下降到0.23。利用群间关联度系数公式计算可知,在控制了区县间人均 GDP 和通胀率变量差异的情况下,区县间其他因素的差异对个体间幸福感差异的解释力下降到较小的比例(6.5%)。可见,模型中包含区县层次变量对居民幸福感变化的解释力要高于仅包含微观个体特征变量的解释力,模型中微观个体特征变量对幸福感的整体影响是较大的。

(3)随机截距和随机斜率模型结果分析

下面引入微观个体特征因素考察各因素对幸福感的影响及不同层次的因素对幸福感的交互影响。为了选出对幸福感影响显著的变量,这里将用两个模型进行分析。第一个模型中不含交互项,以分析在不考虑变量间相互影响的情形下,哪些因素对幸福感有显著影响,哪些没有显著影响。第二个模型中纳入交互项,分析各交互变量对幸福感的影响。逐步剔除那些对幸福感影响不显著的变量。至于随机斜率项的选择,从理论上来看,区县的经济发展水平对个体的人均家庭收入水平有较大影响,人均家庭收入应作为本模型的随机效应项[①]。

在前面随机截距模型基础上,本文把所有可能的同层与跨层交互变量纳入本模型,运算结果表明:年龄与教育、就业状况、人均家庭收入,教育与人均家庭收入、就业状况与人均家庭收入、通胀率与收入的作用效果不显著。最终能纳入的交互变量只有教育与就业状况、城

① 从直觉上看,政府公共服务提供的多少也会影响个体的教育、健康和就业状况,似乎也有必要将教育、健康和就业等变量设为随机效应项,在对它们进行随机效应参数的统计检验的基础上,确定是否真的需要设为随机效应项。但由于幸福感影响因素太多,模型中微观与宏观层面的变量数目已经较多,加上各交互变量,STATA 12.0 运算时不堪负荷。因此,去掉了相对较为次要的随机变量项,只保留家庭人均收入这个核心随机效应项。

市户口与人均家庭收入、人均 GDP 与人均家庭收入。政治面貌是否为党员对幸福感的影响也不显著,党员变量将不出现在最终的模型中。另外,为降低高次项与低次项之间的相关性,本文还对家庭人均收入、人均 GDP 的对数值及相应的交互项作了对中处理。模型最终结果如表 4-4 模型 3 所示。

表 4-4　居民幸福感的多层模型分析结果

	模型 2	模型 3	
	(随机截距模型)	(随机截距与随机斜率模型)	
	不含交互项	不含交互项	含交互项
区县特征			
人均 GDP	0.34***(0.10)	0.06(0.09)	0.04(0.09)
通胀率	-0.21**(0.08)	-0.12*(0.08)	-0.11(0.08)
个体特征			
男性		-0.28***(0.1)	-0.27***(0.1)
年龄		-0.12***(0.03)	-0.12***(0.03)
年龄^2		0.001***(0.000 3)	0.001***(0.000 3)
教育年限		0.03**(0.01)	0.06***(0.02)
健康状况(一般为参照组)			
不健康		-0.66***(0.13)	-0.66***(0.13)
健康		0.33***(0.11)	0.32***(0.11)
其他就业状况(为参照组)			
就业		0.11(0.13)	0.2(0.27)
失业		-0.3**(0.12)	0.33(0.23)
城镇户口		-0.06(0.12)	0.03(0.12)
婚姻状况(在婚为参照组)			
离异或丧偶		-0.86***(0.17)	-0.86***(0.17)
未婚		-0.7***(0.2)	-0.68***(0.2)
家庭人均收入		0.27***(0.06)	0.17**(0.08)
家庭经济状况(平均为参照组)			
低于平均水平		-1.24***(0.11)	-1.21***(0.11)
高于平均水平		0.15(0.36)	0.14(0.36)
教育×就业			-0.02(0.03)
教育×失业			-0.09***(0.03)
人均 GDP×家庭人均收入			-0.04*(0.06)
城镇户口×人均家庭收入			0.20*(0.11)
截距	20.61**(9.26)	14.84*(8.65)	17.06**(8.24)
随机效果			
区县之间变异 t_{0j}^2	0.23**(0.07)	5.40e-13**(7.80e-07)	5.06e-08**(0.000 2)

续表

	模型2（随机截距模型）	模型3（随机截距与随机斜率模型）	
	不含交互项	不含交互项	含交互项
个体之间变异 σ_0^2	$\prod^2/3$	$\prod^2/3$	$\prod^2/3$
随机斜率 ι_{1j}^2		0.002**(0.001)	0.002**(0.001)
区县样本量	100	100	100
个体样本量	5 653	5 652	5 652

注：为平滑影响，对人均GDP、人均财政支出、家庭人均收入三者取对数。对健康、就业、婚姻和家庭经济状况等设定虚拟变量后再回归，其中：健康分为不健康、一般、健康，一般状况为参照组；就业状况分为城市就业、失业和其他（包括上学或退休、务农），其他为参照组；婚姻状况分为在婚、离异或丧偶、未婚，其中在婚为参照组；家庭经济状况分为低于平均水平、平均水平、高于平均水平，其中平均水平为参照组。

如表4-4所示，在不含交互项的模型中，截距项的估计值为14.84，说明该模型存在一个固定效应，即居民幸福的对数发生比的总均数为14.84。在加入微观个体特征变量后，区县的经济发展水平对幸福感的影响大大下降（由0.34降到0.06），且变得不再显著，说明在模型2中经济增长的幸福效应有可能被高估了，或者说经济增长对幸福感的作用受到其他一些因素的影响。通货膨胀对幸福感的负面影响不如模型2所显示的大和显著。在微观个体因素中，居民幸福感会随着教育程度提高、健康状况变好、人均家庭收入增长和家庭经济地位提升而增强；男性的幸福水平比女性低；中年人比青年和老年人幸福水平低；失业者幸福感最低，上学或退休的人其次，就业的人幸福水平最高；离异或丧偶、未婚的人幸福感比在婚的人低。另外，从所有宏观与微观变量来看，家庭经济地位、婚姻状况、健康、就业状况和家庭人均收入等对幸福感的影响较大且依次递减，个体间性别和年龄的幸福效应差异也较为明显。

加入变量间交互影响后，除通胀率、教育和城镇户口3个变量外，其余变量对幸福效应大小和显著程度没有太大的变化。考虑微观个体特征因素和变量间的交互影响后，通货膨胀对居民幸福感的影响依次变小，且影响程度越来越不显著。经济增长对幸福感的影响受人均家庭收入的负向调节。尽管经济增长与人均家庭收入的提高均能促进居民幸福感的提升，但也许随着家庭人均收入的提高，个体间收入差距也在拉大，从而降低了经济增长所带来的幸福效应。从人均家庭收入增长的幸福效应来看，也可解释为：尽管经济增长有助于人均家庭收入增长，但也带来了环境破坏、竞争压力加大等降低幸福感的因素，从而使得两者对幸福感的影响呈相互抵消的效果。加入变量间的交互影响后，教育的幸福效应变得更大且更显著。从教育与就业状态的交互项估计系数为负可知，相对于上学或退休、务农的人来说，教育程度越高，人们的幸福水平越低，对于受过较高教育的失业者来说更是如此。考虑了交互影响后，城镇居民的幸福水平变得略高于农村居民。从城镇户口与人均家庭收入的交互项估计系数为0.2可知，城镇居民的幸福效应与人均家庭收入的幸福效应有相互加强的作用。这也许正好可以用来解释城镇户口的幸福效应为何由负转正，因为个体由农村居民转为城镇居民，人均家庭收入可能会有较大程度提高，从而带来了幸福感增强的结果。

4.1.3 结 论

中国经济高速增长过程中老百姓幸福感有无增强是学界和政界高度关注的问题。“幸福中国”的建设首先需要清楚地知道影响幸福感的因素有哪些，这些因素对幸福感的影响大小、方向和显著性程度。本节在 CGSS 2008 年调查数据基础上，根据幸福感影响因素的层次性、幸福感数据的分类特点采用多层 Logistic 模型对中国居民幸福感的影响因素进行了实证分析。结果表明：区县宏观经济社会变量（如人均 GDP 和通胀率）是影响居民幸福感的重要因素，区县层面的变异能解释居民幸福感总变异的 11.8%。在所有的影响因素中，家庭经济地位对居民幸福感的影响最大，其次是婚姻状况、健康、就业和家庭人均收入；个体间性别和年龄的幸福效应差异显著。人均 GDP 对幸福感的提升作用受到人均家庭收入的负向影响；农村居民转为城镇居民后人均家庭收入的提高有助于增强其幸福感；相对于上学或退休、务农的人来说，教育程度越高，人们的幸福水平越低，对于受过较高教育的失业者来说更是如此。在考虑了微观个体特征因素和变量间的交互影响后，人均 GDP 对居民幸福感的影响变得不再显著。

4.2 中国区县一级政府公共支出对居民幸福感影响的实证分析

“公平”和“效率”是政府支出的两大主要目标，公共支出对居民幸福感的间接影响主要是通过促进经济增长和调节收入分配来发挥作用的。然而，改革开放以来，中国经济持续快速增长，居民收入水平不断提高，居民间收入差距也持续扩大。中国居民的幸福感并没有随经济增长而提高，相反出现了“幸福悖论”。如，Easterlin（2012）认为，1990—2010 年中国居民生活满意度呈先下降后逐步上升的 U 形变化趋势，但 2010 年的生活满意度比 1990 年还低。Kahneman 和 Krueger（2006）认为，1994—2005 年中国感觉生活幸福的人数下降了约 15%。这引发我们思考：是不是日益扩大的收入差距抵消了经济增长带来的中国居民幸福感增长？中国政府庞大的公共支出有没有发挥调节收入差距提高居民幸福感的作用？哪些支出发挥了作用？哪些人群因此而幸福感提升？未来公共支出政策应如何调整才能更大程度地提升居民幸福感？对于这些问题的研究意义重大。幸福是人类追求的终极目标，在收入差距持续扩大的情况下，对增长中迷失的低收入群体给予幸福感提升的政策关注有助于减少社会不和谐因素。关于公共支出对居民幸福感的直接影响，以及通过调节收入差距提高居民幸福感的作用机制和实际效果的研究，能为无幸福经济增长中的政府政策找到改革方向和依据。

4.2.1 模型、变量与数据

1)计量模型与变量

测量收入差距对居民幸福感的影响以及政府公共支出通过调节收入差距对居民幸福感的影响,需要控制其他幸福感影响因素。根据现有研究成果,居民幸福感的影响因素可归为两类:一是微观个体特征因素,如个体的收入水平、性别、年龄、民族或种族、教育水平、健康状况、婚姻状况、就业状态、工作时间、宗教信仰、社会信任、家庭横向与纵向社会经济地位等。二是宏观经济社会因素,如收入差距、通货膨胀、失业率、城镇化率、环境状况、气候条件、政府政策和制度等。借鉴 Alesina (2004)的实证研究方法,本课题建立了一个由收入差距、政府公共支出、其他宏观经济变量、微观的人口社会学特征等影响因素构成的幸福感模型。见式 4-4:

$$H_{ij} = \alpha Gini_j + \beta G_j + \gamma Gini_j \cdot G_j + \theta Macro_j + \lambda Micro_{ij} + \varepsilon_{ij} \qquad (式 4\text{-}4)$$

被解释变量 H_{ij} 是 j 县第 i 个样本的主观幸福感,本课题用被调查对象报告的幸福感数值来衡量。目前各国调查个体主观幸福感的常用问题是:"总体而言,您对自己所过的生活的感觉是怎么样的呢?"下设 5 个选择项:非常不幸福(取值为 1);不幸福(取值为 2);一般(取值为 3);幸福(取值为 4);非常幸福(取值为 5)。由于幸福感的这 5 个取值是离散且有顺序的,因此收入差距等因素对幸福感影响的实证模型有必要采用序数模型形式。进一步说,本课题假定回归模型的残差服从正态分布,从而构造了一个适合本课题分析需要的序数概率模型(Ordered Probit Model)。

解释变量 $Gini_j$ 表示用基尼系数代表第 j 县的收入差距, G_j 表示第 j 县的人均公共支出, $Gini_j \cdot G_j$ 表示收入差距与公共支出对幸福感的交互项,用以测算公共支出通过调节收入分配对幸福感产生的影响; $Macro_j$ 表示第 j 县个体面对的宏观经济变量,包括该县的人均 GDP、通胀率、失业率和城市化率; $Micro_{ij}$ 表示 j 县的第 i 个样本的个体特征变量,包括性别、年龄、受教育程度、健康状况、就业状态、户口所在地、婚姻状况、人均家庭收入、家庭社会经济地位; ε_{ij} 表示回归模型的残差。

2)数据来源与变量的描述性统计

模型中被解释变量(居民幸福感)、解释变量(包括收入差距和所有个体特征变量,如性别、年龄、受教育程度、健康状况、就业状态、政治面貌、婚姻状况、人均家庭收入、家庭社会经济地位等)均来自中国综合社会调查(Chinese General Social Survey,简称 CGSS)项目 2008 年的调查数据。该调查采用随机抽样方法,对除西藏、青海、海南和港澳台在外的中国 28 个省区市、100 个区(县)、586 个村、6 000 户家庭中的 6 000 名居民开展了包括个人基本情况、家庭基本情况、教育及工作、性格与态度、社会交往及求职、社会不平等和全球化 6 个方面内容的综合调查,调查数据能满足本课题研究需要。所有调查对象均年满 18 周岁。除去居民收入缺失的 347 个样本和收入畸高的 8 个样本①,最终用于分析的样本为 5 645 个。

① 对于收入调查数据畸高值比较常见的处理方法是:去掉样本 1% 的最高收入数据。本部分人均家庭收入为 8 万,由于 8 万并不算太高,在 8 万附近的收入数还比较多,且依次增加到 25 万,然后突然增长到 37 万。因此,此处只去掉超过 25 万的 8 个收入数据。如果不对畸高值进行处理,据此计算的基尼系数就会过分夸大区(县)的收入差距程度,因为实际上在这些含收入畸高值的区(县)最高收入者的比例没有样本中呈现的这么高。

解释变量中个体的宏观经济社会变量包括该样本的人均公共支出、人均GDP、通胀率和城市化率,来自2008年各省(市)年鉴和财政年鉴、中国县(市)社会经济统计年鉴、各地(市)统计年鉴、区(县)国民经济和社会发展情况报告和区(县)2007年预算执行情况报告,个别区(县)的公共支出数据通过政府信息公开申请获得。鉴于统计局公布的城镇登记失业率无法准确地反映中国的整体失业状况,本课题在实证分析部分略去了失业率这个解释变量,仅考虑个体的就业状况对其幸福感的影响。同时由于政府公共支出政策的幸福效应存在滞后的问题,加上2008年进行幸福感调查时公共支出年度数据还没有统计,本课题所采用的宏观经济变量均为2007年的相应数据。表4-5是对这些变量基本信息的介绍。

表4-5 变量的描述性统计

变量	变量描述	均值	标准差	最小值	最大值
幸福感	1表示很不幸福;2表示不太幸福;3表示一般幸福;4表示还算幸福;5表示很幸福	3.71	0.97	1	5
基尼系数	区(县)层面人均家庭收入为基础计算	0.43	0.08	0.23	0.69
人均财政支出	区(县)级政府一般预算支出/年末总人口(元)	2 035.95	1 798.33	591.12	10 259.11
人均GDP	区(县)GDP/年末总人口(元)	30 268.93	42 880.63	3 121.1	375 923.6
通胀率	用地(市)级CPI表示	104.77	0.98	102.4	107.5
城市化率	区(县)年末城镇人口/总人口(%)	53.53	32.41	2.02	100
性别	0表示女;1表示男	0.48	0.49	0	1
年龄	岁	44.43	13.84	19	99
教育程度	用受过的教育年数表示(年)	8.53	4.34	0	24
健康状况	1表示很不健康;2表示比较不健康;3表示一般健康;4表示比较健康;5表示很健康	3.68	1.05	1	5
就业状态	1表示在城市就业;2表示城市失业;3表示还在上学(从未工作)或退休或务农	2.21	1.22	1	3
户口	0表示农村户口;1表示城市户口	0.57	0.50	0	1
婚姻状况	1表示在婚;2表示离异或丧偶;3表示未婚	1.26	0.64	1	3
人均家庭收入	上年全家总收入/家庭总人数(元/年)	10 876.15	15 449	600	250 000

续表

变量	变量描述	均值	标准差	最小值	最大值
家庭经济状况	1 表示远低于平均水平;2 表示低于平均水平;3 表示平均水平;4 表示高于平均水平;5 表示远高于平均水平	2.51	0.75	1	5

注:由于删除了人均家庭收入变量中有缺失值的347 个样本和收入畸高值(人均家庭收入在25 万元以上)的8 个样本,所有变量的样本数均为5 645 个。同时对人均家庭收入为0 和低于城乡最低生活保障线的样本按其所属区(县)当年的城乡最低生活保障标准进行了调整。因为收入过低个体是无法维持生活的,而且人均收入低于最低生活保障标准时,政府会进行转移支付,使居民收入至少达到低保线水平。

个体的信息特征如下:所有被调查对象的平均幸福感为 3.71,接近比较幸福的水平。女性稍多于男性,城镇居民略多于农村居民,绝大多数已婚。平均年龄 44.208 岁,平均接受教育 8.53 年。60.27% 的人自认为健康状况较好,41.82% 的人在城市就业,89.12% 的人人均家庭收入在 2 万/年及以下,50.11% 的人认为自己家庭经济状况处于社会平均水平。

从宏观经济社会变量看,收入差距较大,样本区(县)基尼系数的平均数为 0.43,仅有 37.45% 的区(县)基尼系数小于警戒线 0.4,基尼系数超过 0.5 的区(县)有 18.44% 之多。所有区(县)基尼系数的中位数为 0.434,与平均数较为接近,说明基尼系数分布比较均匀。人均公共支出水平较低且区(县)间分布不均,样本区(县)年人均财政支出 2 035.95 元,但 57.93% 的区(县)在 1 500 元以下,中位数为 1 379.18 元,平均数与中位数严重偏离,说明大部分区(县)政府人均财政支出水平较低。经济发展状况不平衡,样本区(县)人均 GDP 30 268.93 元,54.42% 区(县)年人均 GDP 在 2 万元以下,而深圳市南山区的人均 GDP 最高达 37.6 万元。通货膨胀压力较大,居民消费价格指数平均值为 104.77,其中 80% 的区(县)通货膨胀在 4% 以上。城镇化水平不高,所有区(县)平均城市化率为 53.53%,其中 47% 的区(县)城市化率在 50% 以下。

表 4-6　不同特征居民的幸福感状况

	很不幸福	不太幸福	一般	还算幸福	很幸福	卡方值①
总体状况	2.3	9.35	24.52	42.78	21.05	
基尼系数						52.74***
<0.4	1.84	8.14	24.03	46.26	19.73	
0.4 ~ 0.5	2.49	10.64	24.42	40.36	22.09	
>0.5	2.95	9.16	25.43	42.62	19.84	

① 卡方统计量是用于检验变量之间的独立性,本课题采用 Pearson chi2 方法对变量间是否独立进行检验。如果计算出的卡方值大于卡方分布中的临界值,拒绝变量间相互独立的原假设,说明两者具有一定程度的关联。

*** 表示在 1% 水平下两者间显著关联。

续表

	很不幸福	不太幸福	一般	还算幸福	很幸福	卡方值①
人均财政支出(元)						49.33***
<1 500	2.69	11.31	24.28	41.96	19.76	
1 500～4 000	1.96	7.23	24.40	43.91	22.49	
>4 000	1.18	4.90	26.18	43.92	23.82	
人均 GDP(元)						84.53***
<20 000	3.03	11.95	25.00	39.62	20.41	
20 000～50 000	1.55	6.76	23.74	46.44	21.52	
>50 000	1.10	4.72	24.57	46.93	22.68	
通胀率						82.41***
<4%	1.18	5.27	24.61	45.96	22.98	
4%～6%	2.25	9.45	24.35	42.77	21.18	
>6%	4.54	15.81	25.35	37.40	16.90	
城市化率						77.74***
≤30%	3.46	12.60	26.50	38.71	18.73	
30%～80%	2.06	8.52	22.43	43.52	23.46	
>80%	1.39	7.01	25.21	46.13	20.25	
性别						1.36
男	2.46	9.49	24.60	42.93	20.53	
女	2.16	9.22	24.44	42.65	21.53	
年龄(岁)						73.82***
<25	1.18	4.14	17.95	48.13	28.60	
25～60	2.58	10.07	25.72	42.18	19.45	
>60	1.57	8.80	22.29	42.65	24.70	
教育程度①						206.37***
小学及以下	3.40	14.01	28.55	38.39	15.65	
中学	2.13	7.96	24.93	42.81	22.17	
大学及以上	0.79	5.19	15.35	51.13	27.54	
健康状况②						377.68***
不好	6.49	19.73	25.97	34.58	13.23	
一般	2.36	10.82	32.87	39.18	14.77	
好	1.29	6.29	20.63	46.24	25.54	

① 由于中国小学、初中与高中阶段曾经有实行五年制、两年制的情况，小学及以下的个体受教育年限小于或等于6年，中学层次的个体受教育年限大于6年、小于或等于12年，大学及以上的个体受教育年限大于12年。

② 自评健康为很不健康和比较不健康的被定义为健康状况不好，比较健康和很健康的定义为健康状况好。

续表

	很不幸福	不太幸福	一般	还算幸福	很幸福	卡方值①
就业状态						218.86***
城市就业	1.06	6.48	22.19	47.35	22.91	
城市失业	4.34	11.95	27.79	37.70	18.23	
上学或退休	1.71	4.08	21.87	44.80	27.54	
务农	3.08	14.98	27.24	38.06	16.63	
户口						62.01***
城镇户口	1.94	7.24	23.18	44.99	22.65	
农村户口	2.77	12.11	26.25	39.91	18.96	
婚姻状况						72.17***
在婚	2.18	9.03	25.02	42.67	21.10	
离异或丧偶	5.76	17.27	30.58	32.73	13.67	
未婚	1.66	8.29	17.74	48.26	24.05	
人均家庭收入(元)						84.25***
<20 000	2.48	9.96	25.56	42.08	19.92	
20 000～60 000	0.56	3.73	16.79	47.95	30.97	
>60 000	2.56	8.97	10.26	52.56	25.64	
家庭经济状况						614.15***
平均水平以下	4.64	15.87	30.86	35.98	12.65	
平均水平	0.42	4.21	20.08	48.48	26.80	
平均水平以上	0.34	2.71	12.88	46.44	37.63	

表4-6是不同特征的居民其幸福感状况的描述。由表4-2中的Pearson卡方检验结果可知,除性别外,其他变量的检验在统计上显著,说明它们与居民幸福感具有某种程度的关联。从微观个体特征因素来看,教育程度、健康状况、人均家庭收入、家庭经济状况与居民报告的幸福感大致呈正相关。拥有城镇户籍者倾向于报告更高的幸福感,中年人幸福感更低。但居民间不同性别的幸福感差异不显著。上学或退休、城市就业、务农和失业的个体报告的幸福感依次降低,未婚、在婚和离异或丧偶的个体报告的幸福感依次降低。从宏观经济变量来看,收入差距、通货膨胀与居民报告的幸福感大致呈负相关,人均财政支出、人均GDP和城市化率与居民报告的幸福感大致呈正相关。其中,通货膨胀、年龄、健康状况、婚姻状况、人均家庭收入和家庭经济状况与幸福感的关系大致与已有研究结论相似①。

① 根据笔者最近有关幸福感影响因素综述的研究,收入的边际幸福正效应递减,公共支出、教育与幸福感呈倒U形关系,年龄与幸福感呈U形关系,通胀率、城市化率与幸福感呈负相关。失业者的幸福感最低,离异或丧偶的幸福感最低。

4.2.2 实证分析及其解释

在实证分析之前，本课题先以各区（县）人均家庭收入为基础计算的区（县）基尼系数、各区（县）人均公共支出的自然对数以及各区（县）居民幸福感的平均值来描述收入差距与居民幸福感、公共支出与基尼系数的关系，以获得对三者之间关系的一种直观了解。

图4-1描绘的是以基尼系数为横轴、以相应区（县）的平均幸福感为纵轴的散点图。从散点图的拟合曲线可知，居民幸福感随基尼系数的增大而降低，居民幸福感与收入差距负相关。图4-2描绘的是以公共支出为横轴、以相应区（县）的基尼系数为纵轴的散点图。从散点图的拟合曲线可知，区（县）基尼系数随着公共支出的增大先上升后降低，公共支出与收入差距之间存在较为明显的二次相关关系。由图4-1和图4-2可初步判断，存在政府公共支出调节收入差距对居民幸福感产生影响的传递机制，但最终影响结果不明确，也许是因为直观观察没有控制个体特征和其他宏观经济变量等对居民幸福感的影响。为了准确获得公共支出通过调节收入差距对居民幸福感产生的影响，有必要借助多元回归方法来进行计量分析。

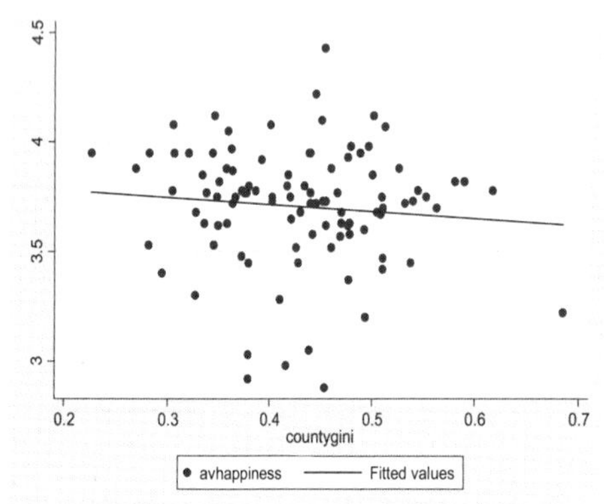

图4-1 基尼系数与居民幸福感

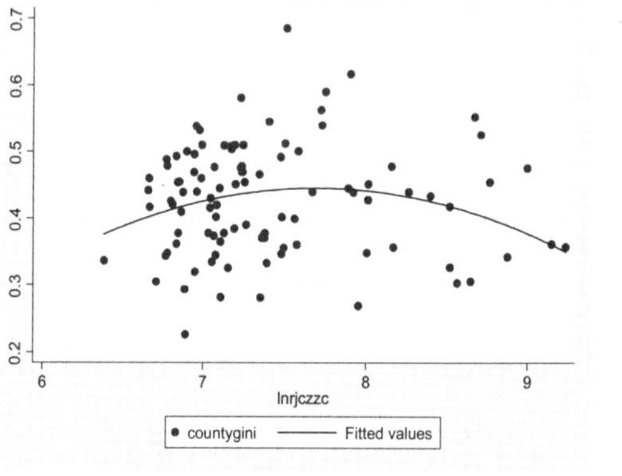

图4-2 公共支出与基尼系数

下面的分析遵循如下思路展开：首先分析收入差距对居民幸福感的影响（模型1），在此基础上对公共支出和三类民生支出对收入差距幸福效应的调节作用进行测量（模型2）；然后进一步对它们给不同收入层次居民带来的调节作用进行测量（模型3）。

1）收入差距的幸福效应及公共支出的调节作用

（1）收入差距对居民幸福感的影响

为了检验不断扩大的收入差距对中国居民幸福感的影响，本课题用地区、城乡和行业三个收入差距衡量指标对居民幸福感进行回归分析①。其中，地区收入差距用以人均家庭收入为基础计算的区（县）层面的基尼系数来衡量，城乡收入差距用省级层面的城乡收入比来衡

① 为了较好地分析收入差距对居民幸福感的影响及公共支出的调节作用，本课题采用逐步加入解释变量的方法来确定实证模型中应纳入的变量和变量形式，因此模型(1)中先单独考虑收入差距对居民幸福感的影响。

量,行业收入差距用个体对行业实际收入的估计值为基础计算的行业基尼系数来衡量①。这三类收入差距对居民幸福感的影响由模型(1a)、模型(1b)和模型(1c)的结果来反映。具体分析结果见表4-7。

表4-7　收入差距对居民幸福感影响的 Odered Probit 回归结果

被解释变量:居民幸福感	模型(1a)	模型(1b)	模型(1c)	模型(1c′)
基尼系数	-0.112**(0.050)	-0.064***(0.007)	-0.041*(0.023)	-0.026(0.026)
Obs	5 645	5 645	3 010	3 010
Pseudo R^2	0.024 3	0.005 4	0.000 4	0.000 1
LR chi2	5.07	81.49	3.09	1.04

注:与一般线性回归模型不一样,Ordered Probit 模型的回归系数本身并不是对解释变量变化带来被解释变量的变化程度的度量,因此,本课题在回归基础上进一步测算了基尼系数的边际影响。本表给出的是基尼系数对居民幸福感取最高值5时的边际效应,也就是说基尼系数的每次变动会使报告自己很幸福的人增加多少。模型(1b)中基尼系数实为城乡收入比。模型(1c)与模型(1c′)中的样本数为3 010,是因为 CGSS 2008 只对28个省区市、100个区(县)、586个村的3 010个居民进行了五大行业估计的实际收入和应得收入的调查,本课题以此来近似地对行业收入差距进行衡量。其中圆括号中给出的是标准误。*、**和***分别表示在10%、5%和1%水平下显著。

从模型(1a)、模型(1b)和模型(1c)的基尼系数变量的系数均为负可知,不管是区(县)间、城乡间还是行业间的收入差距,都降低了居民幸福感。个体间收入差距越大,越容易让大多数收入较低的人产生一种"被剥夺感",报告更低的幸福感。值得说明的是,个体感知的收入差距降低了居民幸福感[模型(1c)结果已表明],但直觉上,为促进经济效率的提高有必要保持适当的收入差距,这种适当的收入差距也必定是被人们所认可的,而被认可的收入差距应该不大会降低居民幸福感。在以个体估计的行业应得收入为基础计算基尼系数后,我们用模型(1c′)测算了个体认可的收入差距对其幸福感的影响。此时,基尼系数的估计值为-0.026,且不显著,说明认可的收入差距确实没有明显地降低居民幸福感。因此,并非所有的收入差距都降低居民幸福感,收入差距只有超出了人们认可的程度才会明显降低其幸福感。该结论与 Schneider(2012)的观点"认可的收入不平等越高,收入差距对幸福感的负面影响越小"一致。而根据王鹏(2011)的研究结论"中国收入差距与居民幸福感呈倒U形关系,中国居民在基尼系数为0.4时幸福感最高",似乎寓示这个认可的收入差距是0.4。另外,这个结论还可引申出如下观点:认可的收入差距在分析收入差距对居民幸福感的影响中起着非常重要的作用。然而,为何居民认可的收入差距会不同?已有研究认为,社会流动性差异(Schneider,2012)和教育等(李骏,等,2012)可能是重要原因。

① CGSS 2008 对6 000个样本中的3 010个样本进行了以下5个职业从业人员的税前实际收入和应得收入的估计调查:普通医生、大型全国性公司的总经理、销售助理、工厂的非技术工人和中央政府的部长。如果把销售助理的收入作为参照对象,医生、大型国企老总、非技术工人和中央部长的收入可分别视为对技术密集型、垄断、劳动密集型和机构组织等行业收入水平的大致反映,而垄断等制度因素和劳动、资本和技术等要素差异是导致中国行业收入差距的主要原因。因此,本书以样本对此五类行业职业的收入估计值来测算行业收入差距。而且,用个体估计的实际收入和应得收入所计算的行业收入差距还可用来测算感知的收入差距和认可的收入差距对居民幸福感的影响。

(2)公共支出总量的调节作用

为测算公共支出对收入差距幸福效应的调节作用,本课题先将收入差距①和公共支出作为独立因素纳入模型,测算它们分别对居民幸福感的影响[模型(2a)];接着加入两者的交互项来反映公共支出对收入差距幸福效应的调节作用[模型(2b)②];然后再加入其他宏观经济变量、微观个体特征变量来全面地反映在控制这些因素的前提下收入差距的幸福效应变化以及它们对公共支出的调节作用所带来的影响[模型(2c)]。模型(2c)中年龄变量取平方是因为根据已有研究,两者与居民幸福感之间可能存在非线性关系。个体的健康、就业、婚姻和家庭经济状况等定性描述的变量通过设置虚拟变量的方式转化成可定量分析的变量。具体分析结果见表4-8。

由模型(2a)的估计系数可知,收入差距扩大会显著地降低居民幸福感,但人均公共支出增加可显著提高居民幸福感。公共支出对居民幸福感有提升作用可能是因为政府每年有很大一部分资金用于居民的教育、医疗卫生、社会保障和环境保护等方面,生活环境的改善、生活质量的提高直接提升了居民幸福感。

加入收入差距与公共支出的二次交互项后,模型(2b)交互项系数显著,说明公共支出确实对收入差距的幸福效应产生了一定的调节作用。比较模型(2a)和模型(2b)的复相关系数平方可知,非线性交互项(即公共支出对居民幸福感的间接影响)解释了居民幸福感变化的0.6%[=sqrt(0.002 8)-sqrt(0.022)]。同时,二次交互关系条件下模型(2b)中各主要变量前的系数估计值的显著性、符号(如公共支出)及数值大小(如基尼系数)都发生了很大变化,交互项系数估计值符号与大小的实际意义不如线性交互下那么直观,也不能再被简单地认为是其边际幸福效应。为了测量公共支出对收入差距的幸福效应的调节作用大小,我们对模型(2b)进行如下整理。

$$
\begin{aligned}
H &= \alpha \text{Gini} + \beta_1 G + \beta_2 G^2 + \beta_3 \text{Gini} \cdot G + \beta_4 \text{Gini} \cdot G^2 \\
&= (\alpha + \beta_3 G + \beta_4 G^2) \cdot \text{Gini} + \beta_1 G + \beta_2 G^2
\end{aligned}
$$

将幸福感对基尼系数求偏导,可知收入差距变量的系数由下式决定:

$$
\frac{\partial H}{\partial \text{Gini}} = \alpha + \beta_3 G + \beta_4 G^2 \qquad (式4\text{-}5)
$$

其中,G是人均公共支出的自然对数。式4-5说明在二次交互关系条件下,收入差距扩大对幸福感的影响受公共支出水平的调节。表4-8中模型(2b)的结果表明,尽管收入差距扩大会降低居民幸福感,但政府公共支出有通过缩小收入差距阻碍幸福感下降的效果。只

---

① 本课题从模型2开始的所有模型中,收入差距均由以人均家庭收入为基础计算的区(县)基尼系数来反映。

② 在确定模型交互项的形式时发现,公共支出与基尼系数的双向线性交互项并不显著,对更复杂的交互形式(即假设基尼系数变量的系数是公共支出的二次函数)的检验结果表明,两者之间的确存在二次交互关系。这点也可由前面两者关系的直观图形得到非正式的证据支持。因此,模型(2b)除引入公共支出与基尼系数的乘积项外,还需要引入公共支出的平方与基尼系数的乘积项作为交互项。而作为交互项的低次项,公共支出的平方就必须作为解释变量进入实证模型(詹姆斯·杰卡德,罗伯特·图里西,2012)。

是随着公共支出的增加，这种效果有减弱的趋势①。这个结论与现实相符。尽管现实中收入差距较大，但居民仍期望政府能采取支出手段促进收入公平分配。若政府真能如愿地缩小收入差距，那么随着政府支出的增加，收入差距给居民幸福感带来的负面影响会变小，只是这种变小速度会越来越慢。

表 4-8　收入差距对居民幸福感影响及公共支出调节作用的回归结果

被解释变量：居民幸福感	模型(2a)	模型(2b)	模型(2b′)	模型(2c)
基尼系数	-0.104**(0.050)	-17.651**(7.682)	-17.650**(7.685)	-13.415*(7.266)
人均公共支出	0.036***(0.007)	-1.524*(0.818)	0.416***(0.157)	-1.200(0.773)
人均公共支出^2		0.100*(0.053)	-0.025**(0.010)	0.079(0.050)
人均公共支出×基尼系数		4.544**(2.005)	4.544**(2.006)	3.536*(1.896)
人均公共支出^2×基尼系数		-0.293**(0.130)	-0.293**(0.130)	-0.232*(0.123)
人均 GDP				-0.009(0.008)
CPI				-0.012**(0.005)
城市化率				-0.000 5**(0.000 2)
B：个体特征变量 男性				-0.037***(0.008)
年龄				-0.015***(0.002)
年龄^2				0.000 2***(0.000 02)
受教育程度				0.007***(0.001)
健康状况一般(参照组) 健康状况不好				-0.040***(0.012)
健康状况好				0.084***(0.009)
城市就业(参照组) 城市失业				-0.036***(0.011)
上学或退休				0.006(0.015)
务农				-0.018(0.013)
城镇居民				-0.025**(0.011)

① 这种减弱趋势的具体测算过程如下：当 G 分别取 6、7、8（即人均公共支出为 403 元、1 096 元和 2 981 元）时，把估计出的 α、β_3 和 β_4 值一同代入式 4-5，可计算出收入差距对居民幸福感的边际效应分别为-0.94、-0.2 和-0.05。即当 G 从 6 增加到 7、从 7 增加到 8，收入差距对居民幸福感的边际负效应分别会减小 0.74 和 0.15。

续表

被解释变量: 居民幸福感	模型(2a)	模型(2b)	模型(2b′)	模型(2c)
在婚(参照组) 离异或丧偶				−0.087***(0.013)
未婚				−0.054***(0.014)
人均家庭收入				0.028***(0.006)
家庭经济状况 平均水平(参照组) 平均水平以下				−0.130***(0.008)
平均水平以上				0.040**(0.021)
Obs	5 645	5 645	5 645	5 645
Pseudo R^2	0.002 2	0.002 8	0.002 8	0.067 1
LR chi2	33.94	42.62	42.62	1 010.17

注:与表4-7相似,本表给出的是各解释变量对居民幸福感取最高值5时的边际效应。模型中所有与绝对值相关的变量都进行了对数化处理,它们是人均公共支出、人均GDP、人均家庭收入等。其他说明同表4-7。

上述分析表明,公共支出对居民幸福感有直接提升效果,也就是说通过缩小收入差距有阻碍居民幸福感下降的效果。为了测算公共支出对居民幸福感的总影响,需要对基尼系数对中处理后进行 Odered Probit 回归,表4-8模型(2b′)给出了相应结果,它表明当基尼系数为样本区(县)平均值0.427时,公共支出的自然对数每增长一个单位都会给居民幸福感带来 $\beta_1+2\beta_2G$ 的增长①。进一步,$\beta_1+2\beta_2G=0$,即 $G=8.32$(人均公共支出4 105元)时,居民幸福感达到最大。由于100个样本区(县)有88个低于该水平,这意味着对大部分区(县)来说增加公共支出有助于提高居民幸福感。

与模型(2b)相比,模型(2c)的收入差距、公共支出及其交互项的系数估计值都较小,显著性程度都较弱。说明其他宏观经济变量和微观个体特征变量也是影响幸福感的重要因素,模型(2b)高估了收入差距、公共支出及其交互项对居民幸福感的影响。Pseudo R^2 由模型(2b)的0.002 8上升至模型(2c)的0.067 1也说明了其他宏观经济社会变量和微观个体特征变量是不可忽略的。模型(2c)回归结果中绝大部分变量对幸福感的影响与前面的预期及已有研究结论基本一致。值得一提的是,人均GDP的系数估计值为负且不显著,说明中国经济增长对居民幸福感有一个微弱的负向影响,这与中国政府的政策预期不符。也许是

① 计算方法是:给模型(2b)中的基尼系数进行对中处理,当基尼系数取样本均值时对公共支出求导,得出 $\frac{\partial H}{\partial G}=\beta_1+2\beta_2G$,当基尼系数为0.427时,公共支出的自然对数从6~9每增加一个单位(即人均公共支出按顺序依次增加:403元、1 096元、2 981元和8 103元)时,公共支出对居民幸福感的边际总影响(直接边际影响和间接边际影响之和)为0.116、0.066、0.016和−0.034。

因为尽管 GDP 增长带来了收入水平提高等促进居民幸福感提升的因素，但同时也导致了环境污染、城市拥挤等不利于居民幸福感提升的因素。整体来看这种不利影响超过了有利影响，使得中国 GDP 多年来的高速增长有降低居民幸福感的效果，"幸福悖论"在中国确实存在，说明政府 GDP 发展导向的政策与"幸福中国"的建设目标相违背。

(3)三类民生支出的调节作用

上述研究已表明，公共支出不但对居民幸福感产生了直接的正向影响，而且还通过调节收入差距对居民幸福感产生间接的正向影响。由于不同公共支出的收入分配效应和幸福效应均不同，我们推断不同公共支出对收入差距的幸福效应的调节作用也会存在差异。直觉上，诸如行政管理支出、国防支出等距离居民幸福感似乎更远，而教育、医疗卫生和社会保障等支出与百姓的生活更接近，它们对改善低收入者的生活处境、提高其收入水平有着更为直接的意义①。下面对这三大民生支出给收入差距的幸福效应带来的调节作用进行测量与分析。同样，此处也对微观个体特征变量进行控制，用三类公共支出的对数、区(县)基尼系数和其他宏观经济变量作为解释变量，对居民幸福感进行 Ordered Probit 回归。限于篇幅，表 4-9 只给出宏观经济变量的结果。模型(2d)反映的是三类民生支出、收入差距对居民幸福感的影响结果；模型(2e)反映的是加入两者的交互项后对居民幸福感的影响结果②；模型(2f)反映的是继续加入其他宏观经济变量和微观个体特征变量后对居民幸福感的影响结果。

表 4-9 三类民生支出对收入差距幸福效应的调节作用的回归结果

被解释变量:居民幸福感	模型(2d)	模型(2e)	模型(2e′)	模型(2f)
A:宏观经济变量				
基尼系数	-0.092*(0.050)	-6.231***(2.020)	-6.231***(2.02)	-4.876**(1.924)
教育支出	0.052***(0.011)	0.261***(0.063)	0.062***(0.012)	0.243***(0.062)
医疗卫生支出	-0.004(0.008)	-0.149***(0.058)	-0.010(0.009)	-0.204***(0.057)
社会保障支出	-0.015**(0.007)	-1.244***(0.304)	-0.038(0.059)	-0.903***(0.292)
社会保障支出^2		0.114***(0.031)	0.003(0.006)	0.086***(0.029)
教育支出×基尼系数		-0.466***(0.142)	-0.466***(0.142)	-0.497***(0.136)
医疗卫生支出×基尼系数		0.327**(0.128)	0.327**(0.128)	0.422***(0.124)
社会保障支出×基尼系数		2.825***(0.738)	2.825***(0.738)	2.298***(0.707)
社会保障支出^2×基尼系数		-0.260***(0.074)	-0.260***(0.074)	-0.217***(0.071)
GDP				-0.012(0.008)

① 鲁元平(2010)的研究表明，教育、医疗卫生和社保等"亲贫性"支出对中国居民幸福感的影响显著。

② 在确定模型交互项形式时发现，当教育和医疗卫生支出与基尼系数之间取双线性交互、社保支出与基尼系数之间取二次交互时模型拟合效果最佳。说明教育和医疗卫生支出对收入差距的幸福效应的调节作用是呈线性变化趋势的，而社保支出对收入差距的幸福效应的调节作用(与公共支出一样)呈非线性变化趋势。

续表

被解释变量:居民幸福感	模型(2d)	模型(2e)	模型(2e′)	模型(2f)
CPI				-0.017***(0.005)
城市化率				-0.000 7***(0.000 2)
B:个体特征变量(已控制)				YES
Obs	5 645	5 645	5 645	5 645
Pseudo R^2	0.002 4	0.005 4	0.005 4	0.069 2
LR chi2	37.01	82.05	82.05	1 050.62

注:说明同表 4-8。

由表 4-9 模型(2d)的结果可知,三类民生支出中,教育支出有显著提升居民幸福感的效果,但医疗卫生和社保支出有降低居民幸福感的效果,且医疗卫生支出的影响不显著,这与理论预期和已有研究(Kotakorpi, Laamanen,2010;谢舜,等,2012)不符。这也许是因为:①医疗卫生支出和社会保障支出的增加并不必然带来相应服务的增加,政府行为缺乏效率和支出结构不合理会影响居民幸福水平的提升(Veehoven,2000; Zohal Hessami,2010)。②对健康与社保服务需求的收入弹性差异导致了不同收入群体的需求不一样(Kotakorpi, Laamanen,2010),政府按统一标准提供的这部分服务会降低需求没有得到满足的那部分居民的幸福感。③还有可能是模型忽略了一些重要的影响因素。加入三类支出与基尼系数的交互项以后,模型(2e)的解释能力大大增强,三类支出及与基尼系数交互项的系数均变得显著,尤其是加入其他宏观经济变量和微观个体特征因素后,模型的解释能力进一步增强,系数估计值仍然显著。可见,医疗卫生和社保支出的确通过调节收入差距对居民幸福感产生了重要影响,忽略这种间接影响会削弱医疗卫生和社保支出对居民幸福感影响的重要性。

由表 4-9 模型(2e)的结果中交互变量的系数估计值显著可知,教育、医疗卫生、社会保障等支出对中国收入差距的幸福效应产生了显著的调节作用。下面来分析每一类支出调节作用的大小。在教育和医疗卫生支出与基尼系数的双线性交互项关系中,收入差距对居民幸福感的边际影响变为:

$$\frac{\partial \text{ Happiness}}{\partial \text{ Gini}} = \alpha + \beta_{1i} G_i \quad \text{(式 4-6)}$$

其中,α 为模型基尼系数变量的估计值,β_{1i} 为第 i 类支出与基尼系数交互项的估计值(i=1 时为教育支出,i=2 时为医疗卫生支出)。式 4-6 表明基尼系数的幸福效应受公共支出大小的影响。从表 4-9 可知,教育支出的自然对数每增长一个单位,收入差距对居民幸福感产生的边际负向影响就会增大 0.466①,说明教育支出有强化收入差距幸福负效应的趋

① 从表 4-9 可知,当 G_1 由 6 增加到 7,即人均教育支出由 403.43 元增加到 1 096.63 元时,基尼系数每增长 1%,收入差距对居民幸福感的影响就会由-8.561%扩大到-9.027%。

势,这似乎与传统预期相反。原因可能是:首先,尽管教育支出是政府促进起点公平的重要手段,但教育水平提高并不必然促进收入的公平分配,因为其他初始禀赋占有的差异、制度的不完善等仍然是造成结果不公平的重要原因。而且当教育资源过多地集中在城市、重点学校、精英教育等方面,教育支出增加会加剧收入分配不公。其次,教育水平提高后,人们不再只是拿自己与周围的邻居和同事进行收入比较,通过网络等工具他们能获取更多的收入差距信息,对较大收入差距现实有了更强的感知能力,使他们以更大的现实收入差距去衡量对其幸福感的影响。最后,教育的启蒙性质会影响人们对待收入差距的态度:教育向人们传递了一种同情贫困和弱势群体的价值观;教育程度越高,人们认可的收入不平等程度越低(李骏,吴晓刚,2012)。正是因为教育影响了人们对收入差距的幸福负效应的评判,降低了人们对收入差距的容忍度,所以加剧了人们幸福感的下降趋势。然而,教育对居民幸福感产生的直接影响是积极的,不管是教育程度提高(见表4-8),还是教育支出增加(见表4-9),都显著地提高了居民幸福感[①]。相对于社会保障来说,教育具有事先"授人以渔"而非事后"授人以鱼"的特点。通过接受教育获得更多的人力资本,是生活在社会底层的人们改变命运、提升社会经济地位的最重要途径。那么,从总体上来看,教育支出是提高还是降低了居民幸福感呢? 类似于模型(2b′)的处理方法,模型(2e′)给出了教育支出给居民幸福感的最终影响。当基尼系数为平均值0.427时,教育支出的自然对数每增加一个单位,居民幸福感上升0.062,说明教育支出总体上提高了中国居民幸福感。

模型(2e)的结果表明,医疗卫生支出对居民幸福感有微弱的直接降低效果(原因前面已陈述),但也有减轻收入差距对居民幸福感的负面影响的间接效果。医疗卫生支出的自然对数每增长一个单位,收入差距对居民幸福感产生的边际负向影响就会减少0.327[②]。这个结论与传统预期一致。一直以来对低收入者来说,"因病致贫""因病返贫"的现象屡见不鲜,自中国新型农村合作医疗和城镇居民基本医疗保险等制度建立并逐步完善以来,越来越多的城乡居民生病了有地方报销、可以报销更多的医药费,这降低了居民的生活成本;公共卫生和疾病防疫等支出的增加也提高了居民健康水平,从而使收入差距对居民幸福感的负面影响不至于那么大。对基尼系数对中处理后,模型(2e′)结果表明,医疗卫生支出对居民幸福感的直接负向影响和间接正向影响相抵后,产生了一个微弱的负向影响。当基尼系数为均值0.427时,医疗卫生支出的自然对数增长一个单位[如由4增加到5,人均医疗卫生支出从55元增加到148元,70%的样本区(县)在此区间],居民幸福感会下降0.01。在中国人均医疗卫生支出居世界较低水平的现实条件下,这个结论意味着现阶段中国医疗卫生支出领域首先要解决的问题并非增加医疗卫生支出,而是优化医疗卫生支出结构和提高医疗卫生资金使用效率。由于过去中国医疗卫生支出向大中型城市集中,广大农村人口获得的卫生费用非常有限;医疗资源配置向大医院集中,大医院常规服务人满为患,社区医院冷冷清清(孙明杰,2013)等。医疗卫生服务提供不当使得医疗卫生支出非但没有提升反而有降

---

① 因为不管是表4-8中教育程度变量还是表4-9中教育支出变量,其系数估计值均为正且在1%水平下显著。

② 如当G_2由4增加到5,即人均医疗卫生支出由54.6元增加到148.41元时,基尼系数每增长1%,收入差距对居民幸福感的影响就会由-4.923%减少到-4.596%。

低居民幸福感的趋势。未来政府要在优化医疗卫生支出结构和提高医疗卫生资金使用效率的基础上增加医疗卫生支出,这样才能促进居民幸福感的提升。未来政府要优化医疗卫生支出结构,将更多的资源用于公共卫生和医疗救助、农村居民和低收入群体,提高医疗卫生资源的使用效率,增加有效医疗卫生服务的提供。在此基础上再适当增加医疗卫生支出。

与医疗卫生支出的效果一样,社保支出也直接降低了居民幸福感,但通过调节收入差距间接提升了居民幸福感,只是社保支出对收入差距幸福负效应的调节作用呈非线性变化趋势。对这种调节作用变化的测算结果表明①,随着社保支出增加,收入差距的幸福效应由负变正,达到一个最高的正效应点后又开始下降,不过这种效应变化速度是越来越小的。这说明,社会保障调节收入差距方面的作用达到一定程度可完全弥补收入差距给人们幸福感带来的损失。并且随着社会保障标准的提高,人们开始认同甚至期待收入差距,他们把收入差距加大视为获利机会即将来临的信号(即"隧道效应")。尽管更多的收益机会也意味着更大的风险,但政府提供的社会保障会为其风险埋单,此时收入差距的幸福效应由负转正②。只是社保支出的调节作用遵循边际递减规律,社会保障标准提高会直接导致税负加重,政府不能无限度地提高社保支出来取悦民众。在超出某个最佳水平后(此时收入差距的幸福正效应又下降到0),社保支出再增加会带来其他问题,如产生西方国家的"福利病"(Veehoven,2000)。由此推断,当这些问题带来的福利损失超过社保支出影响下的收入差距的幸福正效应时,社保支出继续增加对社会有害无益。这意味着,尽管社会保障制度对现代社会如此重要,但一国政府不能仅仅依赖社会保障支出手段来解决贫富悬殊问题,需要多管齐下实现对收入差距的有效调节。

社保支出对居民幸福感的最终影响取决于其直接负向影响和间接正向影响的对比关系。基尼系数对中处理后的模型(2e′)结果表明,两者相抵后产生了一个微弱的负向影响。当基尼系数为平均值0.427时,社保支出的自然对数每增长一个单位(由5增长到6,人均社保支出由140元增长到403元),居民幸福感会降低0.008③,但下降的幅度会越来越小。当人均社保支出达到563元④[100个样本区(县)中只有5个高于此水平]时,社保支出对居民幸福感的边际总效用就会由负转正,此时社保支出能完全弥补收入差距为0.427时给居民幸福感带来的负效应。王增文(2010)的研究也表明,假设政府支出满足自然效率条件,中国社保支出占财政支出的比重最佳水平为34.82%。而100个样本区(县)该比例平均而言仅为11.8%,只有一个区(县)接近这个值,显然中国政府对社会保障的投入远远不够。这与

---

① 根据式4-5,社会保障支出的自然对数每增长一个单位,如G取3、4、5和6(即人均社保支出为20.09元、54.6、148.41元和403.43元)时,收入差距对居民幸福感的影响依次为-0.096、0.909、1.394和1.359,收入差距的幸福效应的变化依次为1.005、0.485、-0.035。

② 这与王鹏(2011)的收入差距与居民幸福感之间呈倒U形关系的研究结论有点类似,只是本课题得到的结论是在社会保障支出的调节作用下才大致呈现如此变化的关系。

③ 经测算,收入差距在样本区(县)平均水平时,当社保支出的自然对数由4逐步增加到7,即人均社保支出从55元增加到1 096元,90%的样本区(县)在此区间,居民幸福感会分别变化-0.014、-0.008、-0.002、0.004。

④ 与公共支出类似,当,$\beta_3 + 2\beta_4 G_3 = 0, G_3 = 6.3$,即人均社保支出563元时,居民幸福感达到最大。

前面的结论“人均社保支出低于563元时社保支出增加导致幸福感下降”相互矛盾。本课题的解释是：尽管目前中国的社保支出水平还很不够，但社保资金的使用效率问题更为严重。中国社保支出在地区和城乡间存在明显差异（徐倩，等，2012），在保障覆盖面和解决困难群体生活问题方面效果不明显（王晓军，等，2009），人口流动性增强使得按户籍供给的社会保障服务效率低下（仇晓洁，等，2012）等，都使得政府必须先着眼于优化社保支出结构，提高社保资金使用效率，在此基础上再适当增加社保支出，才能保证社保支出有提升居民幸福感的效果。

模型（2f）系数估计值的符号和显著性与模型（2e）没有太大变化，只有基尼系数的估计值由1%水平下显著变为5%水平下显著。三项支出对收入差距幸福效应的调节作用仍然存在并且显著，说明加入其他宏观经济变量和微观个体特征变量不会使这种调节作用发生根本性改变。

2）不同收入群体幸福感对公共支出调节作用的响应

不同收入群体有侧重点不同的公共需求，认可的收入不平等程度也不一样，他们对公共支出的调节作用也必定会有不同的反应。为了更清楚地了解中国政府公共支出通过调节收入差距分别对低、中、高收入群体幸福感产生了怎样的影响，本部分在控制个体特征和其他宏观经济变量的基础上，对公共支出和三类民生支出、收入差距以及两者的交互项对不同收入群体居民幸福感进行回归分析。不同收入组的划分方法是：将人均家庭收入由低到高排序，取位于9/10处的收入值23 002元作为分界点，把人均家庭收入在23 002元及以上的样本界定为高收入组，把人均家庭收入低于各区（县）2007年城乡最低生活保障水平2倍的样本界定为低收入组，其余为中等收入组。

（1）对公共支出总量调节作用的响应

表4-10中模型（3a）、（3b）和（3c）的结果分别反映低、中、高收入群体幸福感对公共支出总量调节作用的响应。

表4-10　低、中、高收入群体幸福感对公共支出总量调节作用的响应

被解释变量：居民幸福感	模型（3a）	模型（3b）	模型（3c）
A：宏观经济变量			
基尼系数	5.024（12.383）	−26.990***（9.638）	8.215（30.824）
总公共支出	0.551（1.368）	−2.778***（1.040）	1.593（3.194）
总公共支出^2	−0.029（0.090）	0.181***（0.068）	−0.102（0.201）
总公共支出×基尼系数	−1.094（3.274）	7.045***（2.523）	−2.154（7.851）
总公共支出^2×基尼系数	0.056（0.216）	−0.457***（0.164）	0.140（0.497）
人均GDP	−0.008（0.014）	−0.013（0.009）	0.016（0.033）
CPI	−0.022**（0.010）	−0.011*（0.006）	0.012（0.024）
城市化率	−0.000 08（0.000 3）	−0.000 6***（0.000 2）	−0.001（0.000 9）

续表

被解释变量:居民幸福感	模型(3a)	模型(3b)	模型(3c)
B:个体特征变量(已控制)	YES	YES	YES
Obs	1 096	3 985	564
Pseudo R^2	0.058 3	0.058 8	0.039 8
LR chi2	188.34	608.55	53.22

注:模型3的低、中和高收入组样本之和为5 645,是剔除了人均家庭收入缺失值和37万元及以上之后的样本数。其余说明同表4-9。

从表4-10模型3的结果可知,政府公共支出通过调节收入差距仅仅对中国中等收入居民的幸福感产生了显著影响,对高收入和低收入居民的幸福感影响均不显著。这可能是因为:从高收入居民来看,政府提供的公共服务对其福利增加的影响微不足道,而以流转税为主的税制结构并没有有效地降低富裕阶层的收入,那些为缩小收入差距而增加的公共支出主要是由广大民众支付的税收转化而成,从而使得不管是基尼系数还是公共支出,又或两者的交互项,前面的系数估计值均不显著。对低收入居民来说,一般认为收入差距对其幸福感会有显著的负面影响,公共支出会通过调节收入差距对其幸福感产生重要影响,但模型结果却并非如此,基尼系数变量的估计值为负但不显著,公共支出的调节作用也不明显①。收入差距没有显著降低低收入者的幸福感,这点令人费解。一个可能的解释是:周围熟悉的人是居民最常用于与自身收入比较的对象(Luttmer,2005),正所谓"物以类聚,人以群分",低收入者周围的邻居或同事往往与其自身收入相差不大,他们感知到的收入差距往往要比真实收入差距小,从而收入差距扩大对其幸福感的降低作用也就不太明显。关于公共支出对低收入者幸福感的调节作用不明显,可能是因为中国政府公共支出总额中与调整收入差距密切关联的民生支出比重偏低。由于支持经济建设一直是地方各级政府的重要任务,地方政府在教育、医疗卫生和社会保障等方面投入严重不足,虽然近些年来已经开始向民生倾斜,但仍远远不够②。教育和医疗卫生服务不足降低了低收入者获取收入的能力,社会保障服务不足削弱了低收入者应对风险的能力。在低收入者增加收入无望、遇见风险无法有效规避的现实条件下,公共支出也就不可能对低收入者收入差距的幸福负效应进行有效调节。

与公共支出对居民整体幸福效应的调节作用类似,模型(3b)的结果表明,尽管最初收入差距扩大会降低中等收入居民幸福感,但政府公共支出有通过缩小收入差距阻碍幸福感下

① 因为人均公共支出对数进行对中处理后的模型回归结果表明,$\alpha = -0.003$ 且不显著,公共支出与基尼系数的交互项也不显著。

② 2007年全国100个样本区(县)中有17个区(县)三项民生支出占财政支出的比重低于30%,有36个区(县)三项民生支出之和的人均水平在500元以下。

降的效果。只是随着公共支出的增加,这种效果呈非线性递减趋势[①]。当公共支出达到一定水平时,收入差距对中等收入居民的幸福感影响会由负转正。如,当人均公共支出为样本区(县)平均值2 035.95元时,基尼系数每上升1%,居民幸福感就会增加0.141%。这说明了在这样的公共支出水平下,收入差距对中等收入居民幸福感的“隧道效应”存在。

(2)对三类民生支出调节作用的响应

表4-11中模型(3d)、(3e)和(3f)的结果分别反映低、中、高收入群体幸福感对三类民生支出调节作用的响应。

表4-11　低、中、高收入群体幸福感对三类民生支出调节作用的响应

被解释变量:居民幸福感	模型(3d)	模型(3e)	模型(3f)
A:宏观经济变量			
基尼系数	-4.945(3.728)	-5.096**(2.394)	7.630(8.642)
教育支出	0.294**(0.137)	0.268***(0.074)	0.111(0.290)
医疗卫生支出	-0.165(0.112)	-0.216***(0.070)	-0.184(0.268)
社会保障支出	-1.115*(0.616)	-0.947***(0.359)	1.085(1.226)
社会保障支出^2	0.111*(0.063)	0.087**(0.036)	-0.095(0.118)
教育支出×基尼系数	-0.550*(0.289)	-0.576***(0.164)	-0.238(0.611)
医疗卫生支出×基尼系数	0.305(0.231)	0.474***(0.153)	0.342(0.592)
社保支出×基尼系数	2.789**(1.394)	2.391***(0.881)	-2.852(3.033)
社会保障支出^2×基尼系数	-0.279**(0.142)	-0.216**(0.089)	0.255(0.291)
GDP	-0.010(0.014)	-0.014(0.009)	0.014(0.035)
CPI	-0.021**(0.009)	-0.017***(0.006)	0.003(0.026)
城市化率	-0.000 3(0.000 4)	-0.000 8***(0.000 2)	-0.002*(0.000 9)
B:个体特征变量(已控制)	YES	YES	YES
Obs	1 096	3 985	564
Pseudo R^2	0.061 9	0.061 7	0.040 3
LR chi2	199.79	638.50	53.86

注:说明同表4-10。

由模型(3d)、(3e)和(3f)的结果可知,从三类民生支出对收入差距幸福效应的调节来看,作用最显著的是中等收入群体,基本上不起调节作用的是高收入群体,部分起调节作用的是低收入群体。这可能是由于教育、医疗卫生和社会保障支出都是“亲贫式支出”(鲁元平,张克中,2010),高收入者不依赖政府的这些支出解决问题,而中低收入者对政府此类基

① 当G分别取6、7和8(即人均公共支出依次递增取403元、1 096元和2 980.96元)时,收入差距对中等收入居民幸福感的边际效应分别为-1.172、-0.068 2和0.122,收入差距对居民幸福感影响的变化依次为0.94、0.2和0.19。

本公共服务的依赖程度很高。这点与前文中各收入阶层居民幸福感对公共支出总体调节作用的响应类似。只是在此需要特别解释的是:为何“亲贫式支出”对低收入者幸福感的调节作用不如对中等收入者显著?甚至医疗卫生支出的调节作用根本就不显著?这可能是因为:在2007年、2008年中国城市和农村医疗保险制度还很不完善,许多地方医疗保险制度覆盖范围窄,医疗保障水平低,低收入人群获得各种医疗服务可能性相对较低①。这使得中国医疗卫生支出对低收入群体的收入差距幸福效应的调节作用不明显。相对而言,教育支出尤其是义务教育支出有中央的转移支付保证,全国各地的低收入者均可享受诸如“两免一补”等优惠政策。汪崇金等(2012)的研究也表明,低收入者在中小学教育支出上受益更明显。社会保障支出中的城乡低保、社会救济、失业保险和就业培训补助等专门面向低收入群体,因此,教育和社保支出对低收入群体的收入差距幸福效应的调节作用比医疗卫生支出要显著。然而,教育支出中用于高等教育、职业教育、留学教育、教师进修及干部继续教育等方面的资金,社会保障支出中用于社会保险基金、离退休等方面的支出,其受益对象主要是中等收入群体,从而使得三类民生支出对中等收入群体收入差距幸福效应的调节作用都比低收入群体显著。

4.2.3 结论

本文利用CGSS 2008的数据在控制其他宏观经济变量和微观个体特征变量的基础上,对收入差距、公共支出及两者的交互项对中国居民幸福感的影响进行了实证研究,并从公共支出分类和居民收入分层的角度作了进一步考察。采用Ordered Probit回归分析的结果表明:①收入差距降低了居民幸福感。地区间、城乡间收入差距以及感知的行业间收入差距都显著降低了中国居民幸福感,但认可的行业间收入差距对居民幸福感的负向影响不显著。②公共支出总量、教育支出直接提高了居民幸福感。由于支出结构和配置效率等原因,医疗卫生支出和社保支出直接降低了居民幸福感,其中,医疗卫生支出的负向影响不明显。③公共支出总量、医疗卫生支出和社保支出通过调节收入差距间接提高了中国居民幸福感,但教育支出通过影响个体对收入差距的感知和态度间接降低了中国居民幸福感。④当基尼系数为样本区(县)均值0.427时,增加公共支出和教育支出可显著提高中国居民幸福感②,但增加医疗卫生支出和社保支出会降低居民幸福感,只是这种影响不显著。⑤公共支出总量和三类民生支出对中等收入群体都有显著的调节作用,对高收入群体没有显著的调节作用。公共支出和医疗卫生支出对低收入群体的调节作用不显著,教育支出和社保支出对低收入群体有一定调节作用,但不如中等收入群体显著。

---

① 因为低收入群体中只有24%的人享受到各种医疗保险,而中等收入群体中有58.9%的人能享受到各项医疗保险(赵建国,等,2008)。

② 增加人均公共支出直到4 105元之前,公共支出的增长最终都会带来居民幸福感的上升。

4.3　中国区县一级政府税收对居民幸福感影响的实证分析

征税相当于从人们的可支配收入中拿走一部分资源由政府来使用,必定会给人们带来不愉快的感受。从直觉上来看,征税必定会使人们的幸福感下降,或者说征税会给人们带来“税痛”的感受。然而,政府征税的目的是满足人们的公共需要而向社会提供的公共产品和服务,公共产品和服务提供给人们“免费”享用又会增加人们的福利,从而提升居民幸福感。因此,分析中国税收对居民幸福感的影响,相当于研究中国的税负痛苦程度有多高。考虑到公共产品和服务对居民幸福感的正向影响,税收的净幸福效应分析要在公共产品和服务的影响基础上进行。税收的幸福效应分析可以分为税收规模和税收结构给居民幸福感带来的幸福效应,各类税收中选择与居民幸福感有直接联系且数额较大的税收,如增值税、营业税、个人所得税和消费税来进行幸福效应分析。另外,中国政府又是多级模式的,在现有的五级政府(部分地方是四级政府)中,区县一级政府的收支行为与地方居民的关系更紧密,且具有完整的政府职能,因此,这里集中研究区县一级政府税收的幸福效应。

众所周知,改革开放以来中国经济高速增长,但税收也长期保持超经济增长态势。1995年到2014年20年间中国GDP总额和人均GDP虽然分别增长了9倍多和8倍多,税收总额和人均税额分别增长了16倍多和14倍多。据联合国发布的世界幸福指数报告,此期间居民的主观幸福感经历了20世纪90年代逐步下降,直到2005年才开始逐渐回升,但整体幸福感仍未回复到90年代初的水平。中国的宏观税负一直增加的事实与居民的主观幸福感呈下降的趋势(Easterlin, 2012)之间到底有没有必然联系[①]? 如果有,征税在多大程度上降低了居民幸福感? 并且,当税收规模一定时,税制结构的合理性也会影响人们的幸福感。既然当代社会征税、纳税不可避免,政策设计时有必要研究既定税收规模水平下纳税人幸福负效应最小的问题,实际上,建设幸福社会,实现经济社会发展由“生产导向”到“幸福导向”的转变,已经成为包括中国在内的许多国家的奋斗目标(丘海雄,李敢, 2011)。因此,本节从实证的角度研究宏观税负对居民幸福感的真实影响,可为中国总体税负和各税种税负的幸福效应评价提供科学依据,进而为居民幸福最大化目标下中国税收结构优化提供政策建议。

根据文献综述部分的资料可知,现有研究从理论与实证角度探讨了总体税负对居民幸福感的影响,探讨了在考虑支出幸福效应的情形下总体税负对居民幸福感的影响,为本书各税种税负的幸福效应研究提供了基础。但是,现有研究没有分析哪类税种税负的幸福负效

① 美国《福布斯》杂志2011年发布榜单显示,中国的税负痛苦指数位居世界第二,中国政府官员和专家学者们对此颇有争议。

应更大、对哪个收入群体幸福的影响更大，没有分析公共支出在抵消哪类税种税负幸福负效应的作用更明显、对哪个收入群体的调节作用更明显，没有从居民幸福感最大化角度提出中国财税政策如何调整优化。本节试图在这些方面有所突破。

4.3.1 研究假设

1)宏观税负与居民整体的幸福感

(1)整体税负与居民幸福感

在控制政府公共支出对居民整体福利提升的作用后，税负对居民幸福感的净影响主要是通过收入来体现的。当个体基本生活需要得到满足以前，政府征税会减少其幸福感。据研究，对美国居民来说，这个收入临界点是人均 GDP 达到 1.5 万美元(Frey & Stutzer, 2002)，或个人年收入 7.5 万美元(孙杨, 2010)。此时，个体收入的增加有助于个体接受更好的教育、享受更好的保健服务、更有条件保持良好的健康状况(Oreopoulos, 2007)、居住环境好和社会保障制度健全(Helliwell, 2003)，从而会产生更高的幸福感；当然这里需要收入增长的同时并不付出较大的其他代价(如更高的住房和交通成本等)。

但当收入超过这个临界水平，个体可支配收入增加不再能提升居民幸福感，即出现了“幸福悖论”，此时政府征税不会降低居民幸福感[①]。因此，只要税后可支配收入在临界点以前，政府征税就会降低居民幸福感；而税后可支配收入在临界点以后，政府征税就不会对居民幸福感产生明显的负面影响。鉴于 2010 年中国城镇居民家庭人均可支配收入为 19 109.5 元，农村居民家庭人均纯收入为 5 919.0 元，仍然处于相当低的水平，可推测中国税后可支配收入低于“幸福悖论”的临界点，税负增加会降低居民幸福感。由此，提出本节的第一条假设：

H1：从整体上看，中国宏观税负会显著地降低居民幸福感。

(2)各主要税种税负与整体的居民幸福感

如果一国仍然处于经济发展水平不太高的阶段，居民的个人财富还不是很多，财产税不应成为税收收入的主要来源，而应使商品税和所得税成为主体税种。一般来说，商品税与商品市场价格相关，有助于提升资源配置效率；而所得税对市场初次分配出现的收入差距有重要的调控作用，有助于促进收入公平分配。由于经济效率和分配公平是有利于居民幸福感提升的，因此，各税种税负除了会通过降低个体收入对居民幸福感带来或显著或不显著的负向影响外，还会通过它们之间的结构对居民幸福感产生影响。

当税收总额一定，商品税和所得税结构是否合理由资源配置效率和收入公平分配目标是否同时得到实现决定；如果商品税规模过小，效率目标难以实现；反之，所得税规模过小，公平目标难以实现。进一步，在商品税总额一定时，分别征收多大比例的增值税、营业税和消费税，或者在所得税总额一定时，分别征收多大比例的个人所得税和企业所得税，对居民

---

① 当个体幸福感不再随收入增长而增加时，其他非收入因素就会对居民幸福感产生主要影响。

幸福感的影响也不一样。与营业税相比增值税具有避免重复征税的优点,更具效率,因而增值税比营业税更有利于居民幸福感提升;对烟酒征收的消费税有利于居民健康,从而为居民幸福奠定基础;而累进的个人所得税有促进收入公平分配的效果,从而有利于居民幸福水平提升。

以上分析是基于社会角度的公平和资源配置效率而言的;然而,幸福感是人们的切身感受,个体报告幸福感时会较少考虑各税种带来的社会影响,而主要关注政府征税给自身带来的感受。由于增值税和营业税是间接税,虽最终由居民负担,但不直接向居民个人征收;而个人所得税是直接税,在所得形成时向个体征收,把即将放入口袋的钱拿走一部分对个体来说是很难受的事;另外,从外部性角度来看,对特定物品增加征收一道消费税有利于环境保护、他人健康,但限制个体对特定物品的消费必定会给其当下带来“不舒服”的感受。由此,提出本节的第二条假设:

H2:各税种的幸福负效应大小依次为:个人所得税、消费税、营业税和增值税。

2)宏观税负与各收入群体的居民幸福感

(1)整体税负与低、中、高收入群体的居民幸福感

控制公共支出的影响后,一国整体税负更多地由哪个收入群体居民负担,就会更多地降低其幸福感。一般而言,一国征收所得税时都会对基本生活成本进行税前扣除,征收商品税时对生活必需品有低税或减免税优惠,低收入群体的税收负担并不重;相对于中等收入群体,高收入群体收入来源形式更多样,有更多的税收筹划空间,并且也更有意识和能力聘请专业人员进行税收筹划,从而高收入群体的税收负担也没有中等收入群体重。由此,提出本节的第三条假设:

H3:从收入分层来看,整体税负对中等收入群体的幸福感降低程度较大,对低、高收入群体的影响较小。

(2)各主要税种税负与低、中、高收入群体居民的幸福感

相对于直接税,各收入群体居民对各间接税种的幸福负效应感受并不明显,下面在此前提下分析各主要税种税收对各收入群体幸福感的影响。增值税和营业税作为两个覆盖所有商品和劳务的税种,以流转额为基础计税,流转税会最终转嫁给消费者,由广大居民负担。收入越低,居民购买商品和服务所承担税收负担占其收入比重就越高,税收负担对其幸福感的负面影响就越大。消费税是对特定物品加征的一道税,对有利于环境保护、身体健康的消费品征税,虽然对所有居民都有益,但对高档消费品或奢侈品的征税则主要由高收入群体来负担;可见,消费税对高收入群体的幸福感的负面影响最大。个人所得税分类征收的模式为高收入群体提供了税收筹划空间,而累进的所得税形式则使收入越高者税收负担越重,因此,个人所得税对中等收入群体的负面影响稍大,对低、高收入群体的负面影响更小。由此,提出本节的第四条假设:

H4:增值税和营业税的幸福负效应随居民收入的增加而变小;中等收入居民个人所得税的幸福负效应稍大,高收入居民消费税的幸福负效应更大。

3)公共支出的调节作用

(1)公共支出对整体税负幸福效应的调节作用

虽然征税有可能降低居民幸福感,但政府税收为公共支出提供财力支持,而公共支出的目的是为居民提供公共产品和服务,符合居民需要的公共产品和服务会增强个人效用、增加社会福利,从而对整体税负的幸福负效应产生一定的调节作用。公共支出的这种调节作用的大小由公共支出的有效性决定,如果公共支出规模适度、结构合理,提供的公共产品和服务符合居民的需求,则公共支出完全可以抵消税收规模的幸福负效应。然而现实中公共支出难以保证全部都是有效的,由此,提出本节的第五条假设:

H5:公共支出会对整体税收的幸福负效应产生一定的调节作用,但调节作用大小由公共支出的有效程度决定。

(2)公共支出对主要税种税负幸福效应的调节作用

除支出的有效性外,公共支出对各主要税种税负幸福效应的调节作用还取决于该税是中央收入还是地方收入。如果公共支出由地方来安排,但筹集的税收收入却是归中央所有(如消费税),或者归中央与地方共同分享(如增值税分享比例为3∶1,个人所得税分享比例为6∶4),则来自公共产品和服务的调节作用就要小些;因为资金从本地居民处拿走,却用作为别的地方居民提供公共产品和服务,也就是说,中央分享的比例越大,公共产品和服务所抵消的税负幸福效应就越小;由于四税种中,中央分享的比例大小依次为:消费税、增值税、个人所得税和营业税。由此,提出本节的第六条假设:

H6:地方公共支出对营业税的税收幸福效应调节作用最大,对个人所得税和增值税幸福效应的调节作用次之,对消费税幸福效应的调节作用最小。

(3)公共支出对各收入群体税负幸福效应的调节作用

地方公共支出中,教育、医疗卫生、社会保障和环保支出等社会性支出和农业支出更有利于提高低收入居民群体的福利,对低收入居民的税负幸福效应调节作用较大。对于中等收入居民来说,不但得承担主要的税收负担,而且只能从政府提供的公共服务享受到普惠式待遇;而高收入居民有足够的经济条件为自己和家庭成员购买到优质的保险、教育和医疗卫生等服务,对政府提供的公共服务依赖性较小;因此,地方公共支出对中、高收入群体税负幸福效应调节作用较小。由此,提出本节的第七条假设:

H7:地方公共支出对低收入群体的税负幸福效应调节作用较大,对中、高收入群体的税负幸福效应调节作用较小。

(4)公共支出对各收入群体各税种税负幸福效应的调节作用

由于地方公共支出对各税种税负幸福效应的调节作用大小依次为:营业税、个人所得税、增值税和消费税;并且营业税和增值税对收入越低者幸福感的负面影响越大,个人所得税对中等收入群体幸福感的负面影响更大,消费税对高收入群体幸福感负面影响更大。公共支出会对各收入群体的各税种税负幸福效应产生怎样的调节作用呢?

一定的支出可抵消各收入群体居民幸福感因征税带来的下降,但收入越低者的增值税相对税负越重,从而带来的幸福负效应也就越大。当政府支出主要是提供公共产品和服务时,主要受益对象是低收入者,从而对低收入者的增值税幸福效应的调节作用最大;当政府主要是搞经济效率时,主要受益对象是高收入者,从而对高入者的增值税幸福效应的调节作用最大。鉴于我国一直以来政府经济建设方面的投入力度非常大,人均福利支出较小,可推断公共支出对增值税幸福效应的调节作用随收入增加而变大。

由于营业税是地方税,地方政府有地区生产总值增长冲动,政府支出会更多地用于发展地方经济而不是进行民生改善,中高收入群体会更受益;因此,与增值税一样,随着收入增加,公共支出对营业税的幸福效应调节作用更大。

个人所得税主要由中等收入群体负担,地方公共支出提供的产品和服务更多地惠及低、中等收入群体,因此,地方公共支出对低、高收入者的个人所得幸福效应的调节作用更大(且对两者调节作用的方向是相反的),对中等收入者的个人所得幸福效应的调节作用较小。

收入越高者缴纳的消费税也越多,消费税的幸福负效应越大;收入更高者更关注自己能否获得洁净的空气和水、安全的食品,拥有健康的身体,地方政府用于环境保护、污染治理和提升居民健康水平的支出,会更多地抵消收入更高的居民的幸福负效应,因此,公共支出对消费税幸福负效应的调节作用是随着居民收入增加而变大的。

由此,提出本节的第八条假设:

H8:地方公共支出对增值税、营业税、消费税幸福效应的调节作用是随着居民组收入的提高而增加的;对低收入群体个人所得税幸福负效应有较大的正向调节作用,对中、高收入群体个人所得税有强化其幸福负效应的作用。

4.3.2　研究设计

1)模型与变量

测量宏观税负对居民幸福感的影响,以及公共支出对宏观税负幸福效应的调节作用,需要控制影响居民幸福感的其他因素。一般来说,存在两类幸福感影响因素:一是宏观层面的经济社会因素,如宏观税负、政府支出、通货膨胀、失业率和城市化率等;二是微观层面的个体因素,如居民的收入、性别、年龄、民族、教育程度、婚姻状况、健康状况、就业状况、工作时间和家庭社会经济地位等(汤凤林,甘行琼,2013)。在 Alesina(2004)的研究基础上,本文构建了一个由宏观税负、政府支出、其他宏观经济社会因素和微观个体特征因素构成的幸福感模型。见式(4-7):

$$H_{ij} = \alpha T_j + \beta G_j + \gamma Macro_j + \theta Micro_{ij} + \varepsilon_{ij} \tag{4-7}$$

被解释变量 H_{ij} 表示 j 县第 i 个居民的主观幸福感。该幸福感数据分别用 1、2、3、4、5 来表示居民感觉很不幸福、比较不幸福、居于幸福与不幸福之间、比较幸福和完全幸福。由于幸福感数据离散且有序,进一步假定回归残差服从正态分布,则本文构建的模型(1)是一个序数概率模型(Ordered Probit Model)。

解释变量 T_j 表示 j 县的宏观税负(即人均税额),G_j 表示 j 县的人均政府支出,$Macro_j$ 表示 j 县居民所处的宏观经济环境,主要以该县的人均地区生产总值来描述。$Micro_{ij}$ 表示 j 县的第 i 个居民的个体情况,包括性别、年龄、教育程度、就业状态、健康状况、户口、婚姻状况、个体收入和家庭社会经济地位①。ε_{ij} 表示回归模型的残差。

2)数据来源

模型(1)中的被解释变量(幸福感)和解释变量(所有个体特征变量)均来自中国综合社会调查项目 2010 年的数据。该调查采用多阶分层概率抽样方法,对中国的 31 个省(市)、134 个区(县)、480 个村或居委会、11 783 户家庭的 11 783 个居民,就个人和家庭情况、政治参与、社会态度和阶级认同等方面进行了综合调查,个体特征方面的调查数据可满足本文研究需要。除去其中四省六区(县)缺失 2010 年财税数据的 569 个样本②,最终用于分析的样本为 11 214 个。

解释变量中个体面临的宏观经济社会环境变量包括该区(县)的人均税收、政府支出和地区生产总值等③。原始数据来自《中国税务年鉴(2011)》《中国财政年鉴(2011)》和 2010 年各省(市)财政年鉴、区(县)国民经济和社会发展情况报告和区(县)2010 年预算执行情况报告。部分区(县)的财税数据通过政府信息公开申请获得。

3)变量的描述性统计

所有变量信息的整体情况见表 4-12 的描述性统计。

表 4-12 变量的描述性统计

变 量	变量描述	均 值	标准差	最小值	最大值
幸福感	1 表示很不幸福,2 表示比较不幸福,3 表示处于幸福与不幸福之间,4 表示比较幸福,5 表示完全幸福	3.77	0.88	1	5

---

① 考虑到本节集中研究政府财税活动对居民幸福感的影响,其他的宏观层面因素如通货膨胀、失业率和城市化率的影响,与财税活动对居民幸福感的影响关系不大,并且基本上能从人均地区生产总值指标得到一定程度的反映;微观层面的因素如个体的民族和工作时间等,也与本节关注的核心问题关联度不太大。因此本节只选择了人均财税数据、人均地区生产总值和性别、年龄、教育程度、就业状态、健康状况、户口、婚姻状况、个体收入和家庭社会经济地位作为解释变量。

② 本研究尽可能地通过各省市财政年鉴、区(县)预算执行情况报告和政府信息公开申请等渠道获得各区县的财税数据,但由于各地政务信息公开程度有差异,仍然有河南省的郸城县和扶沟县、吉林省的洮南市和扶余县、山东省莱州市和西藏拉萨城关区六个区(县)无法取得 2010 年的财政收支数据。

③ 本节的宏观税负规模采用一般预算收入这个中等口径的宏观税负规模,原因是中国地方政府的非税收入仍然占很大比重,收费与税一样均被居民视为政府带来的负担,而制度外的政府收费则在数据准确获取方面存在困难,学者斯文(2003)、李波(2007)关于中国宽口径宏观税负规模的研究还未达成一致意见。政府支出则采用一般预算支出来衡量。另外,本节还选择了与个人税收规模感受较为相关的四个主要税种(增值税、营业税、消费税和个人所得税)来分析它们的幸福效应。所有这些政府收入和支出数据均为地方总税收和总支出,即包括省(市)级用于该区(县)和区(县)本级的税收和支出;本节用地方政府收入、支出数据而非区(县)级政府的收入、支出数据,是因为前者更能体现居民面临的宏观税负状况和享受到的公共服务状况。

续表

变 量	变量描述	均 值	标准差	最小值	最大值
人均税收	地方一般预算收入/区(县)年末总人口(元)	6 750.57	6 625.42	1 671.04	30 123.97
人均增值税	地方增值税/区(县)年末总人口	2 926.44	3 537.00	731.69	14 991.58
人均营业税	地方营业税/区(县)年末总人口	1 110.37	1 249.32	339.56	6 497.18
人均个人所得税	地方个人所得税/区(县)年末总人口	527.63	786.60	107.14	2 836.80
人均消费税①	地方消费税/省(市)年末总人口	642.32	726.43	80.05	3 069.49
人均政府支出	地方政府一般预算支出/区(县)年末总人口(元)	11 051.86	8 674.28	5 125.27	79 581.29
人均地区生产总值	区(县)地区生产总值/区(县)年末总人口(元)	43 702.13	80 390.4	2 997.29	1 063 840
性别	1 表示男；2 表示女，	1.52	0.50	1	2
年龄	岁	48.30	15.68	18	97
教育程度	用每个教育层次所需要的教育年数表示(年)	8.74	4.62	0	20
健康状况	1 表示很不健康；2 表示比较不健康；3 表示一般；4 表示比较健康；5 表示很健康	3.62	1.12	1	5
就业状态	1 表示在城镇就业；2 表示退休或失业；3 表示从未工作过；4 表示务农	2.17	1.19	1	4
户口	0 表示农业户口；1 表示非农业户口	0.49	0.50	0	1
婚姻状况	1 表示在婚；2 表示离异或丧偶；3 表示未婚	1.29	0.63	1	3
个人收入	上年个人总收入(元)	19 210.68	80 835.92	0	6 000 000
家庭经济状况	1 表示远低于平均水平；2 表示低于平均水平；3 表示平均水平；4 表示高于平均水平；5 表示远高于平均水平	2.61	0.77	1	5

① 尽管绝大部分的消费税是在出厂环节征收，但所有消费税都最终由使用者购买时负担，不管是烟酒、汽车摩托车成品油，还是贵重首饰、护肤品和高档手表，在销售渠道和消费上仍然呈现一定的地域性特征；加上消费是一种中央税，因此，用其省级层面的数据计算本区(县)范围内消费税收规模更为科学。

被调查的个体信息如下:他们的平均幸福感为3.77,接近比较幸福水平。绝大多数已婚;女性略多于男性;农村居民略多于非农村居民;年纪较大;平均年龄48.30岁;教育程度较低;平均接近初中毕业水平。58.48%的人自认为健康状况较好,39.03%的人在城市就业,85.72%的人上年总收入在均值1.92万以下,49.97%的人认为自身家庭经济状况位于当地平均水平。

样本区(县)居民面临的宏观经济社会环境如下:

第一,中等口径的宏观税负较高,且分布不均。2010年样本区(县)平均税负为6 750.57元/人,税负最高的区(县)是浙江省宁波市奉化区,人均税负为30 123.97元;税负最低的是甘肃省庆阳市镇原县,人均税负为1 671.04元。样本区(县)人均税负中位数3 918.2元,中位数和平均数偏离较大,说明人均税负分布不均,少数区(县)人均税负较重。从税负结构来看,增值税和营业税税负较大。

第二,人均政府支出水平不高,且分布不均。2010年样本区(县)平均政府支出为11 051.86元/人,人均政府支出最高的区(县)是新疆喀什市英吉沙县,高达79 581.29元;人均政府支出最低的区(县)是江西省宜春市丰城市,仅5 125.27元。人均政府支出的中位数为8 491.1元,约73%的区(县)居民人均政府支出在平均数以下,中位数和平均数偏离较大,表明区(县)人均政府支出严重不均,多数区(县)居民享受到的政府提供的公共服务很少,公共服务非均等化问题仍然相当严重。

第三,县域经济发展不平衡。样本区(县)人均地区生产总值为43 702.13元,57%区(县)年人均GDP在3万元以下,广州市萝岗区的人均地区生产总值最高,达10.64万元,样本区(县)经济发展差异较大。

不同特征的居民幸福感状况如下(见表4-13):

第一,从个体特征看,教育程度越高、健康情况越好、个人年收入越高和家庭经济状况越好,居民幸福感越高;相较于非农户口居民,农村户口的居民幸福感更高;相较于中年人,青年人和老年人幸福感更高;但男女的幸福感差异不明显;未工作(上学或退休)、城市就业、务农和失业的居民幸福感依次降低;在婚、未婚和离异或丧偶的居民幸福感依次降低。

第二,从个体面临的宏观经济社会环境看,幸福感与宏观税负高低的关联关系为:中等税负的居民报告完全幸福的比例最高,高税负的居民报告比较幸福的比例最高,低税负的居民报告的幸福感最低;幸福感与各税种税负高低的关联关系为:居民幸福感与增值税、营业税正向关联;居民幸福感与个人所得税的关系同宏观税负相似;高、低和中等消费税税负居民的幸福感依次降低。另外,居民幸福感与人均政府支出和人均地区生产总值也正向关联。

第三,样本居民的以下幸福感特征与已有研究(汤凤林,甘行琼,2013;汤凤林,雷鹏飞,2014;谢舜,魏万青,周少君,2012)结论不同:农村居民倾向于报告更高的幸福感,在婚者比未婚者倾向于报告更高的幸福感。

表 4-13　不同特征居民的幸福感状况

	很不幸福	比较不幸福	幸福与不幸福之间	比较幸福	完全幸福	卡方值①
整体状况	2.12	7.70	17.54	56.63	16.02	
整体税负(元)						140.28***
<6 000	2.50	8.79	18.98	55.46	14.26	
6 000 ~ 12 000	1.53	5.59	14.95	57.07	20.86	
>12 000	1.01	5.12	14.15	61.86	17.86	
增值税						152.92***
<1 500	2.64	9.61	19.51	54.54	13.71	
1 500 ~ 5 000	1.55	5.83	16.00	58.10	18.51	
>5 000	1.56	5.20	13.97	60.82	18.45	
营业税						63.33***
<1 000	2.40	8.45	18.09	55.64	15.41	
1 000 ~ 3 000	1.48	6.27	17.78	57.14	17.33	
>3 000	1.23	4.90	13.22	62.70	17.95	
个人所得税						112.50***
<300	2.40	8.45	18.77	55.95	14.44	
300 ~ 1 000	1.48	6.12	15.10	55.94	21.36	
>1 000	1.37	5.48	13.62	62.13	17.41	
消费税						13.79*
<500	2.12	7.87	17.73	56.21	16.08	
500 ~ 1 000	2.19	7.99	17.63	56.92	15.26	
>1 000	1.86	5.58	15.95	58.41	18.20	
政府支出(元)						101.06***
<10 000	2.28	8.25	19.18	55.84	14.45	
10 000 ~ 20 000	1.83	6.95	13.76	55.46	19.00	
>20 000	1.55	5.23	13.65	58.47	21.10	
地区生产总值(元)						88.80***

① 本节采用 Pearson chi2 方法来检验居民幸福感与各变量间是否独立进行检验。若计算的卡方值显著,说明该因素与居民幸福感之间具有一定程度的关联性。从本表结果来看,只有性别与居民幸福感之间不具有明显的关联关系。

续表

	很不幸福	比较不幸福	幸福与不幸福之间	比较幸福	完全幸福	卡方值
<30 000	2.57	8.84	18.67	55.54	14.38	
30 000～80 000	1.73	6.50	16.42	57.86	17.48	
>80 000	0.89	5.28	14.88	58.70	20.24	
性别						6.69
男	2.11	7.68	18.28	56.63	15.30	
女	2.12	7.72	16.84	56.63	16.69	
年龄(岁)						84.28***
<25	0.97	3.06	15.74	57.80	22.42	
25～60	2.35	8.20	18.32	56.72	14.41	
>60	1.76	7.45	15.84	56.10	18.83	
教育程度①						268.70***
小学及以下	3.43	11.16	19.56	50.81	15.03	
中学	1.63	6.72	17.75	57.51	16.39	
大学及以上	0.72	3.10	12.47	66.65	17.06	
健康状况②						664.94***
不好	6.41	15.14	20.51	46.40	11.54	
一般	2.01	8.16	23.25	54.06	12.52	
好	0.83	5.18	14.32	60.85	18.82	
就业状态						165.94***
城市就业	1.14	6.16	16.91	59.61	16.17	
失业	3.52	10.06	19.10	53.12	14.20	
未工作(上学和退休)	1.86	6.00	15.49	56.56	20.09	
务农	2.93	9.94	19.08	54.27	13.79	
户口						70.22***
城镇户口	2.74	9.02	18.45	54.79	15.00	
农村户口	1.48	6.37	16.62	58.45	17.07	

① 本节对样本调研结果进行了一定处理：小学及以下居民的教育程度涵盖没有受过教育、私塾和小学等类型；中学居民的教育程度涵盖初中、职高、普高、函授高中、中专和技校等类型；大学及以上居民的教育程度涵盖成人和正规大专、本科、研究生及以上，以及其他类别中夜校、党校、夜大、老年大学、劳动大学、军队培训。

② 自评健康状况很不健康和比较不健康的在此处均被定义为健康状况不好，比较健康和很健康的定义为健康状况好。

续表

	很不幸福	比较不幸福	幸福与不幸福之间	比较幸福	完全幸福	卡方值
婚姻状况						106.48***
在婚	1.78	7.09	16.97	57.79	16.37	
离异或丧偶	4.52	12.04	21.72	47.96	13.76	
未婚	2.41	8.30	17.84	55.93	15.52	
个人年收入(元)						239.24***
<14 000	2.94	9.79	19.51	52.98	14.78	
14 000 ~ 40 000	0.99	5.14	15.43	60.61	17.83	
>40 000	0.81	2.54	10.75	65.62	20.28	
家庭经济状况						1 100***
平均水平以下	4.42	14.03	23.81	47.61	10.13	
平均水平	0.46	3.52	14.38	62.70	18.94	
平均水平以上	0.89	2.37	6.53	63.80	26.41	

4.3.3　实证结果分析

1)宏观税负、分税种税负的幸福效应及公共支出的调节作用

(1)宏观税负的幸福效应及公共支出的调节作用

模型(1a)的结果表明(见表4-14),在控制公共支出的影响基础上,宏观税负规模每增加1%,报告自己很幸福的居民仅会减少0.007%;这部分证实了假设1,宏观税负对中国居民幸福感有负向影响,但影响并不显著。原因可能是:以地方政府预算内收入为基础计算的宏观税负(即中等口径的宏观税负)还不是很重,以至于税负的幸福负效应还不显著①。如果加上预算外和制度外收费给居民带来的负担,其幸福感下降肯定会更多、更明显②。

如果考虑公共支出的调节作用,宏观税负不但没有降低、反而显著地提升了居民幸福

① 结论表明:中国居民税负并没有外界报道的那么“痛苦”;也与谢舜、魏万青、周少君(2012)和赵新宇、姜扬、范欣(2013)的研究结论“宏观税负规模对居民幸福感有显著的负效应或显著但较小的负效应”“考虑公共支出的调节作用后,宏观税负规模对居民幸福感产生了显著的负向影响,或没有产生任何显著的正向或负向影响”不同。

② 其他变量与居民幸福感的关系如下:GDP的增长则与居民幸福感之间存在不显著的负向关系,说明中国的经济增长没有带来居民幸福感的提升。相对于女性,男性的幸福感更低。年龄与居民幸福感呈U形关系,说明相对于老年人和年轻人,中年人的幸福感更低。教育程度与居民幸福感呈显著的正向关系,说明提高教育水平有助于幸福感的提升。健康状况更好的人幸福感更高。相对于就业的人,失业者幸福感更低,上学或退休的人幸福感更高,务农的人幸福感稍高,但不明显。相对于农村居民,非农村居民幸福感稍低,但不明显。相对于在婚者,离异或丧偶和未婚的人幸福感更低。个人收入水平的提高则会带来居民幸福感的提升,这也证实了理论假设部分中中国居民收入还未达到“幸福悖论”的临界点。家庭经济地位越高,居民幸福感越高。

感，宏观税负每增加1%，报告自己很幸福的居民会增加0.024%（见模型（1b）），这证实了假设5，也进一步表明了中国公共支出整体还是比较有效的，其调节作用超过了宏观税负的幸福负效应。

尽管现阶段宏观税负没有体现出多大的“痛苦”效应，甚至考虑公共支出的福利提升后，税负增加，居民幸福感反而提升了；但直觉是税负越重居民幸福水平越低。在模型(1b)的基础上加入宏观税负的二次方项，宏观税负前的系数为0.394且在1%水平下显著，宏观税负二次方项前的系数为-0.021且在1%水平下显著，宏观税负与居民幸福感呈倒U形关系。说明现阶段（指2010年及以前）中国宏观中等口径的宏观税负还未达到临界点，宏观税负对居民幸福感的负向影响较小，考虑公共支出带来的福利增加后，居民幸福感不降反升。如果把预算外、制度外的政府收入考虑在内，广义的宏观税负会逼近甚至超过“倒U形”的临界点，此时，宏观税负的增加就会降低居民幸福感。

（2）各税种税负的幸福效应及公共支出的调节作用

模型(2a)的结果表明（见表4-14），从分税种来看，增值税税负和营业税负与居民幸福感成正比，个人所得税税负和消费税负与居民幸福感成反比；增值税前的系数为正且大于营业税前的系数，说明增值税比营业税更有利于居民幸福感提升；同时从各税种前的系数可看出，各税种“幸福负效应”大小依次为：个人所得税、消费税、营业税和增值税，这充分证实了假设2。比较模型(2a)中各税种前的系数估计值还可知，个人所得税的“幸福负效应”最高，个人所得税每增加1%，报告自己很幸福的居民减少0.039%。可见，现阶段中国以增值税和营业税等流转税为主的税制结构有利于居民幸福感提升；且“营改增”有利于居民幸福感提升。

模型(2b)的结果表明（见表4-14），考虑了公共支出的调节作用后，各税种前系数符号没有发生改变，调节作用最大的是营业税，这点与假设6一致；但对增值税的调节作用为负，可能是因为对于区（县）一级政府来说，增值税百分之百从本地居民征走，但区（县）只获得10%左右的收入分享，以此来提供公共产品和服务，其效用不足以弥补缴纳增值税带来的损失，因此，考虑公共支出的综合影响后居民幸福感反而没那么高了。并且，公共支出对消费税的调节作用较大，仅次于营业税，这与假设6也不一致；这可能是因为消费税是对特定群体消费特定商品而征的税，如果将对导致环境污染的消费品所征的消费税，用于环境治理或环境保护，则会使社会所有居民受益，可见，地方政府的环保支出可以有效地改善环境，提升居民幸福感，从而使得公共支出对消费税的幸福负效应调节作用较大。

表4-14　宏观税负对居民幸福感的影响及公共支出调节作用的回归结果

被解释变量：居民幸福感	模型(1a)	模型(1b)	模型(2a)	模型(2b)
A：宏观经济变量				
宏观税负	-0.007(0.007)	0.024***(0.005)		
增值税负			0.04***(0.008)	0.033***(0.008)

续表

被解释变量:居民幸福感	模型(1a)	模型(1b)	模型(2a)	模型(2b)
营业税负			0.011(0.016)	0.035**(0.016)
个人所得税负			-0.039***(0.013)	-0.035***(0.013)
消费税负			-0.032***(0.005)	-0.016***(0.005)
政府支出	0.057***(0.009)		0.082***(0.009)	
B:个体特征变量(已控制)	YES	YES	YES	YES
Obs	9 619	9 619	9 619	9 619
Pseudo R^2	0.062	0.06	0.064	0.06
LR chi2	1 426.26	1 385.01	1 491.22	1 399.74

注:本表给出的是宏观税负和政府支出的变化给"居民报告很幸福"带来的边际影响。模型(1)到模型(2)中的样本数为9 619,是因为CGSS 2010所选择的样本区(县)中,有1 595个样本的个体特征数据为缺失值,有六区(县)的569个样本财税数据不可获得。其中圆括号中数字为标准误。*、**和***分别表示该影响在10%、5%和1%水平下显著。模型中,其他宏观经济变量人均地区生产总值、所有个体特征变量对居民幸福感的影响均得到控制,由于篇幅的关系,本表中没有给出相应结果,如果有感兴趣者可提供。

2)不同收入群体的宏观税负、分税种税负的幸福效应及公共支出的调节作用

不同收入群体承担的税负情况不一样,且对公共需求也各有侧重,因而公共支出对不同收入群体税负幸福效应的调节作用也必定存在差异。为了解各收入群体宏观税负和各税种税负的幸福效应,以及公共支出对各收入群体税负幸福效应、各税种税负幸福效应的调节作用,本部分在控制其他宏观经济变量和微观个体特征的基础上,把宏观税负、各税种税负和公共支出对不同收入群体的幸福感进行回归。

(1)不同收入群体宏观税负的幸福效应及公共支出的调节作用

表4-15中模型(3a)、(3b)和(3c)的结果分别反映了在控制公共支出的影响后,低、中、高收入群体[①]的宏观税负幸福效应。低、中、高收入群体宏观税负前的系数均为负数,但不显著,说明与居民作为一个整体时一样,三组收入群体的居民均未明显感觉到宏观整体税负降低了其幸福感。同时,中等收入群体宏观税负前的系数绝对值最大,说明相对而言宏观税负对中等收入群体幸福感的负面影响更大。这完全证实了假设3。

考虑公共支出带来的福利增加后,模型(3)中整体税负规模对低、中、高收入群体幸福感的弱的负向影响全部变成正向影响;说明公共支出给三类收入组居民幸福感带来的正向影

① 不同收入群体的划分方法是:将个人总收入由低到高排序,取位于6/10、9/10处的收入值14 000元、40 000元作为分界点,把总收入在(0, 14 000)、(14 000, 40 000)、(40 000, 6 000 000)元之间的个体分别界定为低、中和高收入组。

响大大超过税负规模的负向影响。但这种正向影响只对低收入群体显著,说明公共支出仅仅对低收入群体税负的幸福效应产生了显著的调节作用。这也证实了假设7。

表4-15　低、中、高收入群体的税负规模"痛苦"效应

被解释变量:居民幸福感	模型(3a)	模型(4a)	模型(3b)	模型(4b)	模型(3c)	模型(4c)
A:宏观经济变量						
宏观税负规模	-0.007(0.009)	0.025***(0.007)	-0.013(0.013)	0.023(0.009)	-0.007(0.026)	0.022(0.018)
政府支出	0.059***(0.011)		0.069***(0.017)		0.050(0.031)	
B:个体特征变量(已控制)	YES	YES	YES	YES	YES	YES
Obs	5 714	5 714	2 919	2 919	986	986
Pseudo R^2	0.058 5	0.056 6	0.054 0	0.051 3	0.062 5	0.061 1
LR chi2	852.09	824.64	347.36	330.24	119.84	117.20

注:模型(3)和模型(4)的低、中和高收入组样本之和为9 619;本表只给出了宏观税负的幸福效应,表中其余变量(人均地区生产总值和个体特征变量等)作为控制变量因篇幅所限不再详列;其余说明同表3。

(2)不同收入群体分税种税负的幸福效应及公共支出的调节作用

模型(5a)、(5b)和(5c)的结果(见表4-16)分别反映了低、中、高收入群体四大税种税负的幸福效应,不同收入群体对各税种"幸福负效应"的感受不一样。低、中、高收入群体的增值税税负幸福正效应逐渐变大,表明收入越高的居民组对增值税"幸福正效应"的感受越强,反过来意味着收入越高的居民组对增值税"幸福负效应"的感受越弱,从而证实了假设4的相关观点。中等收入群体前个人所得税税负的幸福效应为负且绝对值最大,从而证实了假设4的相关观点,即个人所得税使中等收入群体"幸福负效应"更大。低、中、高收入组居民消费税税负规模的幸福效应值均为负且绝对值呈上升趋势,说明收入越高的居民组对消费税"幸福负效应"的感受越大,这也证实了假设4的相关观点。

但是模型(5)的结果表明中等收入群体对营业税"幸福正效应"的感受超过了高收入群体,这与假设4的相关观点"营业税的幸福负效应随居民收入的增加而变小"不一致,原因可能是:尽管不同收入层次居民都要购买服务缴纳营业税,但相对而言中、高收入居民组购买的服务数量更多、服务档次更高,更多更好的服务有利于提升其幸福感,从而使得中、高收入组居民营业税税负的幸福正效应较大。然而,服务数量更多、服务档次更高的高收入群体支付的营业税也越多,加上部分行业税率较高税负较重(如娱乐业税率为5%~20%),相对消费更多服务的高收入群体幸福正效应不如中等收入群体明显。

对比模型(5)和模型(6)的结果可知(见表4-16),地方公共支出对低、中、高收入群体增值税幸福效应的负向调节作用依次为-0.001、-0.015和-0.021,收入越高的居民,经过公共支出的调节后,其增值税的综合幸福效应下降越多;这充分证实了假设8的相关观点。地方公共支出也在一定程度上强化了中、高收入群体营业税的幸福效应，但对低收入群体来说，地方公共支出降低了营业税的幸福效应，这与假设8的相关观点相左，也许是因为地方政府没有把更多的资金用于改善低收入群体的社会福利，最终没有提高反而降低了低收入居民的增值税幸福效应。地方公共支出减少了个人所得税的幸福负效应，强化了中高收入群体的幸福负效应，这与假设8的相关观点一致。地方公共支出还降低了各收入群体居民消费税的幸福负效应，且收入越高，幸福负效应的降低程度越大，这与假设8的相关观点一致。

表4-16 低、中、高收入群体的公共支出总量调节作用

被解释变量：居民幸福感	模型(5a)	模型(6a)	模型(5b)	模型(6b)	模型(5c)	模型(6c)
A：宏观经济变量						
增值税负	0.034***(0.011)	0.033***(0.011)	0.043***(0.016)	0.028*(0.016)	0.060*(0.031)	0.039(0.031)
营业税负	0.006(0.019)	0.004(0.019)	0.061*(0.034)	0.106***(0.033)	0.041(0.068)	0.107*(0.064)
个人所得税负	−0.025(0.017)	−0.014(0.017)	−0.076***(0.026)	−0.079***(0.027)	−0.068(0.050)	−0.093*(0.049)
消费税负	−0.021***(0.006)	−0.009(0.006)	−0.048***(0.010)	−0.026***(0.009)	−0.062***(0.022)	−0.032(0.020)
政府支出	0.073***(0.011)		0.103***(0.018)		0.096***(0.032)	
B：个体特征变量(已控制)	YES	YES	YES	YES	YES	YES
Obs	5 714	5 714	2 919	2 919	986	986
Pseudo R^2	0.060 0	0.056 7	0.059 6	0.054 1	0.068 9	0.064 1
LR chi2	873.46	825.83	383.62	348.11	132.14	122.91

注：说明同表4。

4.3.4 结论

本节利用CGSS 2010的数据，在控制GDP和个体特征变量的基础上，对中国居民宏观税负的幸福效应以及地方公共支出的调节作用进行了实证研究，并从各税种税负和居民收入分层的角度作了进一步分析。采用Ordered Probit模型进行回归，结果表明：(1)中国地方政府中等口径的宏观整体税负的幸福负效应并没有外界认为的那么大、那么明显；分税种来看，只有个人所得税和消费税让居民明显感觉到"幸福负效应"，且个人所得税的"幸福负效应"高于消费税的"幸福负效应"；从收入分层来看，低、中、高收入群体均未明显感觉到宏观税负的幸福效应，但中等收入群体明显感觉到了个人所得税和消费税的幸福负效应，低、高收入群体明显感觉到消费税的幸福负效应。(2)政府提供的公共服务足以抵消宏观税负给居民幸福感带来的消极影响，这个结论不论是对居民整体，还是对低、中、高三个收入群体均成立;但分税种来看,地方政府支出对营业税幸福效应的调节作用最明显。(3)若既分税种,又分收入群组,地方公共支出对增值税幸福正效应的负向调节作用是随着居民组收入的提高而增加的;对营业税幸福正效应在低收入群体中产生负向调节作用,在中、高收入群体中产生正向强化作用;对个人所得税幸福负效应在低收入群体中产生正向调节作用,在中、高收入群体中产生负向强化作用;对消费税的幸福负效应产生的正向调节作用随着居民组收入的增加而提高。

第5章　基于幸福视角的中国财税政策的现状分析

5.1　政府行为目标的选择

5.1.1　政府行为目标中的利益

1)政府行为目标中双重利益的统一与冲突

政府行为目标的选择由政府行为的利益目标函数及其行为偏好的约束条件所决定。

政府行为的利益目标函数里包括两种类型的利益:全社会福利及政府自身利益。其中政府自身利益又包括政府官员的自身利益和政府组织的利益,政府官员的自身利益包括个人价值实现、职位升迁、更高的经济利益实现、更舒适生活的追求等;政府组织的利益则包括各级政府机构和政府内部不同部门的利益,即部门利益和地方政府利益,如我国经济中曾出现的"条块利益"(汪彤,2008)。政府的两种利益目标之间既可能是一致的,也可能是不一致的。政府在实现公共利益的同时也促进了其自身利益的实现,这个双重目标是利益共容的。如政府的一项大投资项目,它客观上可能对于经济的长期发展有利,但也许它在很大程度上是起因于政府官员的自身政绩考虑,或出自政府部门机构追求本部门预算收入的考虑等。

政府目标中的社会公共利益与政府自身利益之间的不一致又表现为两者的背离和两者的冲突。当政府官员打着实现公共利益的旗号寻求自身特殊利益,或者以自身特殊利益的追求挤占公共利益的实现时,两种利益之间就是相背离的。这种背离在权力缺乏制衡或者"一权独大"的制度环境中,政府官员就可能为追求自身利益最大化而进行独断专横的决策,从而使这种背离成为可能。由于国家是社会公众的代表,国家利益基本上可视作与社会公共利益是一致的;而政府组织的利益中地方政府的利益和各部门的利益与国家利益之间有时并不一致,此时就会出现双重目标之间的利益冲突。如地方政府对本地区市场的行政性保护及行业管理部门为了维护本行业部门的利益设置市场准入障碍,防止竞争者进入,虽然从本地区、本部门的利益来看是合适的,但社会整体利益却没有增加,地方经济利益和行业部门垄断利益的取得是以全国统一市场化进程的迟缓为代价。又如,在分配政府集中的资源时,中央政府常常对不同的地方采取不同的比例政策,从而使中央政府与地方政府利益目标出现冲突。

政府的这种双重利益目标使得现实中政府总是在国家理性与团体理性之间徘徊。反映在市场化改革中,就表现为政府一方面去激励推进改革,通过有利于增进公共利益的政策来降低交易费用,使社会总产出最大化;同时由于自身利益的存在,它希望改革倾向于增进和维护政府及其所代表的利益集团的利益。

2)政府行为偏好的约束条件

(1)政治合法性约束

政府作为一个政权主体,必定要追求政局稳定、政府连任等政治目标,以获得政治合法性,也就是说,政府最关心的是社会长治久安,是尽可能持久而稳定地维持政权的统治。政治合法性的获得取决于两个条件:一是公意,即决策要体现多数人的意志。二是服从,让人民服从政治统治。合法性条件还意味着政府的决策要获得来自于普通民众的支持,即政府有理由让公民普遍相信,在其治理下,公民将获得最大的收益或预期收益。在我国,社会主义改革的根本目的是为人民谋利益,是否符合最广大人民群众的利益是衡量政府行为的最高标准。

(2)政治经济条件的外部约束

从政府行为目标实现的外部条件来看,政府改革首先应保证社会政治的稳定。为此,只有实行渐进式改革,使政府的具体改革措施和方向不能动摇居于支配地位的政府统治,保证政权的稳定成为政府压倒一切的约束条件。改革过程中保持政治的稳定意味着对旧体制下利益者的保护,以获得政府官员的支持,为改革提供持续的动力。其次是经济方面财政压力的约束,即政府要有足够的资金来支撑目标的实现。财政收入是政府职能作用发挥的基础,政府要维持已有的政治合法性支持,就要不断提高财政收入,以满足社会发展和民众需求。

5.1.2 政府行为目标的演变

1)计划经济下的政治利益最大化目标

基于中华人民共和国成立初期紧张的国际、国内政治经济环境,政府追求的主要是一种政治利益最大化和在意识形态斗争中的胜利,具体表现为能够在资本主义政权林立的世界中得到稳定和巩固。政府所追求的政治利益最大化目标与经济增长之间有时是一致的,但经常是矛盾的。

由政治利益最大化派生出来的是一种权力垄断下的全能型政府,政府几乎垄断了整个社会的财产所有权,企业、个人没有自主权,政府的职能无限扩张。在权力垄断的全能型政府面前,经济发展和社会公平都要服从于政治利益最大化目标和意识形态的需要。当政府的战略目标与资源禀赋发生矛盾时,就必须通过运用政府权力的扩张限制和约束社会和个人权利进行非公平交易,保证政府战略目标(如重工业优先发展)所需要的资源。

2)市场经济转轨初期的经济利益最大化目标

计划经济下全能型政府已然取得了很大的成就。但随着政府权力的渗透,政府职能的扩张,全能型政府面临着高财政需求与低经济效率之间的矛盾,并且最后因为财力的严重约束而无法运行。如1979年、1980年两年财政连续出现巨额赤字170.67亿元和127.50亿元。1978年人均GDP不足380元,贫困人口占当时总人口的27%左右;要摆脱财政困境,从根本上说就必须发展经济,提高经济增长速度,而这必须修改计划体制,从而必然对国家的政治利益带来一定影响,对社会意识形态造成损害。应该说,此阶段政府行为目标的外部约束条件中,经济方面的约束所占比重较大,使得提高经济增长速度,改变传统体制下扭曲的产业结构以及资源配置效率低、缺乏竞争和劳动激励不足的状况成为政府的更高目标。因而,1978年十一届三中全会提出了"以经济建设为中心"的目标来代替原来的"以阶级斗争为纲",这就意味着我国政府行为目标由政治利益最大化转变为经济利益最大化。

经济利益最大化即社会公众在经济方面的利益最大化,经济利益最大化的政府行为目标不仅符合政府的自身利益,也代表了官员、民众的预期利益。首先,政府全力发展经济既是职责要求,也可以从中受益。"以经济建设为中心"一方面要求政府最大化地利用各种资源进行经济建设,加快经济发展步伐,从而直接参与推动经济发展;另一方面经济发展后辖区内面貌会发展变化,政府税收会增加,就业与收入水平、居民生活得到改善。其时政府也在积极推动经济增长,那时常见的政府行为有"政府搭台、企业唱戏""筑巢引凤"等。其次,政府官员也在激励大力发展经济。因为在此阶段,对政府官员升迁的政绩考核主要是经济增长速度、招商引资力度和形态面貌改变进度等方面的指标,为了职务升迁,政府官员越来越转向追求经济增长速度。再次,民众也希望政府大力发展经济。因为在转轨初期,计划经济体制造成民众长期消费品"短缺",生活水平低下,人们迫切需要改变当前的生存状态,即使牺牲一些存量分配的不公平,也愿意通过"做大蛋糕"来提高社会整体的经济发展水平。

具体发展经济的方式是:政府通过提高市场配置资源比重的方式向市场分权来提高企业、居民个人的积极性;中央政府通过多留财力给地方的方式向地方政府分权以提高地方政府发展经济的积极性。同时,在转轨过程中为了保持政权的稳定,政府选择了一条先易后难、先表层后里层的渐进式改革路径。如我国曾采用"双轨制"作为改革的一种过渡形式,它有利于加强国家对形势的控制能力,可以使受到损失的一方在比较长的时期内分摊损失,从而缓解改革中的矛盾,减少改革阻力①。由于分权让利的方式符合政府部门、地方政府和民众经济利益诉求,而"双轨制"等渐进式改革又减少了改革的阻力和维护了政治的稳定,因而经济利益最大化的目标在转轨初期和中期取得了较大的成功。

---

① 比如我国改革中实行过的价格双轨制、户籍制度改革以及20世纪80年代国家提倡"离土不离乡,进厂不进城"的农村劳动力转移制度,就是保护城市人口的利益。

3)市场经济转轨后的收入公平分配的目标

上述“双轨制”渐进式改革虽然保证了改革的政治稳定,但对既得利益的保护却与市场化改革的整体方向相悖。这种建立在社会不公正基础上的“效率优先”必然助长一种畸形的经济行为和取向,而不是强化一种市场规则意识,从长期看,必然会引起社会秩序的不稳定和社会矛盾的加剧,进而成为进一步改革和发展的障碍。由于利益目标函数和约束条件的变化,政府不得不将其行为目标调整为以促进收入公平分配为主。首先,既得利益集团的出现与存在造成了效率损失,带来了不公平。转型过程中“双轨制”下权利分配不公正,从而出现一些既得利益群体。这些利益集团往往为了增加自身利益而不惜牺牲社会利益,其“寻租”行为不仅影响着市场秩序的公平,最终还会影响经济发展的动力,制约社会整体效率的提高。其次,政府利益目标函数中公众预期利益与政府利益不再一致。虽然政府致力于经济增长并取得了较好成效,但市民社会中民众理性、民主和科学等思想的觉醒使民众不再对政府权威盲目顺从。当收入差距越来越大,而公众逐渐认识到不公正的规则是导致社会收入分配两极分化、权力资本发迹的主要原因,大多数民众并没有分享或参与改革的成果时,就会对政府的承诺丧失信心,从而出现民众的预期利益和政府行为目标不一致。最后,多元利益主体的存在和贫富差距的拉大使得政府行为的稳定约束权重加大。一方面,随着转型中政府对权力垄断的结束和权利在社会各群体间的配置格局的形成,不同利益主体对政权的稳定性的影响会越来越大,地方政府利益、部门利益日益独立,与政府权力中心的“离心力”会越来越大,严重影响社会的稳定性。另一方面,由于政府忽视公正规则下的经济增长偏好逐渐拉大了贫富差距(占华,2016)[①],使改革前期的累积性利益矛盾和冲突日益加大。由此可见,此时政府的经济增长行为偏好已经从阶段性制度相容走向阶段性制度相悖,有必要将其行为目标从促进经济增长调整到以促进收入公平分配为主,以集中解决改革前期忽视“分蛋糕”的公平问题而引发的社会矛盾,更多地顾及社会各群体的利益。这就需要对由于权力分配不平等导致的既得利益集团的权力垄断进行干预,尽可能地维护社会的公共利益,否则体制转轨进程有可能陷入低效锁定状态。事实上,自 2005 年 10 月的十六届五中全会以来,我国已经多次强调要调整收入分配实现社会公平与公正,并制定了教育、医疗卫生、社会保障等方面的法律法规和规章制度来促进收入公平分配。

4)政府财税政策应该以幸福最大化作为目标吗

以上单纯维护政局稳定或者促进经济增长的目标都不足以实现民众利益最大化(或社会福利最大化),政府促进收入公平分配的目标能否实现民众利益最大化还有待实践验证。处在社会主义市场经济较低发展阶段的中国虽然人均 GDP 仍然较低,但收入差距达到了严重不均的阶段,实现民众福利最大化的政府行为目标选择的正常逻辑应该是效率与公平兼顾,只是在不同的阶段两者权重设置不一样。只有两者都兼顾了,这样的社会对居民来说才会是幸福感最大的。

---

① 改革开放以来,中国城乡居民收入比已由 1983 年的 1.82 扩大至 2010 年的 2.23。2012 年中国的基尼系数达到了 0.47。

财税政策作为政府宏观调控的主要经济手段,应该以民众幸福感最大化作为其目标。首先,幸福是公民的一种权利。1776年美国《独立宣言》也规定“追求幸福”是所有公民主要的不可剥夺的权利;托马斯·潘恩(1790)在《人的权利》中指出:“无论政府的形式或宪法是什么,应该没有其他目标比得了一般的幸福”;1942年英国Beveridge报告也把“普通人的幸福”作为基本目标,为英国的福利国家奠定了基础(Duncan G.,2010)。其次,幸福作为政府公共政策目标,不但是必要的,还是可行的。如公共健康的提高就需要政府实施合适的医疗卫生政策来促进(Veenhoven,2004)。亚里士多德的无私主义传统和边沁的功利主义都认为,在世俗的人世间幸福是可以实现的,因为它既不是抽象的理想,也不是来世希望的东西。英国的一项研究表明,由于政府行动能对生活满意度产生直接影响,个人幸福也在一定程度上依赖他人的行为表现,国家的作为可使得居民生活满意度提高(Donovan,Halpern,2002)。并且,在南亚小国不丹采取了国民幸福总值的政策的确实现了较高的居民幸福水平。既然物质的积累或收入的提高并不会导致主观幸福感的持续增加,而健康和良好的社会关系比物质和财富的增长更有利于民众持续获得幸福感,那么政府完全可以在这些方面多制定些政策来促进居民幸福感提升(Easterlin,2003b)。最后,实践表明,如果一国没有有效的公共政策,可能会导致民众的不幸福。如在俄罗斯,由于共产主义崩溃而带来的政治不稳定、经济萧条和腐败似乎都与较低的甚至还在降低的幸福水平相关(Saris,Andreenkova,2001)。通常情况下,那些遭受经济困难和政治不稳定或侵犯人权的发展中国家与最富有的、民主的、稳定的发展中国家相比,其幸福感要低很多。财税政策作为公共政策的一个重要内容,应该以民众幸福最大化作为目标,并且也确实可以促进民众幸福水平提高。

然而,政府选择幸福最大化作为政策目标时需要考虑如下三个方面的不确定性。首先,经济不增长或增长停滞也可能会导致民众的“不幸福”。因为经济萧条会导致高失业,而工作方面的不安全会导致更低的幸福水平,因此政府也不能完全不顾及经济效率的问题(Frey & Stutzer,2002)。其次,公众对公共政策不断提高的期望效应可能会抵消其幸福正效应。实证研究表明,社会福利政策也存在一种“不断提高的期望”效应。一些发达国家变得富裕后也制定了许多关于公众健康、教育、公共安全、公共卫生等方面的政策,民众变得更长寿,婴儿死亡率下降,教育程度更高,民主政治参与度更高,公共卫生状况更好,公共安全得到改善。然而,幸福调查表明大多数国家(包括美国)在此期间其幸福感都几乎没有发生多少变化(Veenhoven,2007)。可见,不但物质财富的增长与幸福水平的持续上升无关,随着公众对政府提供公共服务的期望提高,公共政策的实施和社会福利的提高在一定时期内也与幸福水平的持续上升无关。最后,民众对政府的信任度下降会降低政府公共政策的幸福效应。政府选择幸福最大化作为其公共政策目标还需要考虑民众对政府的信任度问题。据调查,近几十年来,发达国家民众对政府的信任度一直在下降,西方民主国家均表现出较低的选举参与率,较低的政党成员率,以及较低的选民忠诚度。公众是否会相信或者在多大程度上相信政府会直接影响到政府公共政策的幸福效应。因此,居民幸福最大化目标的公共政策还需要政府能使用其合法权力去影响公众,使其在政府的幸福政策作为方面形成共识。以上是政府选择幸福最大化作为其行为目标时需要考虑的种种不确定性，从而为政府以居民幸福最大化作为其行为目标提出了挑战（Duncan G.，2010）。

5.2 幸福感最大化下我国公共支出政策的现状

5.2.1 中国公共支出规模与结构的现状

政府公共支出的目的是向社会提供公共产品和服务。由于政府具有政治职能、经济职能和社会职能，财政需要为政府实现其职能提供财力保障，公共支出的范围也就主要集中在维持性支出、经济性支出和社会性支出等方面。根据我国新的财政收支科目分类，维持性支出包括国防支出、行政管理支出和法律方面的支出；经济性支出包括基础设施投资支出、国家物资储备支出、应用性科研支出和对生产活动的补贴支出；社会性支出包括教育、科学、文化、卫生、环境保护、社会保障等社会服务的事业性支出。

1）我国政府公共支出增长情况分析

改革开放以来，我国人均公共支出增长较快。由 1978 年的 116.57 元增加到 2015 年的 12 794.65 元，38 年间增加了 108.76 倍，年均增长速度为 13%（见表 5-1）。

表 5-1　1978—2015 年我国人均公共支出

年　份	人均公共支出（元）	年　份	人均公共支出（元）
1978	116.57	1991	292.4
1979	131.41	1992	319.38
1980	124.5	1993	391.7
1981	113.76	1994	483.32
1982	121	1995	563.38
1983	136.84	1996	648.55
1984	163	1997	746.89
1985	189.35	1998	865.51
1986	205.09	1999	1 048.42
1987	206.97	2000	1 253.44
1988	224.38	2001	1 481.08
1989	250.55	2002	1 716.83
1990	269.7	2003	1 907.49

续表

年　份	人均公共支出(元)	年　份	人均公共支出(元)
2004	2 191.5	2010	6 702.48
2005	2 594.93	2011	8 108.35
2006	3 075.19	2012	9 302.01
2007	3 767.63	2013	10 304.26
2008	4 713.23	2014	11 096.9
2009	5 717.49	2015	12 794.65

数据来源:根据《新中国60年统计资料汇编》和国家统计局网站提供的数据进行整理。

改革开放以来,我国公共支出占GDP的比重呈U形变化态势。由图5-1可知,我国公共支出占GDP的比重由1978年的30.78%、1979年的31.55%逐年下降,到1996年时,只有11.15%,随后逐年回升,到2015年达到25.52%。这种U形变化趋势主要是因为:计划经济向市场经济转轨过程中政府向市场分权、中央向地方分权导致1996年以前公共支出占GDP的比重呈下降趋势;1994年的分税制改革上收了财权,同时税务部门也加强了税收征管和偷逃税打击力度,从而为公共支出规模的逐年回升提供了财力保障。

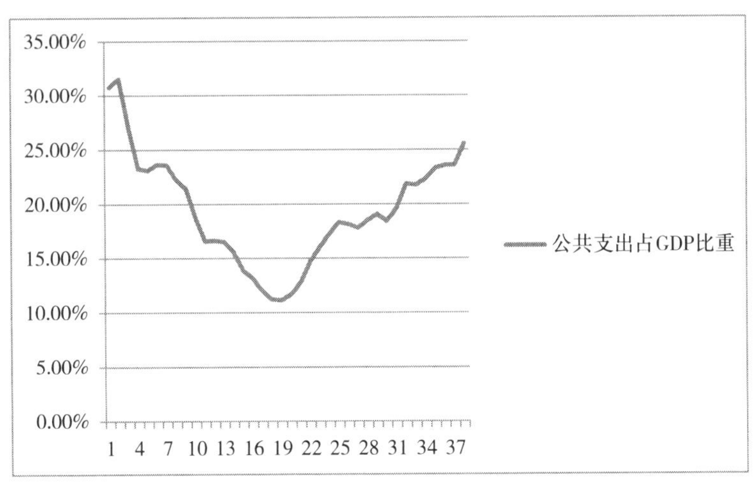

图5-1　1978年以来我国公共支出规模变化情况

2)我国公共支出结构变化情况

本部分将公共支出结构变化趋势的介绍以2007年为界分成两个时段:第一阶段是1978—2006年,第二阶段是2007—2015年。这是因为2007年我国对预算收支科目进行了改革,新旧体系下各类支出的口径相差很大,不具有可比性。

(1)1978—2006年我国公共支出结构变化情况

改革开放以来,我国政府用于经济建设方面的支出占财政支出的比重逐年下降。其中基本建设支出由1978年的40.27%下降到1992年市场经济试点时的14.85%,到2006年时进一步下降为10.86%；增拨企业流动资金由1978年的5.94%下降到1992年的0.28%，到2006年时进一步下降为0.04%。此两项支出占比下降在一定程度上是政府向市场分权的结果。政府越来越少地直接参与国有企业事务管理，国有经济比重下降。国有企业改制上市，直接参与市场竞争，政府很少再包揽国有企业的固定资产投资和流动资金拨付。挖潜改造资金和科技三项费用、地质勘探费、工交流通部门事业费和支农支出等不论是在计划经济时期，还是在市场经济阶段，都需要政府在科技、地质勘探、工农商业发展和交通运输业等领域发挥一定的作用，因此，这些支出占比不能减少。相反，由于农业在国民经济中的重要地位和农业经济的低利润高风险特征，政府应该加大农业支出力度，促进农业发展。但从表5-2可以看出，支农支出占财政支出的比重并不高，且在此期间在波动中呈下降趋势。

表5-2　1978—2006年我国公共支出的主要项目构成

年份	基本建设支出	增拨企业流动资金	挖潜改造资金和科技三项费用	地质勘探费	工交流通部门事业费	支农支出
1978	40.27%	5.94%	5.64%	1.80%	1.59%	6.86%
1992	14.85%	0.28%	5.98%	1.18%	1.73%	7.19%
2000	13.19%	0.45%	5.45%	0.55%	0.94%	4.83%
2006	10.86%	0.04%	4.32%	0.35%	1.44%	5.35%

注：数据来源于对《新中国60年统计资料汇编》上资料的整理。选择以上类别的公共支出，一方面是因为这些公共支出能典型地反映这期间政府的经济建设职能变化；另一方面是因为数据的不可获得。目前无法获得更详细的10年前的数据，甚至改革开放初期的财政支出类别数据。

（2）2007—2015年我国各级政府公共支出结构变化情况

从表5-3可以看出，从2007—2015年，我国财政支出中用于一般公共服务、国防外交安全、科技、其他方面的支出减少了，其中减少得最多的是一般公共服务支出，其次是国防外交安全支出。一般公共服务支出的减少相当于我国行政管理类支出减少了，说明我国进行的政府机构改革还是成效显著的。精简机构、提高行政经费的使用效率是中国一直以来机构改革所追求的；而国防外交安全支出更多的是得益于国际政治形势较为缓和，国内社会稳定，节约了资金用于民生和经济建设。此期间财政支出中用于教育、医疗卫生、环保、城乡社区事务、经济建设方面的支出增加了，其中增加得较多的是经济建设和医疗卫生支出。经济建设支出有较大幅度增加是因为我国经历了金融危机，政府拿出4万亿资金进行投资，主要用于经济发展；医疗卫生支出增加较多是因为我国过去医疗卫生领域政府支出较少，人均医疗卫生支出在世界处于较低水平，所以需要政府资金的大量投入。城乡社区事务支出的增长说明我国比以前更注重基层老百姓的民主生活水平提高和自治制度建设。只有文体传媒和社保就业支出没有发生变化。对于社保就业支出，老百姓需要更多的社会保障，失业群体需要更多的就业帮助，因此可以有稍微多的社保就业支出。

表 5-3 中国 2007 年、2015 年政府公共支出构成

年份	一般公共服务	国防外交安全	教育	科技	文体传媒	社保就业	医疗卫生	环保	城乡社区事务	经济建设	其他
2007	17%	16%	14%	4%	2%	11%	4%	2%	7%	12%	6%
2015	8%	11%	15%	3%	2%	11%	7%	3%	9%	17%	2%

注:所有数据来自对《中国统计年鉴(2016)》上相关财政支出数据的整理。其中,国防外交和安全支出是由外交支出、对外援助支出、国防支出、公共安全支出和武装警察支出构成;经济建设支出由农林水事务支出、交通运输支出、车辆购置税支出和地震灾后恢复重建支出构成。

5.2.2 公共支出增长过程中我国居民幸福感变化情况

1)总样本的幸福感状况

大部分人表示自己是幸福的。以 2003—2013 年中国社会综合调查样本为例,我国居民的幸福感状况如图 5-2 所示。

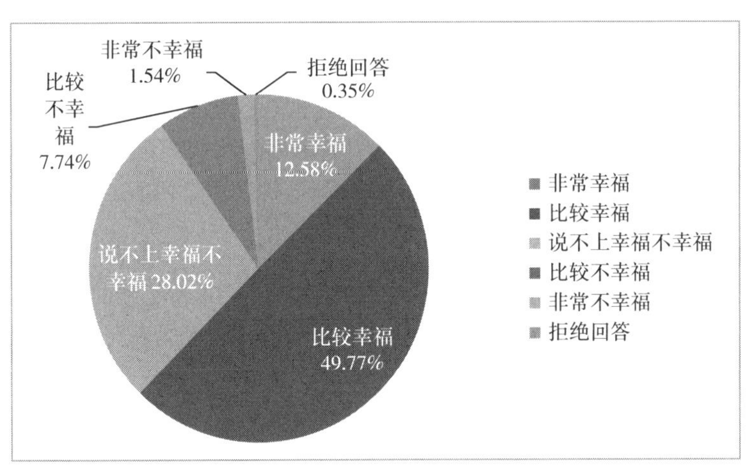

图 5-2 我国居民的幸福感状况

从 2003—2013 年 8 次所有的调查样本来看,总样本为 73 023 人,其中有 9 187 人表示自己非常幸福,占总人数的 12.58%;有 36 345 人表示自己比较幸福,占总人数的 49.77%。这说明我国超过半数以上(占 62.35%)的人感觉是幸福的。只有 1 124 人表示自己很不幸福,占总人数的 1.54%,另有 253 个人没有回答或拒绝回答幸福感状况。

2)公共支出规模扩大过程中的居民幸福感变化

从年度间状况来看,随着我国公共支出规模的增长,居民幸福感也呈上升趋势。由表 5-4 可知,人均公共支出由 2003 年的 1 907.49 元上升到 2013 年的 10 304.26 元,公共支出占 GDP 的比重由 2003 年的 17.88% 上升到 2013 年的 23.50%,居民幸福感均值也由 2003 年的 3.273 6 上升到 2013 年的 3.755 2。

表 5-4　2002—2015 年我国公共支出规模与居民幸福感数据

时间	人均公共支出(元)	公共支出占 GDP 比重(%)	居民幸福感(五分制)
2002 年	1 716.83	18.06%	
2003 年	1 907.49	17.88%	3.273 6
2004 年	2 191.50	17.55%	
2005 年	2 594.93	18.06%	3.409 6
2006 年	3 075.19	18.37%	3.429 4
2007 年	3 767.63	18.37%	
2008 年	4 713.23	19.54%	3.711 2
2009 年	5 717.49	21.80%	
2010 年	6 702.48	21.71%	3.766 0
2011 年	8 108.35	22.27%	3.896 5
2012 年	9 302.01	23.25%	3.808 4
2013 年	10 304.26	23.50%	3.755 2
2014 年	11 096.90	23.51%	
2015 年	12 794.65	25.46%	

数据来源:GDP、公共支出数据来自国家统计局网站,居民幸福感数据来自 CGSS 的 2003—2013 年幸福调查个体数据的整理。

具体趋势见图 5-3(各年的居民幸福感均值是根据 2003—2013 年 CGSS 的 8 次全国性调查中的样本居民报告的幸福感数据进行整理而得,其中各调查年份样本的幸福感均值为:2003 年 3.273 6,2005 年 3.409 6,2006 年 3.429 4,2008 年 3.711 2,2010 年 3.766 0,2011 年 3.896 5,2012 年 3.808 4,2013 年 3.755 2;相关数据见表 5-4)。但是,幸福感值于 2011 年达到顶峰后,2012 年开始下降,不过 2013 年的幸福感水平仍然高于 2008 年的水平。

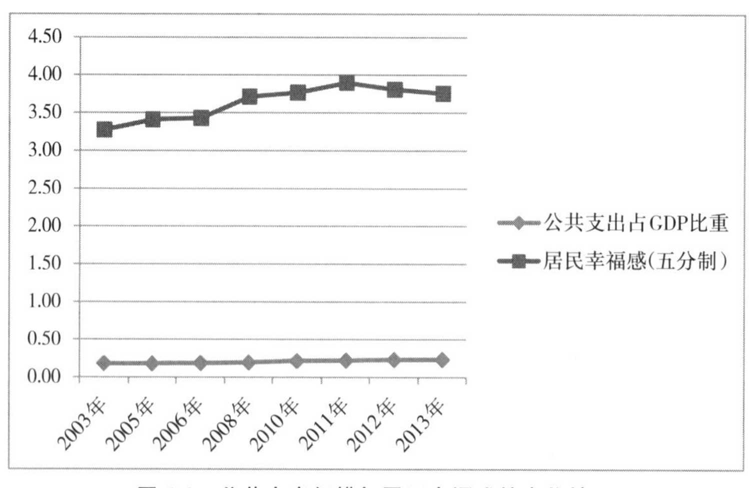

图 5-3　公共支出规模与居民幸福感的变化情况

可见，从整体趋势来看，我国居民幸福感与公共支出规模的增长正向关联，但自2011年后两者开始呈负向关联趋势。

3）公共支出结构变化过程中的居民幸福感变化

2007—2013年我国公共支出结构变化过程中的居民幸福感变化情况见表5-5。

表5-5　三类支出结构变化与居民幸福感变化情况比较

年　份	行政性支出	社会性支出	经济性支出	居民幸福感
2007	33%	40%	16%	3.71
2009	26%	41%	22%	3.77
2010	24%	41%	30%	3.9
2011	23%	51%	22%	3.81
2012	21%	44%	20%	3.76
2015	19%	47%	20%	

注：数据来源于对国家统计局网站相关数据进行整理。此处没有选择全部年份的公共支出结构变化与居民幸福感变化进行比较，主要是因为居民幸福感的调查只是部分年份的，并且在2007年我国进行了财政收支分类科目的改革，各类支出间口径变化较大，从而使2007年前后年度的支出结构数据不可比。本表经济性支出包括前表中经济建设支出和科技支出。

2007—2013年，行政性支出占财政支出的比重一直呈下降趋势。经济性支出占比在2010年达到最大，社会性支出占比在2011年达到最大。这两年带来的幸福效应也最明显，分别对应2011年和2012年的居民幸福感达到了最高和次高水平①。说明在金融危机后，由于经济下滑，政府增加经济性支出通过发展经济增加就业机会，提高居民收入水平；政府增加教育和社保就业等社会性支出保证经济低迷时中低收入者的生活保障，从而使得居民幸福感得到较大幅度的提高。但是，随着最近几年社会性支出和经济性支出的比重的下降，居民幸福感也呈现下降的趋势。

以上只是从公共支出规模和支出的大类结构来分析公共支出与居民幸福感的变化关系。虽然从整体上看我国公共支出规模扩大的同时居民幸福感也有提升，但2011年后幸福感开始呈下降趋势。公共支出结构方面金融危机后随着经济性支出和社会性支出的增长，居民幸福感有上升；但近几年由于这两类支出占财政支出的比重在下降，居民幸福感也呈下降趋势。因此，有必要进一步探究公共支出规模和结构在实现居民幸福感最大化方面仍然存在的问题。

5.2.3　幸福感最大化目标下我国公共支出政策存在的问题

1）幸福感最大化目标下中国公共支出规模的适度性问题

理论上，政府支出所动用的资源是由税收、收费及国有企业利润等筹集而来。不管哪种

① 这里考虑了公共支出对居民幸福感影响的滞后效应。

形式，都是政府从企业、家庭或居民个人那里拿走的、本应该由其支配的资源，考虑到企业的税收大部分最终都会转嫁到消费者身上，因此，政府支出会降低居民幸福感。然而，政府支出的目的是向全社会居民提供公共服务，公共服务却是有利于居民幸福感提升的。当支出等对幸福感的负效应和公共服务对幸福感的正效应相抵消时，居民幸福感会达到最大，此时的公共支出水平为最佳的公共支出值。

Zohal Hessami（2010）利用欧盟 12 个国家 1990—2000 年的数据进行实证研究的结果表明，相对居民幸福感而言，公共支出的确存在一个适度规模的问题。前文中国 2007 年 28 个省市 100 个区（县）6 000 个居民样本的实证研究也表明，当人均公共支出在 4 105 元时，居民幸福感达到最大。由于当年有 88% 的区（县）低于该水平，意味着对大部分区（县）来说增加公共支出有助于提高居民幸福感。当然这里只是将区（县）一级政府的公共支出纳入模型中进行分析，如果将中央、省、市及组乡（镇）其他四级政府的支出一并计入，并且将预算外的资金也计入，则总人均公共支出低于最佳值 4 105 元的区（县）会少很多。值得说明的是，2007 年全国预算内人均公共支出水平为 3 767. 63 元，比较接近最佳值。但如果考虑到预算外的部分，我国人均公共支出水平已经达到并超过居民幸福感最大化所要求的水平。当然，各地公共支出水平存在较大的差异，2007 年样本区县就有 88% 的区（县）在平均水平以下，说明对中国政府而言，未来（指研究时点 2007 年以后）除了要增强落后地区的财力、增加公共服务供给外，还要将更多的精力放在如何在地区间实现公共服务均等化，这样才有利于实现居民幸福感最大化。

2）幸福感最大化目标下中国公共支出结构的合理性问题

（1）基于幸福视角的公共支出结构需求侧的理论结论

由前文的研究可知，从理论上来看，居民幸福的主要内容有健康生活、收入保障、情感支持、生活环境和价值实现 5 个方面。健康生活需要居民的食品是安全的，有更多的体育设施可供锻炼，有更多健康的娱乐场所可供消遣，营养有保障，有更多、更好的免疫和心理咨询服务等，而这方面公共需求必然要求政府增加教育、文体、医疗卫生和食品监督等方面的支出。收入保障需要居民能获得更多的就业信息、职业技能培训、失业保险、失业救助和住房保障等，这些公共需求必然要求政府增加就业支出、社会保障支出（包括社会福利和社会救济支出）和住房保障支出。情感支持需要居民能获得更多的婚介信息、社交场所、传统文化教育、情感咨询和法律援助等服务，这些公共需求必然要求政府增加城乡社区公共设施投资、社区管理事务支出、文化教育支出和司法支出。美好的生活环境需要居民有便利的交通、优良的治安服务，污染的环境得到治理，破坏的生态得到保护，更大程度的基层民主和地方自治，还有低通胀和低失业等，这些公共需求必然要求政府增加城乡交通等基础设施、公共安全、教育、环保和社会保障等方面的支出。个人价值的实现需要社会提供更多教育和传统文化价值的熏陶，这些公共需求必然要求政府增加教育和文化支出。

（2）基于幸福视角的公共支出结构需求侧的实证结论

由前文的中国居民幸福感影响因素的实证分析可知，不同区（县）间幸福感差异较大。宏观层面的因素主要是经济发展水平、公共支出水平和通胀率等的差异；微观个体层面的因素对幸福感的影响大小依次是家庭经济地位、婚姻状况、健康、就业和家庭人均收入[①]。家庭经济地位越高，婚姻质量越好，健康状况越好，就业状况越稳定，家庭人均收入越高，居民幸福感越强。城镇居民的幸福感比农村居民要高。在高房价、环境污染等情形下，中国城镇居民感觉相对更幸福的原因应该是城市的公共服务或社会福利要优于农村。

教育对居民幸福感的影响比较复杂，包括直接影响和间接影响两部分。前文的研究表明直接影响是正向的，即教育支出能提高居民幸福感；同时，教育还会通过其他途径对居民幸福感产生间接影响，如人们通常期待受教育程度越高，收入越多，幸福感越高。这个推论成立的前提是教育与收入之间、收入与幸福感之间是正向线性相关的。事实上，收入的高低更多地与从事的行业、职位和其他禀赋要素有关，在大学以上的高学历层次里，博士学历的人收入比硕士毕业者低的比比皆是。而收入与幸福感之间是存在"幸福悖论"的。不只是教育程度无法经由收入途径增强居民幸福感，从教育支出与收入差距和居民幸福感的关系来看，前文研究也得出了"教育支出强化了收入差距的幸福负效应"的结论，可能是因为教育水平提高并不必然会增加收入促进收入公平分配。如果教育资源过于集中在城市、重点学校，教育支出的增加可能会加剧收入分配不公；而教育水平提高后的人们感知收入差距的能力更强，教育的启蒙性质又有助于形成同情贫困和弱势群体的价值观，这可能会降低人们对收入差距的容忍度，进而降低其幸福感。所有这些会使教育对居民幸福感的间接影响变得十分复杂，最终教育对幸福感的净影响由这两类影响来综合决定。而现有关于中国居民幸福感与教育的研究结论也不确定，既有认为"教育程度会提升居民幸福感"（黄嘉文，2013）的，也有认为"教育水平与居民幸福感呈倒U形关系"（刘美秀，等，2013）的，还有认为"财政教育支出对居民幸福感只有一个非显著的正向提升作用"（姚燕艳，等，2015）的。

由此可知，对于经济发展水平较低地区需要进一步增加经济建设支出以做大可分配的"蛋糕"，提高居民的家庭经济地位，促进幸福感提升。从全社会来看这意味着缩小家庭间经济差异，即缩小收入差距。这需要政府进行专门的转移支付，增加就业和培训支出，增加失业补助和社会救济；提高居民的婚姻质量需要政府增加城乡社区管理事务支出和传统文化教育支出；改善居民的健康状况需要政府增加教育、文体、医疗卫生和食品监督等方面的支出；提高家庭人均收入需要政府提高低保标准，增加对低收入者的补助；同时增加环境保护支出，增加进城农民工和农村居民的社会保障支出、医疗卫生支出和教育支出，逐步缩小城乡社会福利差距。

结论：从上述理论与实证分析的结果来看，为提高居民幸福感，政府需要增加公共安全和司法支出，增加健康教育、传统文化教育和对农民子女的教育方面的支出，增加文体、医疗卫生和食品监督等方面的支出，增加低收入群体的低保、失业补助和社会救济支出，增加失业者的就业和培训支出，增加社会福利和住房保障支出，增加环保支出，增加社区管理事务支出，加大公共设施投资，经济发展水平较低地区增加经济建设支出。

---

① 经济发展水平越高的地区，家庭人均收入越高的居民，幸福感增加速度越慢，这可能是经济发展水平越高的地区，一般会吸引更多的外来人口加入，推动房价上升，增加公共服务的拥挤效应；经济增长一般也会伴随环境污染，使生活质量下降。

(3)中国公共支出结构的合理性评析

①1978—2006 年我国公共支出结构变化的合理性评析。

在经济发展水平较低的阶段,政府有必要投资建设基础设施,为经济起飞创造良好的硬件条件。我国 1978—2006 年虽然经济得到一定程度的增长,但经济发展水平仍然处于比较低的阶段。1978 年人均 GDP 仅 381 元,2006 年人均 GDP 为 16 165 元,理论上需要政府在经济建设方面进行一定量的投资。但是,我国在 1992 年以前实行的是计划经济,政府除了投资部分基础设施建设外,大量的资金投向了国有企业,形成企业的各种固定资产设备,也给国有企业拨付了不少运转资金。这一类的支出在市场经济中是政府不应该支出的范围,政府不应该既当"裁判员",又当"运动员"。因此,随着市场经济的逐步建立,基本建设支出和增拨企业的流动资金占比下降了很多。这是符合效率要求的,也有助于居民幸福感提高。

而农业支出占比自 1978 年以来就呈波动下降趋势,基于农业的重要性和高风险低利润性,农村的落后和农民的贫困等原因,政府理应加大对农业的支持力度,以提高广大农村居民的幸福感。

②2007—2015 年我国公共支出结构变化的合理性评析。

行政性支出有所下降。2007—2015 年,我国政府一般公共服务占财政支出的比重有一定程度下降(见表 5-6)。由于我国一直以来行政机构臃肿,人员规模庞大,而提供出来的公共服务又是当期消费掉的,因此,一般公共服务支出占比下降有利于居民幸福感提升。但是,法律和公共安全服务是有利于居民幸福感提升的,未来如果能在保持行政性支出继续下降的前提下增加公共安全和司法支出,将会进一步促进居民幸福感提升。另外,行政性支出占比的下降意味着资金使用效率的提高,因而这是符合支出结构优化和居民幸福感提升要求的。

表 5-6　2007—2015 年我国主要的公共支出情况

年份	一般公共服务	国防外交安全	教育	文体传媒	社保就业	医疗卫生	环保	城乡社区事务	经济建设	科技	其他
2007	17%	16%	14%	2%	11%	4%	2%	7%	12%	4%	6%
2010	10%	14%	14%	2%	10%	5%	3%	7%	25%	5%	3%
2011	10%	13%	19%	2%	12%	7%	3%	8%	18%	4%	3%
2015	8%	11%	15%	2%	11%	7%	3%	9%	17%	3%	2%

注:所有数据来自对《各年中国统计年鉴》相关数据的整理。

社会性支出有增有减。2007—2015 年,我国政府公共支出中教育、医疗卫生、环保和城乡社区事务支出占比均有一定程度增加,文体传媒支出和社保就业支出占比没有增加(见表 5-6)。教育有一定程度增长,但增长不如医疗卫生支出快。这是因为我国《国家中长期教育改革和发展规划纲要(2010—2020 年)》中提出了教育支出占 GDP 的比重要达到 4% 的目标,我国已于 2014 年实现了这个目标。在此之前,尤其是 2008 年我国义务教育全面免费,我国的财政性教育支出增长较快;之后教育支出的增速明显放缓。由于教育与居民幸福感之间关系的不确定性，教育支出的适度增长总体上是有利于幸福感提升的。未来需要调整教育支出结构，增加健康教育、传统文化教育和对农民子女的教育方面的支出，教育经费向农村、普通学校、大众化教育和中小学教育倾斜，提升教育经费的使用效率，以促进居民幸福感提升。医疗卫生支出占比增长较快，这是有利于提升居民幸福感的。由于更全面的营养、更多更好的免疫和心理咨询服务有利于居民身心健康，因此应该增加公共卫生、保健支出，增加对初级和基层医疗机构的补贴，加大对贫困地区和弱势群体的医疗卫生支出力度。由于我国一直以来人均医疗卫生支出水平世界排名都比较低，因此，未来有必要在增加医疗卫生支出规模的基础上继续优化医疗卫生支出结构。环保支出也有一定幅度的增长，这也是有利于居民幸福感提升的。由于健康的生活和美好的生活环境都需要有干净的水、空气和土壤，需要有人与自然的和谐相处，这必须治理被污染的环境，修复被破坏的生态。未来需要在发展经济的同时尽量减少环境破坏，增加"五保"支出以对已经污染的环境进行治理。城乡社区事务支出增加，说明政府提供了越来越多的、符合小范围内居民需求的公共物品和服务，这是有利于提升居民幸福感的。由于更多的社区养老服务、婚介信息服务和社交平台，更多的社区情感咨询服务和法律援助服务会增加居民的情感支持，从而提升居民幸福感，因此，未来需要城乡社区事务支出。

而在此期间文体传媒支出占比没有增长。鉴于可供居民锻炼的体育设施、可供居民消遣的健康的娱乐场所、传统文化中美德的熏陶与价值的宣扬等有利于居民幸福感提升，未来有必要将更多的文体传媒支出用于这些方面。此期间的社保就业支出占比也没有增长①。鉴于失业保险、失业救助和社会救济有助于解决失业者和低收入者的实际生活困难，充分的就业信息和就业培训可以帮助失业者更快地找到工作，因此，增加低收入者的社保就业支出，将更多的社保经费用于帮助失业者和低收入者走出生活困境会有利于其幸福感提升。

经济性支出有所增加。经济建设支出对于经济落后地区来说，经济发展带来的收入水平增长会提高居民幸福感；但对于经济发达地区来说，由于经济发展过程中有环境污染、收入分配不公等问题，经济建设支出的占比应该有所下降。此期间经济建设支出增长较快，且伴随着居民幸福感在 2011 年达到最大，最主要的原因是 2008 年金融危机带来的经济低迷迫使政府投入了 4 万亿资金来刺激需求。经济建设支出增加，一方面在经济萧条时期可以扩大社会总需求，调整经济结构，增加就业和居民收入，提升居民幸福感；另一方面如果在经济繁荣时期不对经济建设支出加以控制会加剧经济过热，并且经济的持续快速增长会带来环境破坏、收入分配不公等问题。因此，经济建设支出的增长需要在经济低迷时和经济落后地区才有利于居民幸福感提升。而科技的发展是经济增长、国力增强和生活质量提高的前提。假设科研经费的使用是有效率的，则科技支出能促进居民幸福感提升，但此期间科技支出占比却有所下降，这个变化不利于居民幸福感的提升。

---

① 2011 年社保就业支出占比增长到 12% 后，又回落到 11% 的水平，而相应的幸福感是处于比较高位的水平，所以社保就业支出有利于居民幸福感提升。

5.3 幸福感最大化下我国税收政策的现状

5.3.1 中国税收规模与结构的现状

1)1978—2015 年中国税收规模变化情况

改革开放以来,我国人均税收收入增长较快。由 1978 年的 53.95 元增加到 2015 年的 9 087.76 元,38 年间增加了 167.45 倍,年均增长速度为 14.44%(见表 5-7)。

表 5-7 1978—2015 年我国人均税收收入

年 份	人均税收收入(元)	年 份	人均税收收入(元)
1978	53.95	1997	666.04
1979	55.14	1998	742.44
1980	57.92	1999	849.27
1981	62.94	2000	992.68
1982	68.86	2001	1 198.91
1983	75.29	2002	1 372.99
1984	90.78	2003	1 549.00
1985	192.80	2004	1 859.07
1986	194.47	2005	2 200.93
1987	195.82	2006	2 647.77
1988	215.31	2007	3 452.84
1989	242.00	2008	4 083.06
1990	246.81	2009	4 460.22
1991	258.17	2010	5 459.78
1992	281.38	2011	6 660.36
1993	359.05	2012	7 430.67
1994	427.77	2013	8 122.96
1995	498.51	2014	8 712.79
1996	564.58	2015	9 087.76

数据来源:根据《新中国 60 年统计资料汇编》和国家统计局网站提供的数据进行整理。

改革开放以来,我国财政收入占 GDP 的比重呈 U 形变化态势。由图 5-4 可知,我国财政收入占 GDP 的比重由 1978 年的 31.10% 逐年下降,到 1995 年时只有 10.30%,随后逐年回升，到2015年达到22.10%。税收收入占GDP的比重从1978年到1985年先小幅下降再大幅上升的趋势与财政收入的变化趋势不一样；1985年以后，税收收入保持与财政收入基本一致的U形变化趋势，只是在1995年、1996年达到最小值以后两者间的差距逐步拉大（见图5-4）。

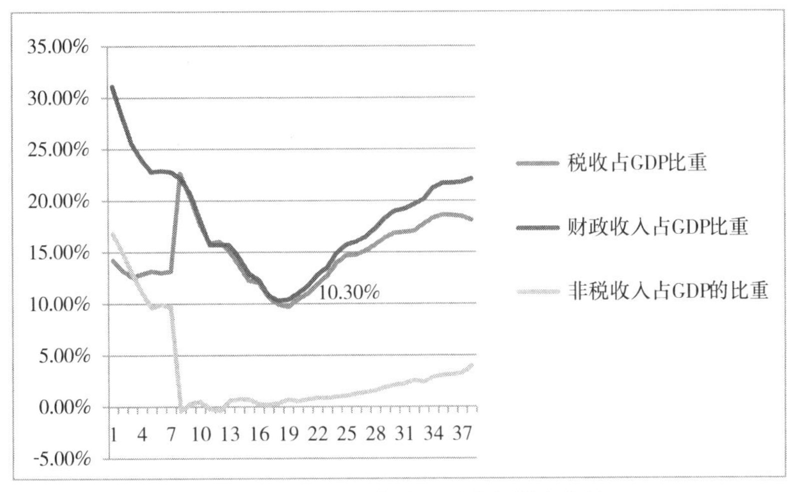

图5-4　1978—2015年我国税收规模变化情况

原因是：改革开放以后，财政收入占GDP的比重下降。主要是为培育市场经济主体，我国推行了"包干制"预算管理体制，经济发展得越好，留给地方政府、企业和家庭个人的越多，因此在1985年前我国财政收入（和税收收入）规模都是下降的。1984年、1985年我国实行了两步"利改税"，把过去国有企业上缴利润改作缴纳税收，从而使得过去以国有企业利润形式等大量存在的非税收入逐步变成正式的税收。最终两步"利改税"后才使税收规模变化基本与财政收入规模变化保持同步。两步"利改税"是政府筹措财政资金方式的重大变革，是为了适用计划经济向市场经济转轨在税收政策与制度方面进行的改革，目的是让政府与国有企业之间逐步脱钩，政府扮演市场管理者的角色，国有企业扮演市场竞争主体的角色。从此，国有企业与其他私有经济主体一样以向国家缴纳税收为主，同时额外向作为国有企业投资方的国家上交适当的国有资产经营收益作为对其出资的回报，而不再是大量的国有企业利润上缴。这种变化是符合改革开放大背景的。作为政府向市场分权的后果，政府筹集的税收占GDP比重越来越小，政府财力紧张，影响了正常职能的发挥。为了增加政府尤其是中央政府财力，1994年我国在财税领域实行了"分税制"改革。由于惯性，1994年改革后的两年财政收入和税收规模达到历史最低点，即U形曲线的底部。之后，财政收入和税收收入规模回升，同时随着税收征管力度的加强，两者呈较快的增长趋势。然而，向市场经济的转轨过程中政府职能不断扩张，快速增长的收入仍然满足不了支出需求，加上地方政府在"分税制"改革后财力紧张，于是增加了许多收费项目，从而使非税形式的财政收入规模也逐渐扩大，甚至一度挤压了税收形式的财政收入。这是不符合经济发展效率要求的。

2）我国税收结构变化情况

我国改革开放以来的税收结构情况如表5-8和图5-5所示。

表 5-8　1978—2015 年我国税收结构情况

年　份	商品税占比	所得税类占比	财产税类占比
1985	29.70%	34.11%	0.00%
1994	77.43%	13.82%	0.00%
2006	63.28%	27.28%	0.00%
2015	50.85%	28.62%	2.13%

数据来源:根据《新中国 60 年统计资料汇编》和国家统计局网站提供的数据进行整理。

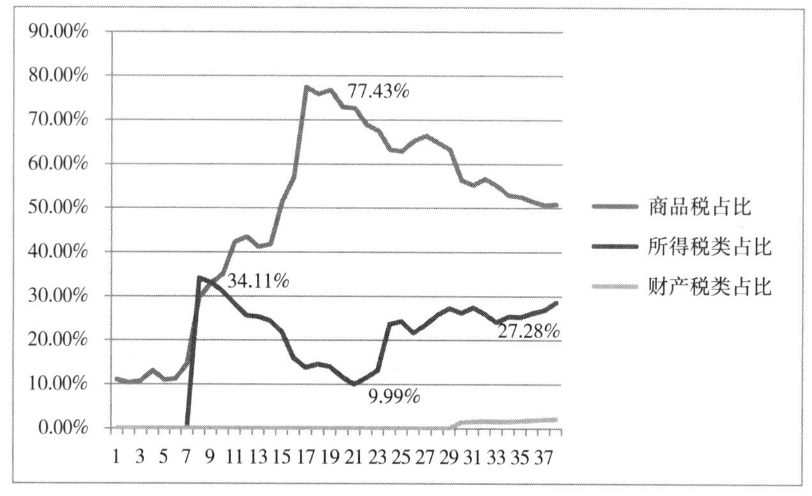

图 5-5　1978—2015 年三类税收占比情况

自 1985 年以来,我国税收结构是典型的以商品税和所得税为主体,财产税比重非常小。1985 年以前我国企业多为国有,且国有企业以上缴利润的方式给国家提供财政收入。1984 年、1985 年的两步"利改税"使得国有企业以交所得税方式来替代利润上交方式。改革开放初期,个人收入很低,个人所得税也很少,可见 1985 年以前,我国税收主要是以商品税为主。之后,随着社会主义市场经济的建立,市场规模越来越大,商品流通带来的增值税、消费税和营业税越来越多,商品税规模日益扩大,到 1994 年"分税制"改革时商品税规模达到最高点,占比 77.43%。相反,市场经济发展之初,企业并没有产生和积累丰厚的利润,个人收入水平也比较有限,所得税规模一度呈缩小趋势。到 1998 年东南亚金融危机爆发时,大量国有企业陷入发展困境,所得税占比达到历史最低点 9.99%。后来随着大量中小型国有企业的改制上市,国家西部大开发战略的实施及大量财税优惠政策的实施,宏观经济形势好转,企业效益变好,个人收入水平也大大提高,所得税规模增长,到 2006 年时占比达 27.28% 的高水平。之后一直保持在 24% ~29% 的水平。东南亚金融危机引发国内经济萧条,与商品流转有关的增值税、营业税和消费税增长都因此受到影响,商品税类大幅下降。尽管在此期间我国加强了税收征管,打击了走私力度,加强了贸易保护,关税税额有较大增长,但是仍然无法阻止商品税下滑的趋势,到 2002 年时已经下降到 62.92%。到 2006 年农业税取消,2008 年金融危机导致经济疲软,2009 年增值税转型和近几年逐步扩大范围的"营改增",使得商品税占比一路下滑,到2015年仅占所有税收收入的50.85%。财产税方面,直到2007年才有少量的房产税和车船税,占比非常少,为1%~3%。

5.3.2 税收增长过程中我国居民幸福感变化情况

1)税收规模扩大过程中的居民幸福感变化

从年度间状况来看,随着我国税收规模的增长,居民幸福感也呈上升趋势(见表5-9和图5-6)。

表5-9 2002—2015年我国人均税收规模与居民幸福感数据

年　份	人均税收收入(元)	税收占GDP比重(%)	居民幸福感(五分制)
2002	1 372.99	14.66%	
2003	1 549.00	14.74%	3.273 6
2004	1 859.07	15.12%	
2005	2 200.93	15.71%	3.409 6
2006	2 647.77	16.42%	3.429 4
2007	3 452.84	16.88%	
2008	4 083.06	16.97%	3.711 2
2009	4 460.22	17.05%	
2010	5 459.78	17.73%	3.766 0
2011	6 660.36	18.34%	3.896 5
2012	7 430.67	18.62%	3.808 4
2013	8 122.96	18.57%	3.755 2
2014	8 712.79	18.51%	
2015	9 087.76	18.13%	

数据来源:GDP、税收数据来自国家统计局网站,居民幸福感数据来自CGSS的2003—2013年幸福调查个体数据的整理。

由表5-9可知,人均税收由2003年的1 549.00元上升到2013年的8 122.96元,税收占GDP的比重由2003年的14.74%上升到2013年的18.57%,居民幸福感均值也由2003年的3.273 6上升到2013年的3.755 2(见图5-6)。但是,幸福感值2011年达到顶峰后,2012年开始下降,不过2013年的幸福感水平仍然高于2008年的水平。

可见,从整体趋势来看,我国居民幸福感与税收规模的增长正向关联,但自2011年后两者开始呈负向关联趋势。从理论上说,税收会对居民幸福感产生消极影响。但如前所述,由于征税的目的是向居民提供公共服务,这会对幸福感产生积极影响;并且,税收总量在不断增长的趋势下各类税收占比却有增有降;更重要的是,幸福感受许多因素共同影响。因而,评价税收规模对居民幸福感的影响不能简单对待。

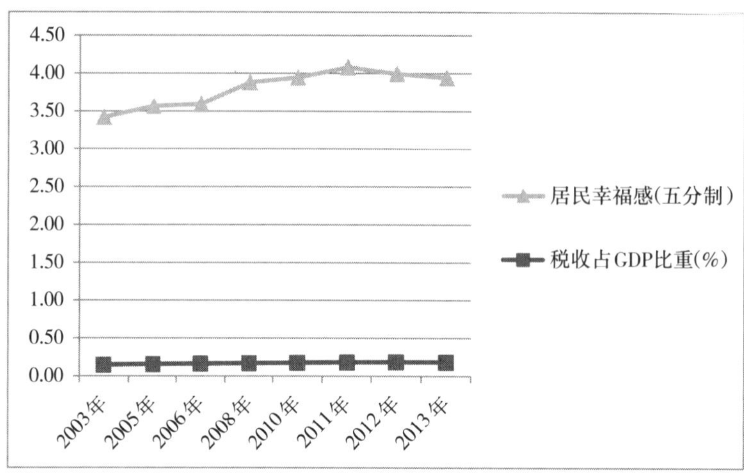

图 5-6　税收规模与居民幸福感的变化情况

2)税收结构变化过程中的居民幸福感变化

2003—2013 年,我国税收结构变化过程中的居民幸福感变化情况如图 5-7 和表 5-10 所示。

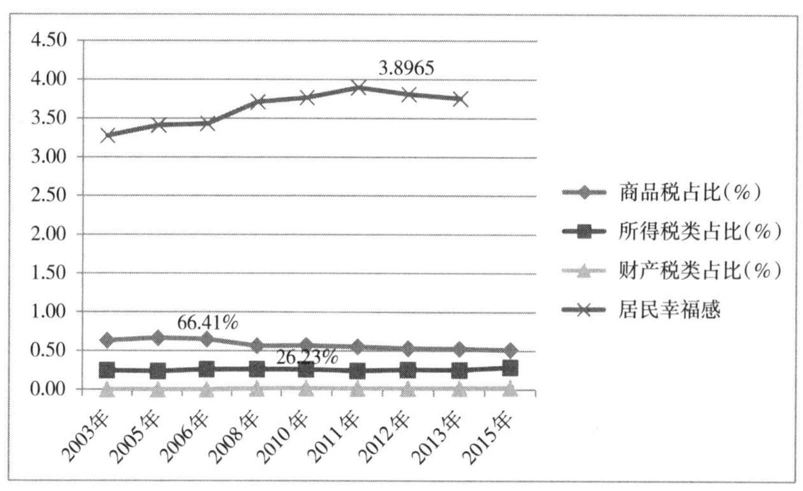

图 5-7　三大税类占比变化与居民幸福感变化

表 5-10　三大税类占比变化与居民幸福感变化情况比较

年份	商品税占比	所得税类占比	财产税类占比	居民幸福感
2003	62. 92%	24. 35%	0. 00%	3. 273 6
2005	66. 41%	23. 56%	0. 00%	3. 409 6
2006	64. 84%	25. 85%	0. 00%	3. 429 4
2008	56. 31%	26. 23%	1. 41%	3. 711 2
2010	56. 69%	26. 02%	1. 66%	3. 766 0
2011	55. 12%	24. 15%	1. 55%	3. 896 5

续表

年份	商品税占比	所得税类占比	财产税类占比	居民幸福感
2012	52.87%	25.43%	1.56%	3.808 4
2013	52.50%	25.32%	1.75%	3.755 2
2015	50.85%	28.62%	2.13%	

数据来源:根据国家统计局网站提供的数据进行整理。由于财税政策效应具有滞后的效果,因此,本表数据与本书中其他各章关于财税政策幸福效应的实证分析保持一致,即用先前一年的财税数据与当年的幸福感匹配分析。

第一,商品税占总税收的比重在2004年达到最高值66.41%后一直呈下降趋势。前两年商品税上升是由于东南亚金融危机后在国家的许多重大调控措施下经济开始复苏,流转额增加所致,之后由于2006年农业税取消、2008年金融危机和2009年增值税转型,导致商品税占比下降。此期间商品税占比下降,居民幸福感上升。第二,所得税占比随着经济发展逐年上升到2007年的26.23%,之后由于金融危机又呈下降趋势,2010年又达到一个最低点24.15%,之后再随着政府宏观调控逐年回升,到2015年时达到历史新高28.62%。此期间所得税占比有波动,所得税占比最低时对应的居民幸福感水平最高,说明所得税下降,居民幸福感上升。财产税占比尽管不大,但2009年以后基本保持与幸福感变化相反的趋势,财产税占比越小,居民幸福感越高。

以上只是从税收规模和大的税类结构来分析税收与居民幸福感的变化关系。虽然从整体上看我国税收规模扩大的同时居民幸福感也有提升,但2011年后幸福感开始呈下降趋势。因此,有必要进一步探究我国税收规模和结构在实现居民幸福感最大化方面仍然存在的问题。

5.3.3 幸福感最大化目标下我国税收政策存在的问题

1)幸福感最大化目标下中国税收规模的适度性问题

关于促进居民幸福感提升的最佳税收规模,美国的研究结论是在人均GDP达到1.5万美元以前,或个人年收入达到7.5万美元以前,税收会降低居民幸福感;在这水平以上,税收并不会因为减少个人收入而降低居民幸福感。中国的经济社会发展状况与美国有较大差异,收入的"幸福悖论"临界点不会与美国相同。但毋庸置疑,中国也存在这样一个临界收入水平,使得个体收入水平不再对其幸福感有明显的直接影响。2011年我国居民幸福感达到最高水平3.896 5后开始下降,这是否意味着2011年中国居民的平均收入水平已达到临界点呢?据国家统计局公布的《2011年全国城乡居民收入增长情况》显示,2011年全国农村居民人均纯收入6 977元,城镇居民人均可支配收入21 810元,从直觉上看,很显然这个收入水平还远未达到增加收入不会增加幸福感的临界点。因此,对于现阶段的居民来说,单纯地考虑征税是会降低其幸福感的。之所以幸福感在2003—2011年没有下降,可能是由于其他因素产生了主要影响。

2)幸福感最大化目标下中国税收结构的合理性问题

(1)基于幸福视角的税收结构的理论结论

①商品税与所得税的最优比例确定。由于商品税与效率目标相联系,所得税与公平目标相联系,任何一方比例过大都不利于现代社会中效率和公平目标的实现,而效率与公平目标不同权重的组合是由经济社会的发展现状来决定的。过高比例的商品税会带来收入分配不公及其他社会问题,过高比例的所得税会带来效率损失问题,因此,商品税与所得税的最优比例出现在经济社会中效率和公平都得到实现的时点上时,居民幸福感最大。

②最优商品税的理论确定。从决定的课征范围来看,普遍课征一般性商品税带来的超额负担较小,比选择性商品课税更符合经济效率的要求。但普遍课税必定会课及生活必需品,使低收入群体的相对税收负担高于高收入群体的税收负担,这不符合税收纵向公平的原则。因此,居民幸福最大化目标下的效率和公平原则要求最优商品课税应尽可能地广泛课征,同时也对一些基本的生活必需品免税。

从商品税率设计来看,要使税收超额负担最小,选择的税率就应当使各种商品在需求量上按相同的比例减少;或者按更严格的标准,设计的各种商品税率必须与该商品自身的价格弹性成反比。但由于生活必需品的需求价格弹性很低,而奢侈品的需求价格弹性很高,逆弹性法则意味着要对生活必需品征重税,对奢侈品征轻税,这显然不符合税收公平原则。因此,有必要综合考虑高税率产生的分配不公与实行低税率带来的效率损失的社会福利大小。如果对低收入群体偏好的商品或生活必需品采用低税率或免税,对高收入群体偏好的商品或奢侈品课征高税率,这样就可兼顾实现商品税的收入再分配功能。

③最优所得税的理论确定。如果是采用比例税率的形式,最优线性所得税边际税率应该是:劳动供给弹性越大,边际税率越低;越需要促进收入公平分配,边际税率越高;越需要筹集更多的财政收入,边际税率越高。而根据米尔利斯的观点,如果采用累进税率形式,最优非线性所得税的边际税率为:对高收入段的边际税率降为0,低收入段的初始税率接近于0,而中收入段的边际税率较高点,即边际税率曲线应呈倒U形。

(2)基于幸福视角的税收结构的实证结论

以2010年数据进行研究的结果表明:个人所得税税负和消费税税负降低了居民幸福感,增值税税负和营业税税负没有降低居民幸福感。且个人所得税对居民幸福感降低作用最大,现阶段中国以增值税和营业税等商品税为主的税制结构有利于居民幸福感提升。

考虑政府支出对居民幸福感的提升作用后,营业税不再能显著提升居民幸福感,增值税仍然没有降低居民幸福感,可见,"营改增"有助于居民幸福感提升。对于不同收入阶层来说,中等收入群体明显感觉到了个人所得税和消费税的"痛苦",高收入阶层明显感觉到个人所得税的"痛苦"。政府支出对居民幸福感的提升作用足以抵消所有收入阶层的税痛,但对于不同收入阶层在不同税种的税痛抵消作用上存在差异。政府支出调节作用明显的是低收入群体的个人所得税、中等收入群体的营业税和高收入群体的个人所得税的幸福效应。如果将政府支出更多地用于民生支出,则民生支出使得高收入群体增值税和营业税的正幸福效应、低收入群体的营业税的正幸福效应和消费税的负幸福效应变得不再显著。

(3)中国税收结构的合理性评析

由于2003年以前没有居民幸福的调查值可用,关于改革开放到2003年以前的税收结构变化合理性评价,本研究只能借鉴效率和公平两个目标的实现程度来判断这样的变化是否有利于居民幸福感提升。2003年我国商品税和所得税分别占比65.23%和21.67%,从改革开放到2003年商品税占比经历了一个逐步上升达到1994年的最高点77.43%后,又逐步下降的过程(见图5-8)。这当然有1984年、1985年两步"利改税"的效应,也有市场经济改革释放出经济活力使经济规模扩大的效应。后来商品税占比下降有经济遭遇东南亚金融危机的自然反应,可见,商品税占比的变化是符合效率要求的。同时,随着经济发展居民收入水平大大提高,却也伴随着行业间、地区间收入差距持续拉大,我国开始通过所得税来调节收入分配。1999年到2003年,我国所得税占比由历史最低值9.99%上升到历史新高值21.67%(2006年达到历史新高值30.39%)。这一变化趋势从总体来看是符合公平要求的。

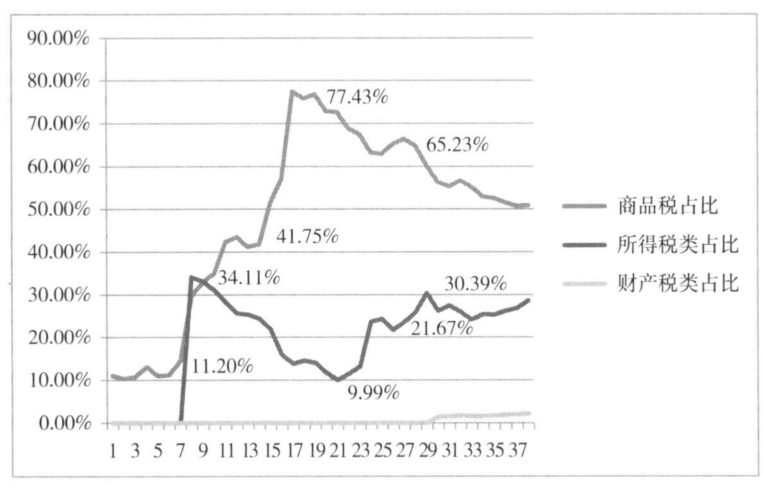

图5-8　1978—2015年三类税收占比情况

从2003—2011年,我国居民幸福感一直呈上升趋势(见表5-11)。而对于商品税来说,由于2006年农业税的取消,2008年金融危机导致经济疲软,2009年增值税转型,其占比基本上呈下降趋势。增值税转型有利于促进企业投资,刺激经济,因而是符合效率要求的,因而商品税占比的降低表现出与不断提升的居民幸福感相关联。农业税取消直接惠及广大农村低收入居民,有助于公平的实现;2008年内外资企业所得税合并,内资企业所得税降低,内外资企业适应统一的税率和优惠方式,税率降低有助于效率的提高,统一内外资企业的税收政策也有助于公平目标实现;个人所得税免征点逐步提高,有助于减轻低收入者的税收负担,同样有利于公平目标实现;消费税征税范围的调整对部分生活必需品(如护肤品)不再征税,还是有利于公平目标的实现。而加入其他一些对环境有污染的产品的征税则可通过改善居民生活环境提升居民幸福感。

由于目前我国还处在经济发展的初级阶段,人均收入水平还不是很高,收入不高自然不会形成更多的财富积累,从而也就不具备大规模征收财产税的条件。现行的财产税主要是对房产和车船征税，流转环节的征税无法起到调节收入分配的效果。

表 5-11 1978—2015 年三类税收占比情况

年份	商品税占比	所得税类占比	财产税类占比	居民幸福感
2003	62.92%	24.35%	0.00%	3.273 6
2005	66.41%	23.56%	0.00%	3.409 6
2006	64.84%	25.85%	0.00%	3.429 4
2008	56.31%	26.23%	1.41%	3.711 2
2010	56.69%	26.02%	1.66%	3.766 0
2011	55.12%	24.15%	1.55%	3.896 5
2012	52.87%	25.43%	1.56%	3.808 4
2013	52.50%	25.32%	1.75%	3.755 2
2015	50.85%	28.62%	2.13%	

以上讨论并不意味着中国现行税收政策与制度就是实现了效率和公平目标的，就是居民幸福感最大的。首先，商品税和所得税占比仍需进一步调整以实现居民幸福感最大化。经济效率仍有大量改进空间，收入差距仍然悬殊，效率和公平两个目标远未实现。如何确定两者的比例来促进公平和效率两个目标的实现，仍是未来税制改革必须面对并引起重视的问题。其次是商品税结构如何设计以实现居民幸福感最大化的问题。增值税目前已经扩围，覆盖了所有的产品和服务，如何有针对性地对中低收入者生产经营行为免征增值税，或实行低税率政策？如何设计出有差别的增值税税率体系使其既能促进效率的实现，又不至于损害公平？消费税税率设计在对高收入者征税时怎样在效率损失和公平取得之间进行权衡？关于商品税设计中的效率与公平的权衡，这本身就是一个较难的问题。最后，所得税制如何设计以实现居民幸福感最大化？为了实现公平，有必要对收入越高的人征更多的税，对低收入者不征税，对中间收入水平的人可以实行较高的税率。对于高收入者，传统的观点是收入越多征税率越高；但最优非线性所得税认为，最高收入者经济效率也往往最高，为了保证效率应该对最高收入者实行低税率。据此，可以认为我国个人所得税中工薪所得税七级超额累进税率的边际税率最高达 45% 是违反效率目标的；3 500 元的月基本扣除太低，对于很多城市来说这个金额的资金不足以弥补生活成本；分类征收的模式也大大方便了高收入节税，从而使公平目标难以实现。

第 6 章　国内外财税政策促进居民幸福感提升的实践

6.1　不丹提升居民幸福感的财税政策实践

6.1.1　幸福不丹建设的背景

不丹,位于中国和印度之间的喜马拉雅山脉东段南坡(属青藏高原南部)的一个内陆国,面积 38 394 平方千米。2012 年不丹人口 73.65 万人。不丹有 75% 的人口信仰佛教和原始宗教。不丹经济相对落后,2015 年国内生产总值 22 亿美元,人均 GDP 约合 2 836 美元,2014 年增长率为 6.4% 。目前仍为最不发达国家之一,但不丹是世界幸福指数最高的国家之一。2006 年发布的"全球快乐国度排行榜"中,不丹名列第 8 位,位列亚洲第一。

20 世纪 60 年代,不丹的现代化进程刚起步,当时的第四代国王吉格梅 · 辛格 · 旺楚克就公开讲话,清晰地传达了创建幸福社会的理念。旺楚克自身年轻,有西方学习的经历,他通过个人的观察发现,西方很多国家都在科技、交通和医疗设施的建设方面取得了成功,但除经济发展以外的某些方面却被忽视了,或者说某些传承被中断了。国王开始思考自然环境的破坏、文化和信仰的流失,人们不再能找到自己核心的价值观,不再能掌控自我等问题。这些国家的立国之本发生了巨大的转变,没有了可以坚持的信念;价值、哲学和个人思想都不再能成为精神支柱。尽管无数的专家和外国顾问向人们灌输意见,声称这种或那种模式能让国家取得成功。但年轻的国王对这种状况产生了质疑,他强调文化在抵御这些影响方面的战略意义,深信自然资源是良好生活的基础,相信无论是个人还是国家都要走自力更生的道路。他不希望不丹国内的合作生产体系被破坏,也不希望一味接受外国援助,按照其他国家的思维来发展不丹。他反对过分强调 GDP 生产,提出要注重个人幸福的感受。旺楚克国王最初并没有明确提出国民幸福总值(GNH)这个概念,关于 GNH 当时也没有明确的途径或政策指导来实施,GNH 的目标、实施策略和衡量标准也都不完善。但在他的幸福主张和治国思想指导下,不丹政府公职人员中越来越多的人接受了国王的观点,并将幸福目标应用到许多施政领域,最终在全社会形成一种被广泛认同的社会价值观(沈颢,卡玛 · 尤拉,2011)。

6.1.2 幸福不丹建设的“不丹模式”

1)国民幸福总值(GNH)的四大支柱

所谓“不丹模式”是指强调物质财富和精神产品的均衡发展,资源环境的保护和传统文化的促进优于经济发展,用国民幸福总值(GNH)代替国内生产总值(GDP)成为衡量发展标准的独特发展模式。国民幸福总值成为不丹人民追求更多幸福的目标指向和“指路明灯”。不丹政府将“国民幸福总值”具体化为经济增长、文化发展、环境保护和善治良政四大支柱。

公平和可持续的经济发展。“不丹模式”以实现国民幸福为发展目标,不是说就放弃经济发展,而是强调经济发展不能以牺牲资源、环境为代价。“不丹模式”在为教育、医疗、经济等提供服务和机会时,有其基本的前提。首先,坚持公正、平等原则。不丹政府将发展作为一个综合概念进行理解,而不是片面地理解为经济发展,因而强调均衡发展,注重经济、政治、文化和社会等层面的综合发展,而不是单纯视经济发展为第一要务。其次,坚持可持续性原则。发展不是短期而是持续性的长期行为,不能目光短浅,只顾眼前。不丹以实现国民幸福为目标的发展模式不是坚持以经济发展为中心,过分注重经济增长。他们在发展中做到了人与自然、社会的和谐共处,考虑到资源的可接受度和社会的可承受力,既考虑到当代人的利益和需要,又不牺牲下一代人,甚至几代人的利益,更不是涸泽而渔,一味强调资源索取而不注重生态环境的保护。总之,不丹经济发展坚持在消费中考虑真正的需求,不做盲目消费、超前消费。

传统文化的促进与保护。官方机构也好,民间组织也罢,不丹政府都鼓励彼此之间长期与共、互利合作,避免矛盾和纠纷,促进和谐生活。幸福是人们对生活满意程度的一种主观感受和心理体验,因此不丹政府相当重视人与人之间的关系处理。他们认为,长期生活在这片土地上的民族适应环境的需要已经形成了有别于世界其他民族的传统文化。传统文化作为先辈们经验总结遗留下来的精神财富和珍贵遗产,对解决社会矛盾,缓和社会冲突,协调人际关系有着不可替代的作用。因此,施政中既要做好传统文化的保护,善于从中汲取丰富营养,又不能固守传统,要大胆解放思想,敢于借鉴人类优秀文化之精华。在实践中要充分利用传统文化在协调人际关系方面的积极作用。人与人之间的关系和谐,生活满意度自然就会提升,必然会感到快乐和幸福。相反,如果人们的关系僵持甚或破裂,就会感到痛苦和不幸。

资源合理开发与环境有效保护。一定意义上说,人类社会的生存和发展,说到底是人类认识世界、改造世界的问题,是如何发现自然规律、利用自然规律的问题。人类科学把握自然规律并自觉遵循自然规律,自然就能为人类造福。相反,如果狂妄自大,藐视自然规律,必然受到大自然的惩罚和报复。不丹政府在推进发展的进程中,坚持人是自然的产物,要善待自然,合理开发利用资源,坚决反对急功近利式的开发利用。对不丹政府和每位不丹人而言,保护资源环境是他们每天都关注的大事。为保护生态环境,实现人与自然和谐共处,不丹政府号召每人每年至少要植树 10 棵以提高森林面积覆盖率。同时,不丹政府还对入境游客数量作了相当严格的限制,以减少对资源环境的人为破坏。此外,值得一提的是,为减少对地面生态的破坏,作为不丹经济发展亮点的水力发电站也多选择修筑在地下。

优良而科学的治理制度。从政治结构和政治体制而言,不丹虽是封建君主制国家,国王传统世袭,但自从旺楚克登基成为不丹四世国王以来,已不再是君主专制国家。旺楚克国王作风开明、胸襟广阔,善于采纳群臣建议,经常到全国各地考察民情,主动倾听民众呼声,了解民间疾苦。在其执政的 30 余年里,他坚定不移地进行政治体制改革,推进民主政治进程。2001 年,旺楚克建议筹备起草宪法,为建立议会民主制度,结束世袭君主制度作准备;2005 年,经全体国民讨论的不丹正式宪法颁布实施,依据宪法规定,两院议会制在不丹建立起来;2006 年,旺楚克四世国王宣布退位;2007 年,不丹议会上院选举产生;2008 年,首次选举产生的议会民主制新政府开始运作,标志着不丹由君主制向君主立宪民主制过渡。衡量幸福有其客观标准,但更是人们对生活的主观感受和体验,是主客观标准的有机统一。如何才能对国民幸福进行相对科学的量化呢?为此,不丹政府设立了开发衡量国民幸福总值的专门性科学研究机构。经研究机构多年努力,目前,已经开发出涉及心理健康、生态体系、卫生状况、教育权利、文化活力、生活标准、时间利用、社区多样性与适应性和善治良政 9 个领域的评价指标体系,而且 9 个领域中的每一项都在整个"国民幸福总值"中占有一定份额,有其相应的指标和数字。各方面指标加权综合起来,共同组成不丹的发展指标。不仅如此,研究机构还对 9 个领域进行细化,列出了 72 项幸福指标作为评判每个领域运行状况好坏、国民幸福与否的重要标准。如在心理健康领域中,宗教祈祷和冥想频率、精神状态感觉好与坏的频率及是否有轻生念头和自杀冲动等都是相对具体的评判指标。

2)GNH 实施的机制保障

(1)组织与制度保障

为保障 GNH 治国理念的贯彻落实,吉格梅·凯萨尔·纳姆耶尔·旺楚克国王将 GNH 建设上升到国家战略层次,在 2008 年 1 月建立了一个专门的"GNH 规划委员会",负责不丹政策制定以及发展规划工作,各级地方政府随即成立了各级 GNH 分支委员会。有了 GNH 委员会及其分支机构,GNH 理念转化为实践就有了组织保障,同时也确保了各政策项目的选择与 GNH 目标之间的一致性。正因为有了此类保障,GNH 对不丹整个国家各项事业的发展才产生了重大影响。

从制度上来看,不丹宪法规定了国家和政府有责任去追求 GNH;建设一个 GNH 国家是不丹的奋斗目标。在不丹,GNH 承担国家公共政策与计划的公正裁判员角色,一切以 GNH 为标准进行政策评判。现不丹执政的不丹繁荣进步党及其政府也承诺在制定政策规划时以 GNH 为追求的目标(丘海雄,李敢,2011)。

(2)宣传与科研保障

不丹主要通过广播、电视、报纸等传媒传播 GNH 理念,促进普通民众对 GNH 的认知与理解。不丹的政党与其候选人在竞选时经常会开展一些向民众宣讲 GNH 的活动,同时还会就 GNH 价值理念的贯彻落实展开相关的辩论。两者都起到了较好地宣传 GNH 的效果。

不丹研究中心(CBS)是一个由不丹内阁批准成立并按照既定规章制度自治的学术机构。该中心自成立以来就一直专注于 GNH 调研与开拓完善,注重将 GNH 的哲理探讨与实证研究有机结合,举办定期座谈与刊印出版相关研究成果,对外进行学术交流和访问。

3)GNH 的政策功能

GNH 作为不丹幸福建设的最核心理论部分,它最重要的作用是作为政策评判标准而存在。各级政府及其职能部门的政策和项目应根据 GNH 中的健康、心理幸福、生态、社区活力等指标进行检测,以便用于政策项目的选择和次序优先的确定以及筛选与 GNH 价值目标相背离的政策项目。另外,GNH 还可以对发展历程展开历时跟踪调研,用于对政策工具的长期分析与评价。

不丹研究中心已经开发出一个简单的 GNH 政策筛查工具,用来系统地评估任何有关 GNH 价值理念的政策或项目所产生的影响;同时,借助于政策筛查,可以帮助政府选择有利于提升国民幸福总值的政策项目,摒弃那些可能对 GNH 造成负面影响的政策项目。利用 GNH 政策筛查工具进行项目筛查,整个操作大致可以分为三个部分,即政策项目筛查、计算与打分。由“GNH 规划委员会”负责组织具体的评审筛选工作。供筛选的政策项目均用四分量表评价,其分值标示着从负面到正面的变化,其中,“1”代表负分值,“2”代表不确定,“3”代表中性分值,“4”代表正分值。原则上,需检测政策项目的整体得分不能低于中间值,如果未达标,该政策项目就需要加以修正或摒弃。评价者由不同行业人员(如学者、官员、监察人员以及普通公众等)组成,以有利于多元背景者共识的达成(丘海雄,李敢,2011)。

6.1.3 不丹政府在促进国民幸福中的作用

不丹政府非常重视社会公平发展,为全民提供免费教育与医疗,实行公平分配。不丹十分重视国民健康问题,把卫生健康列入重点建设领域,2010—2011 年财政年度卫生支出占年度财政支出的 7%。为改善医疗状况,政府构建覆盖所有国民的医疗体系;全民享有免费医疗,90% 以上的人得到基础医疗设施服务;改善饮用水,让国民都用上安全的生活用水。不丹的医疗体系被世界卫生组织称为东南亚地区最好的体系之一,1998 年获得了世界卫生组织基本卫生服务的 50 周年纪念大奖。经过 40 多年的努力,不丹人平均寿命从低于 40 岁提高至 60 多岁。

不丹政府非常重视教育,教育预算一直处于国家支出的主要地位。2010—2011 年度教育占总预算支出的 16%,是单向支出中最多的,为所有适龄儿童提供 10 年义务教育,免除学费,免费教科书、文具。不丹十分重视教育公平:不管是城市还是农村,大家都接受一样的教育和服务;教师经常轮换,所有教师至少要在偏远地区的学校工作 3 年;教育基础设施同等配齐;为所有学生提供公平进入职业技术学校和高等学校学习的机会。

不丹既强调做大蛋糕,更强调分好蛋糕,要求共同分享发展成果,而不是以少数人发展、少部分人利益为宗旨,更不以牺牲一部分人利益为代价。政府除了采取各种措施帮助国民脱贫,还非常注意调整收入的二次分配,以缩小贫富差距。如,电力公司是不丹实力最强的企业,各个电力公司不论大小,一律免费提供15%的发电量给政府,用以对低电压用户和政府认为的其他必要的使用情况进行补贴。电价由政府订立,收入上缴政府,统一调配使用。

发展经济的同时,不丹非常注意保护生态环境,努力实现生态与经济协调发展。不丹拥有丰富的森林资源、水力资源、旅游资源和矿产资源,为发展经济尤其是绿色经济、特色经济起到了关键作用。森林资源为经济发展和人民生活提供了必要木材,但他们禁止出口任何未经最终加工的木材,不把开采森林资源作为GDP的增长点。丰富的水利资源为经济发展提供了天然财富,不丹因地制宜发展水电,水电出口占其财政收入的45%,水电是其核心支柱产业。但其水电站都修在地下,以避免破坏地面生态环境。丰富的旅游资源每年给不丹带来上千万美元的收入,仅次于每年向印度出口风力发电的收入。

不丹明确提出今后优先发展高端教育、高端卫生服务和传统医药、高价值低影响的旅游业和服务业、金融业、有机农业、水电、太阳能和风能开发与利用,还有信息和文化产业。政府将提供一系列优惠政策,包括税收减免、土地费用减免、财政补贴等,而且这些项目都必须通过环境评估,否则再大的项目也不会批准。由于社会平等、和谐与稳定,不丹城市没有人满为患的贫民窟,街头没有流浪乞丐和失学儿童;犯罪率极低,整个国家社会秩序井然。不丹人民充满自信和希望,90%的留学生在学成后选择回国。

6.1.4　不丹模式的实践结果

在旺楚克四世国王的领导下,不丹政府始终以追求国民幸福为执政理念。经不丹人民30余年的共同努力,实践效果已经初显。“不丹模式”正以其独特的魅力吸引着世人,特别是西方著名经济学家、社会学家也不约而同地将目光聚集于此,倾心于“不丹模式”的研究。

经济持续发展。相较其他国家而言,不丹以增进国民幸福感作为至高无上的发展目标,在发展战略的选择上并非经济发展优先。但让人没有想到的是,长期以来不丹却保持着较高的经济增长速度,近年来远在印度等南亚国家之上,国民人均收入在南亚诸国中也是首屈一指的。追究其根本原因,毫无疑问与生产力诸要素中最活跃因素——劳动者主动性、积极性的调动,创造性的发挥关系密切,当然与资源合理利用、环境有效保护也密不可分。如地下水电站的修建不仅增进了国民幸福,而且水力发电也是不丹的主要出口资源,成为不丹政府的主要财政收入。

生态环境优美。以“国民幸福”为治国理念,不丹政府科学而完备的资源环境保护措施使不丹原始森林得到了很好的保护,避免了对原始自然生态的人为破坏,而政府要求每位国民每年至少植树10棵的倡议也得到了国民的积极响应。目前,不丹原始森林覆盖面积任何一个亚洲国家也不能与之争锋,国土森林覆盖率高达74%,这使不丹拥有了相当丰富的森林资源。不丹头顶湛蓝天空,脚踏碧绿大地,可谓无山不绿、无水不清,有着极其丰富的天然旅游资源。正是在此意义上,外来旅游者将不丹称为“香格里拉式”的国度。无可否认,这是受之无愧的。

人际关系和谐。沿街看去,在不丹找不到乞讨者,也难发现巨商富婆,看到的都是衣着朴实无华、面带灿烂微笑的人们;放眼眺望,在不丹难以发现“贫民窟”,也很难找到华丽豪宅,所见到的仅是一栋栋普普通通的居民小楼。毫无夸张地说,整个不丹没有太穷的人,也没有太富的人。在这里,所有人没有高低贵贱、优劣之别,只有能力高下、兴趣爱好之分,即便是国王走出宫殿也与不丹国民无异,因而不丹人将旺楚克国王称为“平民国王”。在不丹,公平、正义得以维护,民主、法治得以彰显,人与人之间没有尔虞我诈、你争我斗,有的只是彼此信任、相互关爱。现在的不丹王国虽还不能称作国富民丰,但却做到了人与自然、人与人和谐相处,形成了融洽的人际关系。

国民欢乐幸福。不丹国民幸福与否,可以从每一张面孔中反映出来。不丹国民之间相互关爱、相互照顾,讲求知足常乐,没有太多的奢望。不丹国民时间充裕,尽情地享受着大自然赐予的美景,无忧地享受着政府给他们提供的免费医疗福利和教育机会,大部分人过着休闲而自由、舒缓而平静的日子。据不丹政府 2005 年的一次普查结果显示,不丹有 52% 的人感到幸福,45% 的人感到非常幸福,3% 的人说不是很幸福。或许,国民的健康安宁、欢乐幸福正是推进不丹发展的强劲动力。

不丹还比较贫穷,但并不代表“落后”;不丹持守传统,但并不反现代;不丹有些守旧,但却坚持开放。在世界日新月异的大潮中,不丹既与现代接轨,又不盲目现代化和西方化,而是始终以追求“国民幸福”为治国理念,以提升国民幸福为发展目标。他们选择的“另类”发展模式的确有其可取和借鉴之处,这是研究中得出的基本结论。

6.2 美国财税政策提升居民幸福感的实践

6.2.1 美国重新关注幸福的背景

美国的《独立宣言》中就有关于幸福的论述:“我们认为下面这些真理是不言而喻的:造物者创造了平等的个人,并赋予他们若干不可剥夺的权利,其中包括生命权、自由权和追求幸福的权利。”但无论是在实践中还是在研究中,幸福权被提及的频率远远低于生命权和自由权的频率,原因是幸福被“利益”或“效用”所取代,追求幸福也就被“追求利益最大化”或“效用最大化”所替代。经济学家们主张用 GDP 指标来衡量经济的发展,政治学家们希望自己的政绩表现简化为经济增长领域的表现,甚至主张直接用 GDP 来衡量国家总体福利。

2003 年任职于美国政府会计办公室的克里斯·霍恩拟提纲组建一个小组来研究衡量国家进步的方法以替代 GDP 指标。霍恩认为,如果没有新的方法衡量国家的进步,可持续发展的经济和社会将成为不可能。霍恩主导的颠覆 GDP 统治地位的行动也重新回到了美国国父们当年的愿景:重建美国价值和美国精神的行动。霍恩虽然没有采用国民幸福指数这一概念来代替 GDP,但也许正是不丹这一亚洲小国对幸福的不懈追求刺激了美国人去寻回"幸福"这一立国价值。

2007 年克里斯·霍恩的小组开发了一个名为"美国现状"的项目,后来这一项目又进一步发展为一个由美国国家科学院运作的国家关键指标系统。"美国现状"计划最终记录大约 300 项指标,涵盖犯罪、能源、基础设施、住房、医疗、教育、环境和经济等领域,旨在逐步建立一个多元性、综合性的标准,而不再是以经济增长这个单一维度的标准来评判"美国的进步"。

使"美国现状"项目提升到国家层面进行小规模实验的重要原因是美国 2008 年的金融危机以及由此而引发的经济危机。经济危机使政府片面追求经济增长的弊端充分暴露出来,使居民更容易意识到"幸福"不只是收入上的变化。危机时政治家也更容易抛弃 GDP 至上的政绩观:如果评价的标准多一点,尽管经济表现不好,但其他方面(如医疗、公共安全)做得不错,政治家的政绩会相对好看一点。

截至 2008 年年底,在分别来自民主党和共和党的几位参议员的合作下,一个针对国家关键指标体系的立法建议《国家关键指标法》创立了。2010 年 3 月,奥巴马总统将这一立法建议的一个简化版本作为 P. L111-148 签署。根据立法决议 P. L111-148,国家关键指标委员会由包括参议院多数党和少数党的领袖、议长和众议院少数党的领袖在内的 8 名成员组成。委员会从其成员中选举两位联合主席对指标体系(KNIS)进行监督,对如何改进 KNIS 提出建议,并对联邦政府用户和信息提供者进行协调,以确保获得相关的和有质量的数据。委员会与美国国家科学院签订合同,在法律许可的条件下,通过国家科学院来建立国家关键指标体系。国家科学院有权为自己创造新的职责,或者与外部机构合作,达成全国性的网络系统。而"美国现状"是在美国科学院指导下探索建立国家关键指标体系的非营利的免税组织(沈颢,卡玛·尤拉,2011)。

6.2.2 美国政府在社会保障领域提升居民幸福感的做法

美国的社会保障由社会救济、社会福利和社会保险三部分组成。一是由联邦或州政府出资并管理的社会救济和社会福利项目,保障的主要对象是低于社会贫困线的低收入者、丧失劳动能力的人以及这些家庭中的未成年人及其母亲。福利内容有现金补贴、食品券、住房补贴、医疗补贴等。二是由政府立法强制实施、全体劳动者参加并共担费用的社会保险项目。主要有养老、医疗、失业、残疾、工伤与职业病保险等,实施对象是所有劳动者和退休人员。政府只对这些项目提供基本保障,并在主要项目上体现了一定的社会共济和再分配原则。如联邦养老保险平均替代率只有 42%,但低收入者替代率为 60%,高收入者的替代率只有28%,这些项目的实施不分区域,不分行业,以利于劳动力流动和平等发展。三是由各种基金组织委托商业保险公司等金融机构经办的私人团体年金、医疗保险和个人储蓄,对这一层次的保费和保费投资收入,政府实行免税鼓励。据有关专家估计,美国政府为此每年减少税收上千亿美元。2007年,美国有近5 000万人领取社保福利,总额约达6 020亿美元,是联邦政府最大的支出项目之一。

社会保险是美国现行社会保障制度的主体部分,这一层次是最基本的保障,是主体和基础,覆盖大多数人群。它包括:①老年遗属伤残保险。这是一项由美国政府强制提供的,为符合条件的年老、伤残、受伤幸存劳动者和依靠他们生活的家属等按月提供补助的保险计划,由美国社会保障署管理,收入来源于社会保障税,由老年遗属保险(OASI)和伤残保险(DI)两个项目组成。目前美国社会保障税的72%用于当期的OASDI待遇发放,28%由OASDI信托基金负责投资管理。②医疗保险。美国医疗体系的市场化程度很高,其医疗保险主要由政府医疗保险和私人医疗保险构成。政府通过税收优惠鼓励雇主为雇员购买私人医疗保险,目前这一比例高达90%。政府的医疗保险主要指政府为65岁以上的老年人和残疾人提供的医疗保险项目,包括住院保险、补充医疗保险和处方类药品支付项目。③失业保险。目前这项制度覆盖了97%的失业者,承保投保人是由于超出本人所能控制的各种社会、经济因素造成的失业者。失业保险项目由各州政府进行管理,联邦政府只是制定一些措施鼓励各州政府建立失业保险制度并尽量在州际保持统一性。在大多数州失业保险税是全部由雇主承担的。

社会援助与福利体系。由于个人主义价值观念的影响,美国整个社会保障制度都选择了“补缺型”的发展道路。美国虽没有建立一个完善的社会保险制度,但是却发展起了一套完备的公共援助体系。在美国,社会援助与福利体系是由一系列的公共援助项目组成:①补充保障收入(SSI),资金来源于非社保税的普通税收收入。该项目用来帮助收入极低的老年人、盲人和残疾人,并通过提供现金满足其对食物衣服和住所的最基本需要。SSI要求申请者首先应申请其他所有符合资格的货币援助,因为SSI的出发点是设立“最后求助的援助项目”,即在评估申请人所有其他收入后,SSI为受助者提供其受助前收入与最低生活保障收入之间的差额,使其达到法定收入标准。②临时家庭援助项目(ATNF)。该项目是为有“需抚养的儿童”的贫困家庭提供现金补助,其目的是鼓励发展和保持双亲家庭。由联邦政府和州政府共同承担救助资金。该项目除提供现金援助外还通过收入所得税减免的方式对有孩子的低收入工人家庭提供补助。③医疗补助(MD)。这是一项专门为低收入人群设计的用于支付其医疗开支的公共援助项目。医疗补助并不向被援助者支付现金,而是当受助者发生医疗费用时,直接向医疗服务的提供者进行支付。④住房援助项目(HA)。这是为住房困难的人提供资助的项目。政府通过由地方当局建造、所有和经营住房的公共住房项目,由地方住房当局直接出租私人住房或为低收入家庭直接支付房租的补贴性住房项目,以及通对低收入出租房屋的税收豁免等方法来实现。⑤联邦主要食品项目(Major Federal Food Program)。食品券是美国联邦政府向低收入家庭提供的用于换购食品的代币券。美国的食品券项目既有救济穷人之效，又有为美国过剩的农产品寻找出路之效，并且为了避免低收入群体对食品券的过度依赖，法律对食品券的领受人设置了工作要求。

6.2.3　政府在医疗卫生领域提升居民幸福感的做法

美国政府对医疗部门的经费投入不管在绝对数量还是相对比重上都远超其他国家，也远超其军费开支。美国的医疗卫生支出（包括所有有关项目以及公共支出、雇主支出和个人支出）占 GDP 的比例在 20 世纪 60 年代约为 5%，70 年代约为 8%，80 年代约为 10%，90 年代已超过 15%。全部卫生保健支出中，政府支付的公共负担部分接近 1/2。2005 年全美所有医疗开支占 GDP 的比例高达 16%，其中，公共部门的投入，即由美国联邦政府、州政府和地方政府投入的经费占 44.6%，私人支出占卫生总费用的 55.4%。假如把美国各级政府为医疗保障提供的税收减免也考虑进去，则公共投入所占的比重会超过 60%。同时，政府对特殊群体的社会医疗保险之一是为 65 岁以上老年人免费提供医疗服务的 Medicare（老年人免费医疗制度），另一个是为穷人提供免费医疗服务的 Medicaid（穷人医疗救济制度）。Medicare 覆盖了 3 000 万人口，受益人群约占美国人口的 17%。Medicaid 覆盖了 3 600 万人口，占 58% 的贫困人口及 82% 的贫困妇女和儿童，全美国 1/2 的儿童（约 1 600 万）参加了这项由政府提供的保险。2005 年，联邦政府在 Medicare 和 Medicaid 这两项保险上的花费占当年联邦财政预算的 19.7%。美国政府提供的社会医疗保险覆盖了 26.6%。尤其重要的是，美国政府的医疗保险主要保障的是弱势群体，从而发挥了无可替代的促进社会公平的作用。

美国的医疗保障属于典型的补缺型保障模式，只为老年人、残疾人、儿童等弱势群体建立了公共医疗保险和医疗救助制度，其余人群多依靠商业保险获得医疗保障。具体而言，美国的医疗保障主要包括两大类：第一类是由政府举办的社会医疗保险、医疗救助项目，包括医疗照顾、医疗援助和州儿童健康保险计划。其中，医疗照顾及医疗援助项目作为美国总统约翰逊的“伟大社会”改革计划的一部分于 1965 年获得通过。医疗照顾是一项全国统一的医疗保险计划，由住院保险和补充医疗保险两部分组成，主要覆盖 65 岁以上老人、残疾人及晚期肾病患者等。医疗援助项目是政府向收入低于贫困线的 65 岁以上老年人、残疾人和有幼儿的家庭提供的医疗救助计划。而州儿童健康保险计划则是克林顿夫妇推行的全民健康保险计划的成果，其目标是那些家庭收入水平在联邦贫困线以上 100% ~300% 且没有参加其他私人保险的儿童。第二类是私营医疗保险，包括非盈利性医疗保险（以蓝盾、蓝十字等组织为代表）与盈利性的商业健康保险两种。统计显示，2006 年和 2007 年两年私营医疗保险参加者所占比例都在 67% 以上，占绝对优势；而参加政府承办的社会医疗保险的人数只占 20% 左右；有 13% 左右的人同时参加了两项医疗保险；此外，美国还有 15% 的人没有任何医疗保险。

政府干预医疗保障成为世界各国的通行做法，形式主要包括建立制度、宏观管理、提供资金、实施监督等多个方面，而提供财政资金支持是各项干预措施中必不可少且极为关键的一项。一直以来,美国虽然没有全民的医疗保险计划,但是各级财政对于公共医疗保障的补助支出却很多,尤其是联邦财政承担了主要的支出责任。据统计,自 1970 年以来,联邦政府用于医疗照顾和医疗援助项目的支出占联邦财政支出的比重逐年提高,到 2004 年已经占到了联邦财政总支出的 22.22% 。具体而言,在公共医疗保障的几个项目中,各级政府的支出责任各不相同。医疗照顾中联邦政府有支出责任。美国是典型的财政联邦制国家,实行彻底的分税分级财政体制,联邦、州和地方政府在财权、事权的划分上十分明确和详细。医疗照顾由联邦卫生保健财政署和社会保障署两个部门统一管理,财政部负责管理住院保险和补充医疗保险的信托基金以及基金的拨付。各州政府不介入该项目的运作。联邦政府拨款占补充医疗保险总收入的比例自 1986 年以来一直维持在 70% 以上,是补充医疗保险的主要资金来源。此外,补充医疗保险的资金还来源于参加者的保费。而住院保险的资金主要来源于雇主和雇员交纳的工薪税,财政没有补贴。医疗援助与州儿童健康保险计划中的财政支出责任和转移支付与医疗照顾项目不同,医疗援助与州儿童健康保险计划主要由州政府独立运作,卫生与公众服务部(HCFA)并不参与管理。这使得联邦政府对于州政府的转移支付成为必需。州政府获得联邦资金配套的前提是必须按照联邦政府的要求为大多数绝对贫困人口提供一些基本的医疗救助。联邦政府拨付给各州的配套费用以各州的人均收入为基础,法定的联邦最大配套率为 83% ,最小配套率为 50% 。因此,各州的医疗补助支出中一半以上是由联邦政府负担。

6.2.4 政府在其他领域提升居民幸福感的做法

长期保持高水平的教育投入,且关注教育公平。1975 年以来的多数年份,美国对教育机构的经费总投入占 GDP 的比例保持在 7% 以上,美国公共教育经费占 GNP 的比例也长期保持在 5% ~6% 的高比例。美国 2006—2007 年财政教育支出中联邦政府负担 8.9% ,州政府负担 43.3% ,地方政府负担 38.1% ,其他资金来源占 9.7% (数据来自美国教育部网站)。中央政府和州政府对教育主要通过转移支付来实现各地区的平衡发展。同时,强调教育机会的实质平等,尤其强调不同族裔、不同文化群体平等发展的权利。从中央联邦政府到地方各级政府开始为少数民族和贫困家庭的儿童制定大规模的教育服务方案,以补偿这些儿童在智力与社会发展方面的不足。对联邦政府和州一级政府来说,主要是通过立法和拨款资助大力开发补偿教育计划。

住房保障投入多,受益面广。美国政府的公共住宅管理系统分为联邦和县、市两级。联邦一级是政府的住宅和城镇发展部。它于 1965 年成立,使命是解决低收入家庭的住房问题。2005 年,美国住房与城镇发展部用于住房保障方面的财政支出(不包括人员开支)总计为 360.4 亿美元。地方一级是遍及全国各县市的大约 3 300 个地方公共住宅办公室。他们是在当地注册成立的联邦政府代理机构,预算的 80% 以上来自于联邦政府的住宅和城镇发展部。地方公共住宅办公室全权负责本地区公共住宅房的开发、建造和管理。此外,中央财政在住房保障上的资金投入还可以带动社会资金投入住房保障领域,让住房保障制度取得更多的实效。如美国住房与城镇发展部通过实施住房投资伙伴计划，为低收入家庭建设可支付住宅。2005 年，该项目完成了将近 72 000 套可支付住宅，这一计划通常和地方非营利机构、州政府、地方政府合作，或建、或买或翻修可支付住宅用于出租或出售。通常这一计划的投资可吸引 3.6 倍的社会资金投入可支付住宅的建设中。目前，大约有 130 万个家庭居住在公共住宅房或由政府资助的廉租房中，占美国全部家庭数的 1.5%。

政府加大对公共就业服务的投入，建立完备的一站式就业培训与服务网络。一方面，联邦政府加大对地方公共就业服务的支持力度。如在美国提出失业保险和就业服务制度的改革方案后，联邦政府提出，对各州增加的津贴部分将承担一半费用，联邦向各州拨款 90 亿美元支持地方政府提高津贴水平和提供公共就业服务，增加基金储备以避免提高雇主缴费率。另一方面，联邦政府要求各州设立就业补助项目。2005 年起，各州除参加联邦失业保险计划外，还建立起自己的失业保险基金和就业服务计划。2006 年，联邦政府为州政府的每 2 美元失业保险基金提供 1 美元配套资金。而且，美国就业导向型财政支出的特色在于完备的劳动力投资体系。《劳动力投资法案》的颁布使全国形成广泛的一站式就业服务网，发布大量免费的就业信息，提供介绍工作、咨询、基础技术训练等项服务，为失业者寻找工作提供便利。工作银行为失业者和雇主开辟网上的互动交流便利，减少求职过程中的交易成本。职业展望手册则为求职者提供职业要求、就业情况、待遇情况等信息，有助于提高就业效率。美国当前人口普查显示 2005 年中失业者寻找工作的方式：雇主直接雇用的占 60.6%，投递简历或申请材料的占 55.4%，刊登或应答广告的占 14.8%，亲友介绍占 17.7%，公办、私办职业机构介绍占 25.0%，一个人平均可以用 1.85 种方法来寻找工作。据统计，目前全美每年有 1 700 万人通过各种职业介绍机构寻找工作。可见，美国完备的一站式就业服务网络在失业者的再就业过程中起到了非常重要的作用，促进了再就业。

6.3　广东省提升居民幸福感的财税政策改革案例

6.3.1　“幸福广东”的建设背景

1）广东概况

广东，简称“粤”，省会广州，是中国大陆南端沿海的一个省份。广东省陆地面积为 17.98 万平方千米，约占全国陆地面积的 1.87%，划分为珠三角、粤东、粤西和粤北 4 个区域，下辖 21 个地级市。其中深圳和广州是副省级城市，深圳、珠海和汕头为经济特区，广州和湛江为中国首批沿海开放城市。

广东是中国第一经济大省，经济总量占全国的1/8，是中国经济规模最大、经济综合竞争力、金融实力最强的省份。广东是中国历史上商品性农业最早发展的地区之一，也是中国最早出现资本主义生产方式的省份之一。1989年起，广东地区生产总值在中国30个省市中连续占据第一位。2017年第一季度的经济增速和生产总值(GDP)排行榜上广东的地区生产总值总量排名全国第1；另外，中国最富裕30城市排行榜中东莞市、佛山市、珠海市、中山市分别排名第1、第4、第6、第7。

2015年末，广东省常住人口10 849万人。广东省是56个民族成分齐全的省份，2011年汉族人口占全省总人口的97.46%。广东省自古就是中国海上贸易和移民出洋最早、最多的省份，近代以后逐渐发展成为重点侨乡。2013年广东省有3 000多万海外侨胞，占中国的2/3，遍及世界160多个国家和地区；有归侨10.3万人，侨眷2 000多万人，主要集中在珠江三角洲、潮汕平原和梅州地区。

2)“幸福广东”的提出背景

“建设幸福广东”最早于2011年5月在广东省十一届人大四次会议上被提出。随着“幸福广东”的提出，“幸福广东”成为广东省上下经济和社会发展的一个热词。广东省在“十二五”规划中明确把“加快转型升级，建设幸福广东”作为未来5年各项工作的核心。更多关注和保障民生，成为广东各级政府工作的出发点和落脚点。

6.3.2 “幸福广东”的建设规划

“幸福广东”的建设就是要准确把握“加快转型升级、建设幸福广东”这一核心任务的本质和内在要求，在认识上重在全面理解，在实践上贵在持之以恒，如此，才能把这一美好愿景变成看得见、摸得着的现实幸福生活。

1)“加快转型升级、建设幸福广东”是一个统一体，不能割裂

“加快转型升级”是手段，“建设幸福广东”是目的。两者是一个统一的整体，不能割裂，尤其不能把手段当作目的。正如发展经济一样，发展经济是手段，目的是提高人民群众的生活水平，让人民群众得到幸福。如果不顾发展的根本目的，为了发展而发展，最终经济总量虽然上去了，人民群众却感到不幸福。如苏联就是将发展手段变成发展目的的典型，发展生产力的目的不是提高人民群众的生活水平，体现社会主义制度的优越性，而是与美国进行军备竞赛，“要大炮不要黄油”。国防工业虽然非常发达，但是日用品匮乏，民生得不到保障，成为后来失去人民群众支持的重要原因之一。20世纪70年代末，党中央提出要把全党工作的着重点转移到经济建设上来，目的也是要让人民群众过上幸福的生活。这一战略转移顺应历史发展规律，符合人民群众的迫切要求，得到全党、全国各族人民的衷心拥护。“加快转型升级、建设幸福广东”，明确经济发展的出发点和落脚点是使人民群众得到幸福，必定引起全社会广泛关注，得到人民群众的拥护和支持。

建设幸福广东是目的，加快转型升级是手段。因此，不能只强调“建设幸福广东”而不注

意如何“加快转型升级”，否则“十二五”规划的目标任务就不可能实现，“建设幸福广东”也就成了无源之水，无本之木。总之，要把“加快转型升级、建设幸福广东”体现在推动科学发展、促进社会和谐的进程之中，通过转型升级为实现科学发展和社会和谐奠定良好基础，从而达到为人民谋幸福之目的。

2）“幸福广东”包含着物质、文化、政治等多方面的丰富内涵，不能偏颇

幸福是人们对生活的追求和感受，其内涵是很丰富的，既涵盖物质生活，也涵盖文化生活、社会生活和政治生活。幸福虽然是主观感受，但并不是空中幻影，而是有其实实在在的物质依托。首先，人们的物质生活水平需要不断提高。有的国家物质条件极端匮乏，却大搞个人崇拜和愚民教育，虽然人民的“幸福感”很强，但这并非现代文明意义上的幸福。其次，人们的文化生活需要不断改善。早在中共八大召开的时候，党中央就提出社会主义生产的根本目的是不断满足人民群众日益增长的物质和文化需求。人与动物最重要的区别是人有文化需求，丰富的文化生活是“建设幸福广东”的重要方面。再次，人们社会生活方面的诉求也必须不断满足。人民群众要参与社会活动，要求有知情权、参与权、表达权、监督权，要求公平正义。现在群众的生活普遍改善，但由于部分社会成员通过不正当手段非法牟利，人民群众会因此感到不公平，幸福感不高。

“建设幸福广东”的内涵是极其丰富的，必须全面理解，而不能孤立强调某个方面。过分强调幸福要有物质财富，或者过分强调幸福是主观感受，都是错误的。过去更多地强调改善物质条件的结果是人民群众收入增加了，但幸福感并没有同步增加。现在要防止过分地强调幸福是主观感受，忽视整个社会生产力发展的结果是，幸福没有物质基础作为保障的。当然，幸福的内涵丰富，并不意味着没有标准。总之，只有全面理解和准确把握幸福的内涵，才能制定出科学的、有针对性的“建设幸福广东”政策和措施，才能帮助人民群众过上真正幸福的生活。

3）“加快转型升级、建设幸福广东”是一个长期的过程，不能一蹴而就

首先，“加快转型升级”需要付出长期艰辛的努力。从近几年广东省的转型升级实践来看，仍然不同程度地存在不愿转、不会转，制度制约不能转的情况，还存在观念、资金、技术等方面的问题，领导干部能力水平的问题，以及路径选择和政策设计的问题，等等。特别是转型升级涉及利益格局的调整。比如，近年广东宣布调整最低工资标准，2010 年上涨 21.1%，2011 年又提高 18.6%。上调最低工资标准增加职工收入，一方面可以改革收入分配格局，另一方面有利于形成倒逼机制，促使劳动密集型企业提高技术水平和竞争力。如果缺少外在压力，仅仅满足于使用廉价劳动力，就不会有投资更新机器设备、提高技术水平的动力。但提高最低工资标准会减少企业当前的利润，从而遭到部分企业抵触。其实，从长远来看，这一举措对企业是有益的。如果不提高最低工资标准，广东省的企业终将面临“用工荒”的问题。此外，广东省有规模较大的劳动密集型产业，外来务工人员中有 3 000 多万主要从事劳动密集型产业，推进产业升级难度非常大。因此，广东实现转型升级的任务重、难度大，需

要付出长期的努力。

其次,“建设幸福广东”是一个与时俱进的过程。随着经济社会的不断发展,幸福的标准会不断变化。如,解放初期有饭吃就觉得幸福,改革开放初期有钱花就觉得幸福。进入 21 世纪,幸福的标准也提高了,不光是有饭吃和有钱花就可以了,人民群众的诉求不断增多,要实现人民群众幸福越来越难。广东正处于建设“幸福广东”的新起点。虽然经过 30 多年的改革开放,广东以经济总量第 1 领跑全国,经济发展也带给人民群众很多物质利益。但是与排名第一的经济大省地位相比,广东的民生社会事业发展的差距还比较大,经济社会发展不协调,城乡差距比较大,社会保障、卫生、教育等领域还存在比较多的问题,“建设幸福广东”的任务艰巨,需要与时俱进地不断推进方能实现。另外,“幸福广东”评价指标体系的制定也是一个与时俱进的过程。需要通过实践深化认识,统一认识,不断修改,才能制定出一套完善的幸福评价指标体系。

再次,“建设幸福广东”是一个共建共享的过程。广大人民群众是“建设幸福广东”的主体,要动员全社会共同参与,用劳动共同创造幸福美好生活。“建设幸福广东”不只是党委、政府的事情,还需要广大民众付出智慧和汗水。“建设幸福广东”应该是“共建共享”,“人人是创造幸福的主体,个个是享受幸福的对象”,“我为别人的幸福努力工作,别人为我的幸福创造条件”。

4)“建设幸福广东”要考虑当前又兼顾长远,不能搞成片面的政绩工程

“建设幸福广东”不能急功近利、违反客观规律,追求贴幸福标签的政绩工程。过去过分追求 GDP 的增长,形成了不健康的发展方式;如果现在过分追求让人民群众有幸福感,同样会出现“幸福”政绩工程,人民获得的是形式主义的“幸福”,这样的“幸福”不可持续。如,有的领导干部在任期内不注意人民群众长久的根本利益,寅吃卯粮,花钱让大家“幸福”,任期结束以后留下一堆“账单”,这种幸福是不可持续的。国际上就出现过类似的情况。一些西方国家实行高社会福利制度,但高福利必须依靠高税收来支持,税负过重影响了国家竞争力,整个社会不堪重负,难以持续。因此,建设幸福广东的正确做法是,在发展的某个阶段给人民群众相适应的幸福感,既考虑当前的幸福,又考虑可持续的幸福。不考虑将来和后续的发展,会导致当代人受益,后代人遭罪。要防止类似过去片面追求 GDP 增长的问题在追求幸福的过程中重演。

6.3.3 “幸福广东”指标体系建设

2011 年 10 月 11 日,广东省正式向社会颁布“幸福广东”指标体系。这个在全国率先出台的省级幸福指标体系,标志着“幸福广东”建设开始进入实施阶段。从 2011 年 1 月初广东省启动“幸福广东”指标体系的研究和编制工作到 3 月底面向社会公众征求意见,多次深入调研,反复修改,再到最后正式公布,整个编制过程历时 9 个多月。各地的幸福指数测评结果将纳入地方政府官员的政绩考核,于下年年底前向社会公布。

1)客观指标体系

"幸福广东"指标体系由客观指标和主观指标两部分构成。客观指标着重反映政府"建设幸福广东"的工作实绩,既设置了就业收入、教育文化等反映物质建设的指标,也设置了社会安全、权益保障等精神层面的指标(见表6-1)。主观指标更侧重反映人民群众的主观感受,反映人民群众在精神层面更深层次的诉求(见表6-2)。

表6-1 客观指标体系

一级指标	权重(%)		编号	二级指标	二级指标	权重(%)	
	珠三角地区	粤东西北地区		珠三角地区	粤东西北地区	珠三角地区	粤东西北地区
就业和收入	14	14	A1	农村居民人均纯收入	农村居民人均纯收入	30	30
			A2	城镇单位在岗职工平均工资	城镇单位在岗职工平均工资	30	30
			A3	城镇最高最低组别收入比	城镇最高最低组别收入比	10	10
			A4	农村最高最低组别收入比	农村最高最低组别收入比	10	10
			A5	劳动者报酬占地区生产总值比重	劳动者报酬占地区生产总值比重	10	10
			A6	城镇登记失业率	城镇登记失业率	10	10
教育和文化	9	10	B1	规范化幼儿园达标率	高中阶段教育毛入学率	20	20
			B2	义务教育规范化学校覆盖率	义务教育规范化学校覆盖率	25	25
			B3	职业技能培训人数占从业人员比重	职业技能培训人数占从业人员比重	25	25
			B4	每万人拥有公共文化设施面积	每万人拥有公共文化设施面积	15	15
			B5	年人均参与文化活动次数	年人均参与文化活动次数	15	15
医疗卫生和健康	9	10	C1	每千人口医疗机构床位数	每千人口医疗机构床位数	20	25
			C2	基层医疗机构门急诊量占比	基层医疗机构门急诊量占比	20	25
			C3	人均拥有体育场地设施面积	人均拥有体育场地设施面积	30	25
			C4	城乡居民体质达标率	城乡居民体质达标率	30	25

续表

一级指标	权重(%)		编号	二级指标	二级指标	权重(%)	
	珠三角地区	粤东西北地区		珠三角地区	粤东西北地区	珠三角地区	粤东西北地区
社会保障	12	12	D1	每万人拥有收养性社会福利单位床位数	每万人拥有收养性社会福利单位床位数	20	20
			D2	城乡基本养老保险覆盖率	城乡基本养老保险覆盖率	20	20
			D3	城乡三项基本医疗保险参保率	城乡三项基本医疗保险参保率	20	20
			D4	外来务工人员工伤保险覆盖率	外来务工人员工伤保险覆盖率	20	20
			D5	最低生活保障标准与城乡人均消费支出比例	最低生活保障标准与城乡人均消费支出比例	20	20
消费和住房	12	12	E1	居民消费价格指数	居民消费价格指数	30	30
			E2	城镇发展型消费占消费支出比重	城镇发展型消费占消费支出比重	20	15
			E3	农村发展型消费占消费支出比重	农村发展型消费占消费支出比重	20	15
			E4		农村低收入住房困难户住房改造建设完成率		20
			E5	城镇保障性住房任务完成率	城镇保障性住房任务完成率	30	20
公用设施	6	7	F1		农村饮用水安全普及率		25
			F2		行政村通客运班车率		25
			F3	城市每万人公交车辆拥有量	城市每万人公交车辆拥有量	60	25
			F4	每万人拥有城乡社区服务设施数	每万人拥有城乡社区服务设施数	40	25
社会安全	10	10	G1	各类生产安全事故死亡人数	各类生产安全事故死亡人数	25	25
			G2	食品和药品安全指数	食品和药品安全指数	35	35
			G3	万人治安和刑事警情数	万人治安和刑事警情数	40	40

续表

一级指标	权重(%)		编号	二级指标	二级指标	权重(%)	
	珠三角地区	粤东西北地区		珠三角地区	粤东西北地区	珠三角地区	粤东西北地区
社会服务	7	7	H1	每万人持证社工人数	每万人持证社工人数	25	25
			H2	困难群众救助覆盖率	困难群众救助覆盖率	25	25
			H3	每万人行政效能投诉量	每万人行政效能投诉量	25	25
			H4	信访案件按期办结率	信访案件按期办结率	25	25
权益保障	8	8	I1	涉及民生重大决策的民调率和听证率	涉及民生重大决策的民调率和听证率	20	20
			I2	行政复议案件按时办结率	行政复议案件按时办结率	20	20
			I3	法院案件法定审限内结案率	法院案件法定审限内结案率	20	20
			I4	村(居)务公开民主管理示范达标率	村(居)务公开民主管理示范达标率	20	20
			I5	劳动人事争议仲裁结案率	劳动人事争议仲裁结案率	20	20
人居环境	13	10	J1	森林覆盖率	森林覆盖率	15	15
			J2	城市人均公园绿地面积	城市人均公园绿地面积	15	15
			J3	村庄规划覆盖率	村庄规划覆盖率	15	15
			J4	城市全年空气二级以上天数比例	城市全年空气二级以上天数比例	15	15
			J5	生活垃圾无害化处理率	生活垃圾无害化处理率	15	15
			J6	城镇生活污水集中处理率	城镇生活污水集中处理率	15	15
			J7	水功能区水质达标率	水功能区水质达标率	10	10

客观指标体系称为“建设幸福广东评价指标体系”，将全省21个市按珠三角和粤东西北分为两类地区进行差别化评价，并分别设置类别指标和差别权重，杜绝了“一刀切”现象。其中珠三角地区包括广州市、深圳市、珠海市、佛山市、东莞市、中山市、惠州市、江门市、肇庆市9个市；粤东西北地区包括汕头市、汕尾市、潮州市、揭阳市、阳江市、湛江市、茂名市、韶关市、河源市、梅州市、清远市、云浮市12个市。

在指标设置方面，具体包含两级指标。其中，一级指标按“就业和收入、教育和文化、医疗卫生和健康、社会保障、消费和住房、公用设施、社会安全、社会服务、权益保障、人居环境”10个方面设置，下设二级指标49个，包括共同指标44个，类别指标（地区独有指标）5个。类别指标中，珠三角地区有1项，为“规范化幼儿园达标率”；粤东西北地区有4项，分别为“高中阶段教育毛入学率”“农村低收入住房困难户住房改造建设完成率”“农村饮用水安全普及率”和“行政村通客运班车率”。客观指标评价方法包括计算水平指数、发展指数和综合指数。水平指数根据各指标的当年实际完成情况计算，主要反映各市有关工作的现状；发展指数根据各指标比上年的增进情况计算，主要反映各市过去一年有关工作的成效；综合指数，将水平指数和发展指数合成为综合指数。正式测评同时公布3个指数的评价结果，既反映政府工作所取得的成绩，也反映政府工作变化的趋势。

2）主观指标体系

主观指标部分名称为“广东群众幸福感测评指标体系”，主要是反映群众对“幸福广东”建设实现程度的感受，具体设置一个“对个人幸福程度总体评价”的总指标，一级指标涉及“个人发展、生活质量、精神生活、社会环境、社会公平、政府服务、生态环境”7个方面，下设二级指标35个（见表6-2）。

表6-2　主观指标体系

序号	一级指标	二级指标	备　注
1	对个人幸福程度的总体评价		
2	个人发展	工作状况满意度	
3		收入状况满意度	
4		个人发展前景预期满意度	
5		有尊严生活的满意度	
6	生活质量	教育状况满意度	
7		社会保障水平满意度	
8		医疗服务水平满意度	
9		住房状况满意度	
10		交通出行状况满意度	
11		社区（村）服务设施满意度	
12		体育健身满意度	
13		城乡居民出游服务满意度	
14		必要休闲时间保障程度	

续表

序号	一级指标	二级指标	备　注
15	精神生活	人际社交满意度	
16		家庭和谐度	
17		文化娱乐生活满意度	
18	社会环境	生产或创业环境满意度	
19		社会诚信度	
20		消费环境满意度	
21		社会治安满意度	
22		社会文明状况满意度	
23		食品药品安全满意度	
24	社会公平	社会分配公平满意度	
25		诉求表达渠道满意度	
26		司法公正满意度	
27		民主决策参与程度	
28		选举权利保障程度	
29	政府服务	政府工作效率满意度	
30		政府服务态度满意度	
31		突发事件处理满意度	
32		政务公开满意度	
33		廉政建设满意度	
34	生态环境	饮用水质量满意度	
35		空气质量满意度	
36		卫生状况满意度	
37		绿化建设满意度	

主观指标体系采用调查问卷设置的题目，按照五分法进行评价。即每道题目设置“很满意(100 分)、比较满意(80 分)、一般(60 分)、不太满意(40 分)、很不满意(0 分)”5 个选项(同时还设置了一个“不清楚”的选项，不列入计算得分)，并通过调查获得每个选项的得票率。以每个选项得票率为权重，通过加权平均得到每个题目的得分。

主观指标体系采用统一问卷的评价方法，不实行分区域差别评价，通过委托广东调查总队开展问卷调查进行评价。2011 年的调查方案在全省 21 个地级以上市市区及 35 个县(市)范围内抽选样本，总样本量为 6 900 人，调查对象为年龄在 16～65 周岁且居住在本地 1 年以上的城乡居民。调查问卷围绕 36 个主观指标相应设置了群众容易理解的调查问题，并在问卷最后设置"您感觉最幸福的以及最痛苦的是哪些方面"等开放性问题。客观、主观指标体系公众认可度分别高达 93%、88%，群众反映较好。

6.3.4 "建设幸福广东"的政策措施与实施效果

1)"幸福广东"建设的财政政策措施

按照"十二五"规划，"十二五"期间广东省计划建 180 万套保障房，医保参保率达到 98%，居民最低生活保障标准年均增长 10% 以上，全省普及学前到高中阶段 15 年教育，各县(市、区)高中阶段教育毛入学率均达到 85% 以上。

2011 年广东省出台了许多给老百姓增添"幸福"的政策和措施。在财政预算安排上，预算支出明显向民生领域倾斜。根据广东省 2011 年财政预算草案，省级财政总支出 1 809.98 亿元，其中用于均衡区域基本公共服务水平、帮助市县增强发展后劲的支出为 768.23 亿元，占 42.44%；用于改善民生、提供基本公共服务的支出为 638.34 亿元，占 35.27%。2011 年广东省计划集中财力为老百姓办好的 10 件实事是：

①向全省困难群众发放临时性价格补贴。在 2011 年 1 月中旬从省级价格调节基金安排 1 亿多元向困难群众发放价格临时补贴的基础上，省财政再安排 2.8 亿元向全省 275 多万城乡低保对象、农村五保供养对象以及重点扶优对象每人一次性发放 100 元临时性价格补贴。

②加大扶贫开发力度。实现 25 万贫困户、100 万贫困人口稳定脱贫。省财政拨款 14 亿元启动 54 万农村贫困户危房、泥砖房和茅草房改造。

③千方百计促进就业。城镇新增就业 125 万人，下岗失业人员再就业 60 万人，促进创业 10 万人。组织培训广东本省农村劳动力 80 万人，转移就业 125 万人。

④推进基本公共教育服务均等化。推广进城务工人员随迁子女凭积分免费入读义务教育公办学校办法。支持欠发达地区建设 250 所乡镇规范化中心幼儿园，支持和引导欠发达地区建设 1 000 所义务教育规范化学校，新建扩建 100 所中等职业学校，提升 500 所普通高中办学水平。省财政安排 14.6 亿元支持各地落实农村义务教育阶段学生生均公用经费标准提高 200 元的政策；安排 12 亿元完善普通高校、高中阶段教育学校国家资助政策体系，提高本科、高职院校国家助学金资助标准，落实中职学校、技工院校免学费政策扩大至城市家庭经济困难学生的措施；安排 9.1 亿元支持欠发达地区实施义务教育绩效工资政策。支持各地新建扩建 40 所特殊教育学校，扶持家庭教育大讲堂进社区(乡村)。

⑤完善城乡基层医疗卫生服务体系。完善改造经济欠发达地区乡镇卫生院 200 间、社区卫生服务中心(站)202 间。100% 的政府办基层医疗卫生机构实施基本药物制度。落实

国务院确定的新型农村合作医疗和城镇居民医保补助标准政策。加快建设广东省残疾人康复中心。

⑥扎实做好社会保险和社会救助工作。全省新农保覆盖率达到60%。年底前70%以上地级市开展统筹城乡居民医疗保险一体化工作。全面解决困难国有、集体企业退休人员医保问题,将所有大学生和中职技校学生全部纳入城镇居民医保,城镇基本医疗保险整体覆盖率达到95%以上。支持欠发达地区将年家庭收入人均低于1 500元的困难群众全部纳入最低生活保障范围。对经济欠发达地区五保供养资金给予补助。落实孤儿最低养育标准。加快建设广东社会福利服务中心、省养老服务杨村示范基地,建成居家养老服务中心30家。建立社区残疾人康园工疗站145个。

⑦加快城乡防灾减灾和环境工程建设。加固达标江海堤围980千米。除险加固病险水库888座,实现重大威胁地质灾害隐患点搬迁和治理84处,抓好小流域综合治理试点和城市内涝整治试点。继续推进珠三角地区淡水河、石马河、佛山水道、深圳河以及东西两翼练江、枫江、小东江等重点流域水污染综合整治。

⑧加强城乡文化设施建设。支持新建县市文化馆、图书馆、博物馆20个,乡镇综合文化站50个,城乡社区文化室1 800个。建设乡镇农民体育健身工程100个。

⑨健全住房保障体系。推进建设保障性住房和棚户区改造31万套,年底前解决现有登记在册符合廉租房保障条件家庭的住房问题。将单亲特困母亲危房改造优先纳入住房保障范围。新建渔民保障性安居房1 000套。

⑩改善农村生产生活条件。各级财政投入15.3亿元解决农村300万人的饮水安全问题。建设5 000千米左右通500人以上自然村以及敬老院、学校、农村示范基地等的社会主义新农村公路。推进农村客运发展,基本实现全省100%镇有站、100%符合通客车条件的行政村通客车和100%有候车亭的目标。

2)“幸福广东”建设效果

2012年6月29日,国家统计局广东调查总队首度发布了2011年广东群众幸福感测评调查报告。调查结果显示:2011年广东群众对个人幸福感的总体评价为80.4分,总体达到“比较幸福”;7个分项指标满意度的综合评分为76.7分,略低于对个人幸福感的总体评价得分。

群众对幸福的主观感受与此前公布的客观指标综合评价没有直接的显著相关性,群众幸福感相对较高的地区不一定是经济社会相对发达的地区,经济社会相对发达的地区群众幸福感不一定较高。一方面,主观指标排名与此前公布的客观指标排名存在较大差异。按珠三角地区和粤东西北地区分别排序,在珠三角地区,群众幸福感总体评价排第1的惠州市此前客观指标综合指数排第7;而客观指标综合指数排第3的珠海市,群众幸福感总体评价排在最后。在粤东西北地区,梅州市的主观和客观评价都排第1;而客观指标综合指数排第12的茂名市,群众幸福感总体评价排第2。另一方面,发达地区群众幸福感不一定高。从调查结果看,21个地级以上市群众幸福感总体评价超过80分的有12个,超过半数市群众对当前幸福的状况总体上感到“比较幸福”。其中,珠三角地区9个市中有4个市的群众幸福感的总体评价超过80分,其中惠州排第1,广州、深圳分列第5、第7;粤东西北地区12个市中有8个市的群众幸福感的总体评价超过80分,其中梅州排第1;珠三角地区感到“比较幸福”的城市比重略低于粤东西北地区。

“社会环境”、“社会公平”满意度偏低。调查显示,群众对“个人发展、生活质量、精神生活、社会环境、社会公平、政府服务、生态环境”7个方面满意度的综合评分为76.7分,得分较总体幸福感的评价偏低。在7个分项中的36个细项中,群众对“自己家庭的和谐”(90.6分)、“生活得有尊严”(86.7分)、“人际社交状况”(82.9分)、“本地的绿化建设”(80.8分)和“当前的选举权利保障状况”(80.2分)方面的满意度评价均达到“比较满意”;而对“食品药品安全”(65.9分)、“社会分配”(67.2分)、“当前的收入状况”(68.7分)、“消费环境”(72.3分)、“医疗服务水平”(72.5分)、“社会诚信度”(72.6分)方面的满意度评价较低。可见,群众对“精神生活”方面的满意度相对较高,对“社会环境”“社会公平”等方面的满意度相对偏低。

根据此次测评所反映的群众对幸福广东建设实现程度的感受和主要诉求,报告建议各级政府及有关部门高度重视并切实解决好食品药品安全、贫富差距扩大、社会保障体系不完善、生态环境恶化、居民生活质量有待提高等群众呼声较高的问题,进一步加强民生建设力度,努力提高群众幸福感。

3)点评

“建设幸福广东”的内涵包括6个方面:一是广泛认同积极向上的社会价值观;二是适应开放条件下的科学的社会治理模式;三是与经济发展水平相适应的基本公共服务保障体系;四是安定、和谐的社会秩序;五是国际化、法制化的营商环境;六是宜居宜业的城乡环境。从广东省一系列政策的实施效果来看,以经济发展、民生改善、环境治理、治安维护和精神风貌5个方面为重点的“幸福广东”建设已初具规模。幸福指数也显示,绝大多数广东民众对自己目前的生活状态都感到“比较幸福”。

未来进一步推进“幸福广东”建设,还应当在两个方面深化改革、加大政策力度。一是引导社会资本参与“幸福广东”的建设。“建设幸福广东”是关乎全体广东人民的大事,绝不只是广东省政府的责任,并且,广东省政府的财政资金也不足以支撑整个广东省的幸福建设。另外,“幸福广东”的建设必然会涉及多项民生工程,这些工程必然带有一定的经济效益,引导社会资本参与其中是未来广东省幸福建设的必由之路。二是加大对外来务工人员的政策扶持。受特定的历史、地理等因素的影响,广东省历来是我国外来务工人员较多的地区,外来人员数量大、类型多,已经在广东省居民中占据了相当大的比重。只有对外来务工人员给予充分的人文关怀,“幸福广东”建设才能真正地落到实处。并且,对外来务工人员的帮助和支持对广东省当地治安有着举足轻重的好处。

6.4　湖南省提升居民幸福感的财税政策案例

6.4.1　“幸福湖南”的建设背景

1)湖南概况

湖南省地处中国中部、长江中游,宋代划定为荆湖南路而开始简称湖南。省内最大河流湘江流贯南北而简称“湘”,也称潇湘,省会长沙。湖南东临江西,西接重庆、贵州,南毗广东、广西,北与湖北相连,土地面积21.18万平方千米,占中国国土面积的2.2%,在各省市区面积中居第10位。全省总人口6 783.0万人(2016年),城镇化率50.89%,辖14个地州市、122个县(市、区)。湖南经济地位低于广东和湖北,而高于江西和贵州,居中间位档。2015年,全省地区生产总值29 047.2亿元,比上年增长8.6%,按常住人口计算,人均地区生产总值42 968元。城镇居民人均可支配收入28 838元,农村居民人均可支配收入10 993元;全省城镇居民人均消费支出19 501元,农村居民人均生活消费支出9 691元。城镇居民食品消费支出占消费总支出的比重(恩格尔系数)为31.2%,农村居民为32.9%。

2)“幸福湖南”的提出背景

2015年11月25日,湖南省委十届十五次全体(扩大)会议审议通过了《中共湖南省委关于制定湖南省国民经济和社会发展第十三个五年规划的建议》,将“建设富饶美丽幸福新湖南”这11个字的总愿景写入湖南“十三五”发展指导思想。“十三五”规划是全面建成小康社会的收官规划,实现“建设富饶美丽幸福新湖南”的总愿景是新形势下湖南省经济社会建设理念的又一次全面进步。

6.4.2　建设“幸福湖南”的具体规划

湖南各级财政坚决贯彻落实中央提出的“继续实施积极的财政政策”精神,按照湖南省委决策部署,全力支持稳增长、促改革、调结构、惠民生、防风险,保持财政运行总体平稳,为“建设富饶美丽幸福新湖南”提供坚实财力保障。

服务经济发展,打好“组合拳”。2014年,尽管全球经济在艰难中曲折前行,但我国经济长期向好的基本面没有变,湖南仍处在大有作为的重要机遇期。湖南省财政服务经济发展的重点是打好“组合拳”:一是适度扩大投资规模。从2015年起未来3年将投入100亿元,全面落实省政府关于实施积极财政政策扩大有效投资,推动调结构稳增长的八条措施;支持实施促进民间投资六大专项行动;设立绿色发展PPP融资支持基金。二是推进供给侧结构性改革。用好专项奖补资金,化解钢铁、煤炭、水泥、玻璃、铁合金、有色金属等行业过剩产能,帮助工程机械、烟草、房地产等行业去库存。三是支持创新驱动。加大财政科技投入,落实研发费用加计扣除、固定资产加速折旧等财税优惠政策,促进创新产品研发和推广运用。

四是促进现代产业发展。发挥制造强省专项资金引导作用,设立新兴产业投资基金并实行市场化运营,组建重点产业知识产权运营基金并实现正式运作;支持省内优秀文化旅游企业并购重组、上市融资。五是促进开放崛起。支持实施"湘企出湘""湘品出境""万商入湘";加大对出口食品、农产品质量安全示范区的奖励力度,促进优质产品出口外销;积极引进国外贷款项目。

深化财税改革,管好用好"钱袋子"。作为省"十三五"时期改革的重头戏,财税改革将继续扮演好"先行军"角色,进一步落实中央税制改革部署,开展"营改增"试点跟踪分析和效果评估,持续扩大减税效应。深入推进预算制度改革,加强全口径预算管理,将国有资本经营预算调入一般公共预算的比例提高到23%以上,新增建设用地有偿使用费、南水北调工程基金、烟草企业上缴专项收入3项基金转列一般公共预算统筹使用;推进专项资金实质性整合,省级财政专项从82项压减到78项。加快推进省以下事权和支出责任划分改革,重点推动水利、交通运输领域事权和支出责任改革取得实质性进展。在垃圾处理、污水处理两大领域强制推广应用PPP模式,从"补建设"转向"补运营",促进PPP项目加快落地。

加强民生保障,围绕脱贫"做文章"。脱贫攻坚是一项重大政治任务,也是第一民生工程。全省各级财政部门将全力支持实施"脱贫攻坚七大行动"和"七大扶贫工程",扎实推进贫困县统筹整合使用财政涉农资金试点,构建全方位监管体系,确保扶贫资金"下得去""接得住""用得好"。加大产业扶贫力度,积极推进光伏扶贫、电商扶贫、旅游扶贫。推进教育扶贫,对贫困学生进行精准资助,实现贫困县农村义务教育阶段学生营养改善计划全覆盖。推进健康扶贫,提高医疗保障水平,切实减轻农村贫困人口医疗负担。省财政专项扶贫资金增长25%以上,增加重点生态功能区贫困县财政转移支付,基本实现全省贫困村金融扶贫服务站全覆盖,指导帮助符合条件的贫困地区企业上市融资。加快推进农业现代化,深入实施三个"百千万"工程,促进农村"三产"深度融合,加强高标准农田建设与保护,继续完善农业保险制度和农业信贷担保体系。

规范债务管理,筑牢风险"安全堤"。防范债务风险要"开前门",即合理安排地方新增的债务规模,以满足地方政府的融资需求,降低融资成本;"堵后门",即严格落实地方政府债务限额管理和预算管理制度,健全风险预警和应急处置机制,加大对违法违规融资担保行为的查处和问责力度。对于债务风险防范,省财政厅将加强预算执行管理,严格控制预算调整事项,全面清理财政存量资金,减少资金沉淀。加强预算绩效管理,加大财政监督力度,依法依规加强政府采购监管,提升财政"大监督"合力。依法厘清政府债务和融资平台等企业债务边界,在市县推广编制融资债务预算,将融资平台公司债务和政府支出责任纳入管控范围,防止变相举债融资,有效防控政府性债务风险。

6.4.3 建设"幸福湖南"的政策措施及实施效果

1)构建"8+1"救助体系,社会救助兜底保障有力

过去几年,湖南省各级民政部门深化改革,务实创新,充分发挥了民政在基本民生保障中的兜底作用,年均灾害和冬春救助500多万人次,医疗救助500多万人次,临时救助46万

户次，流浪救助30多万人次，慈善援助10多万人次。

湖南省现有城市低保对象115.7万人，农村低保对象299.3万人，城乡特困人员50.8万人（其中农村特困人员44.8万人，城市特困人员6万人），重点优抚对象76万人，城乡孤儿3.8万人。

按照省委打赢脱贫攻坚战部署，省民政厅认真贯彻落实《社会救助暂行办法》，制定全省实施意见及配套政策，切实加大财政投入力度，初步建立起最低生活保障、特困人员救助供养、受灾人员救助、医疗救助、教育救助、住房救助、就业救助、临时救助与社会参与的“8+1”社会救助体系，中央和省级财政5年累计发放社会救助资金570亿元。

制定实施全省低保统一指导标准制度，城乡低保标准实际分别达到428元/月和260元/月，较2012年提高36.3%和70%；月人均救助272元和123元，较2012年增长21%和41.4%。

建立特困人员供养救助制度，城市年均供养5 185元；农村集中和分散年均供养6 220元和3 265元，较2012年增长71.3%和54.4%。建立临时救助制度，在19个市县开展“救急难”试点，普遍建立主动发现、工作协调、慈善衔接、信息共享机制，次均救助水平达到682元，较2012年提高32.7%。

完善医疗救助制度，扩大“重特大”疾病医疗救助范围，初步实现与基本医保、大病保险等制度衔接，“一站式”即时结算服务实现县级全覆盖，有效缓解群众“因病返贫”问题。

全省普遍建立低收入家庭认定核对机制。自2015年上线以来，已核对3 000多人次，检测不合格600余人次。“一门受理、协同办理”经办平台实现县乡全覆盖，畅通群众求助“绿色通道”，提高了社会救助效能。

2）提升防灾减灾救灾能力，因灾倒房户将全部入住新居过新年

湖南省充分发挥各级减灾委综合协调职能，高效有序应对各类自然灾害。5年来累计下拨救灾资金26.88亿元，救助受灾群众2 600多万人次，帮助受灾群众重建和修缮因灾倒损住房16.8万间，有力保障了受灾群众基本生活。尤其是在救灾过程中，实行灾情统计会商制度，统一灾情上报口径，有力争取了中央部委支持，民政部在全国进行重点推介。

加强防灾减灾能力建设。在长沙建成中央救灾物资储备库，在市州建成7个省级救灾物资储备仓库，25个县级救灾物资储备仓库。投入2 400万元，支持创建201个国家级和738个省级综合减灾示范社区，发展基础灾害信息员5.4万名。

2015年，湖南省遭受自1998年以来最大洪涝灾害，进入汛期后共发生32轮强降雨过程，造成14个市州1 595.6万人次群众受灾。灾情发生后，省减灾委协同各有关单位高效应对，及时启动应急响应，紧急下拨救灾应急资金2.72亿元和一批救灾物资；8月份又对6个市州12个重灾县进行督查。目前灾后重建正在有序进行。

据统计，2016年全省需重建和维修住房户42 900户，已完成22 000余户。下一步将进一步加大调度和督查力度，加快重建工作进度，确保春节前所有因灾住房倒损困难群众入住新居；同时做好冬春生活救助工作，确保受灾群众温暖过冬。

3）开展应对人口老龄化行动，基本形成养老服务体系

截至2015年年底，湖南省有60岁及以上老年人口1 164万人，占常住人口总数的

17.17%,其中80岁以上高龄老人144万人,人口老龄化率、高龄化率、空巢率均高于全国平均水平。近年来,湖南省积极开展应对人口老龄化行动,先后出台养老服务实施意见、政府购买服务、信贷扶持、社会引导、税费减免政策等30多个养老政策文件。2016年又召开了养老服务现场会和座谈会进行推进。

2011年以来,全省新增养老床位9.2万张,养老机构床位已达27.5万张,每千名老人拥有床位达到23张。建成社区(村)基层养老服务设施9 156家,民办养老机构210所,民办养老床位3.5万张,城市社区养老服务中心(站)4 000多个,城乡社区(村)养老服务覆盖率分别达到36.5%和22%以上。

推进养老服务供给侧结构性改革,在公办养老机构开展公办民营或公建民营试点,开展医养融合、养老合作和养老服务业综合改革。目前,全省医养结合型养老机构已达30家。积极打造"互联网+"养老服务新业态,建成49个社区居家养老服务信息平台,实现养老服务需求与供给无缝对接,为更多老年人提供优质的养老服务。

全面落实老年人优待政策。修订出台《湖南省实施〈老年人权益保障法〉办法》,启动实施养老机构综合责任险和老年人意外伤害险,指导全省普遍建立高龄津补贴制度,基本养老服务补贴目标人群覆盖率达70%以上。

全省基本建成以居家为基础、社区为依托、机构为补充的养老服务体系。按照养老服务"十三五"规划,到2020年全省将建成养老床位53万张以上,每千名老人拥有养老床位35张以上,城乡养老服务设施覆盖率分别达到100%和60%以上。

4)社会福利事业普惠发展,困难群众共享改革发展成果

全省民政系统按照政府公共服务托底清单要求,逐步推动社会福利由补缺型向适度普惠型发展,确保困难群众共享改革发展成果。

加强未成年人权益保护。建立农村留守儿童关爱保护制度,省政府出台《关于加强农村留守儿童关爱保护工作的实施意见》,召开关爱保护工作联席会议进行部署。省民政厅联合教育、公安等部门完成了全省农村留守儿童摸底排查工作,对81万名留守儿童实施建档立卡关爱保护和动态管理。

加强孤儿保障工作。按政策保障3.8万名孤儿基本生活,深化困境儿童保护试点,"明天计划"累计帮助1 674名孤残儿童进行免费康复手术。加快残疾人福利事业发展,建立残疾人生活、护理"两项补贴"制度,目前覆盖目标人群139万人,每项补贴每人每月发放50元。完善流浪乞讨人员主动救助保护机制。开展了"流浪孩子回校园"等专项行动,基本实现街面无未成年人流浪目标。

牵头开展罗霄山片区扶贫,先后在片区召开2次联席会议,全省共投入片区民政资金29.3亿元,推动片区困难群众共享改革发展成果。部署开展社会组织、社区和社会工作专业人才(简称"三社")等力量参与精准扶贫,引导省内10 000余家社会组织、2 600家城市社区、150余家慈善组织、100余家老区促进会、100余家社会工作机构等"三社"力量,帮扶1万多户贫困农户实现脱贫,构建政府、市场、社会协同推进扶贫开发的新格局,不断增强全社会扶贫攻坚合力。

5)慈善事业健康有序发展,5 年援助困难群众 120 多万人次

2010 年以来,湖南省先后出台《湖南省募捐条例》《湖南省志愿服务条例》等 4 个法规文件,在安老扶幼、扶贫济困、赈灾救援、助学助残、公益援助等民生领域做了大量工作,进一步凝聚了全社会向善力量。2015 年 9 月 1 日,国家第一部《慈善法》正式实施,湖南省认真贯彻落实,出台促进慈善事业健康发展实施意见,推进慈善事业法治化、规范化建设。

全面建立起省市县三级慈善工作网络,通过慈善超市将慈善网络延伸到了街道社区,一批爱心企业、爱心人士、慈善组织参与到慈善事业中来。发展慈善志愿服务,建立省慈善志愿服务指导中心,集合民间志愿团队 100 多家,全省注册慈善志愿者达 30 万人,组织开展"湘江拾荒""关注湘江母亲河""助孤行动""一张纸一件衣献爱心"等志愿服务活动,不断拓宽慈善志愿服务领域。

2010 年以来,创建"爱心改变命运""金叶慈善医疗卡""迎新春送温暖""微笑列车""慈善阳光班"等公益慈善品牌项目 100 多个,建设慈善超市 664 个,大力开展社会募捐,接收社会捐赠慈善款物 16.9 亿元,慈善系统援助困难群众 120 多万人次。

6.4.4　对建设"幸福湖南"的点评

湖南省"建设富饶美丽幸福新湖南"的总愿景贯彻了中央"坚持共享发展,着力增进人民福祉"的要求,体现的是老百姓的获得感和满意度。提出建设"新湖南",目的是通过"十三五"发展,使经济更繁荣、科教更发达、就业更充分、民主更进步、环境更美好、人民生活更幸福。这一愿景把创新、协调、绿色、开放、共享"五个发展"的新理念贯彻到未来 5 年湖南经济社会发展的每个目标、每项工作、每条举措中,用新的发展理念引领发展行动。创新发展、协调发展、绿色发展、开放发展、共享发展是一场关系发展全局的深刻变革。结合近年来湖南省在社会发展方方面面尤其是民生方面的大力投入,可以预见,未来湖南省的居民幸福感将有一个大幅度的提升。

在湖南省未来的幸福建设中,可以在两个方面取得突破:一是继续培育特色产业,丰富当地居民娱乐文化生活。基于特定的历史、环境原因,自 20 世纪以来,以湖南卫视为代表的一大批产自湖南的娱乐文化节目走在了全国前列,这是湖南人民的独特创新,保持产业优势、加快文化创新也因此成为湖南省未来幸福建设的一个重要方面。二是参考借鉴广东省的幸福指标体系建设。广东省的幸福指标体系建设开全国之先河,是我国在幸福建设方面的重要进步,为全国其他省市的幸福建设提供了宝贵的经验借鉴。湖南省可以参考学习广东省已有的工作成果,结合本省实际,研究制定更加科学合理的幸福指标体系,这必然成为未来幸福湖南建设的一个重要突破口。

总结:纵观国外政府在提高居民幸福感方面的举措,大体上有两个思路,一个是经济扶持,另一个是文化扶持。

经济扶持也就是政府在社会保障、教育、医疗卫生等民生领域的资金投入。这种资金投入包括许多方面:首先是直接的财政资金补贴,如对失业者发放失业救济金,对生活困难家庭发放最低生活保障金等。其次是对基础设施的投资建设,如流浪者救济站的建设、对中小

学校舍的维护等。再次是强有力的政府监管,如对医药的生产投放监控、职业医师上岗资格的审查等。经济扶持中的这些做法是世界各国在增进国民幸福感时的普遍做法,而且效果显著。

文化扶持指的是政府在国内文化建设,尤其是传统文化建设中所做出的努力:一方面要保护传统节日、传统习俗、传统手艺。另一方面要继承和弘扬传统文化中优秀的道德、信仰部分。因为幸福感本身是民众内心的一种主观感受,这种文化扶持的做法会在无形中改善国民的相互关系,增强每个人的文化认同感,从而在精神层面增进民众的幸福感。这种文化扶持并不是提高居民幸福感的主要手段,但它具有重要意义,因而各国无形中对此都有所努力。这种文化扶持大多有其基本特殊的区域和文化背景,其中以不丹的成就最为醒目。

在我国地方政府促进居民幸福感的做法中,最重要的一个手段是财政支出,如财政就可以通过多种补贴来保证低收入者有基本的生活保障。具体是通过在社会保障、教育、医疗卫生等领域强化政府的作用,地方政府在社会保险的覆盖范围、报销额度以及学校、医院的基础设施建设等方面加大投入,来增强我国民众,尤其是中低收入家庭的幸福感。

第7章 提高中国居民幸福感的财税政策改革建议

7.1 提高中国居民幸福感的公共支出政策建议

7.1.1 扩大预算内公共支出总量,提升落后地区公共支出水平

1)规范预算外、制度外政府经济行为,扩大预算内公共支出总量

Zohal Hessami(2010)的研究指出,公共支出规模与居民幸福感之间呈倒U形的关系。而以2007年我国的数据研究结果来看,当人均公共支出为4 105元时居民幸福感达到最大:当年有88%的区县一级人均支出低于这个水平,加上其他级别政府的支出,总的人均公共支出为3 767.63元,与人均最优水平相差不远;如果加上预算外和制度外的部分,总的人均支出水平都已经超过最优水平。未来(指研究时点2010年以后)政府需要将预算外、制度外支出尽可能地纳入预算内管理,增强政府公共支出透明度,提高财政资金的使用效率,促进居民幸福感的提升。因为,虽然我国已于2011年全面取消了预算外资金,但是由于法制不完善,政府权力缺乏约束,预算外和制度外的政府经济行为仍大量且长期存在。并且,由于政府大量预算外、制度外经济行为的目标是经济快速增长,其背后可能隐藏着寻租与腐败,这些行为要么与百姓幸福关联不大,要么与百姓幸福背道而驰。因此,中国政府虽然已取消了预算外资金,仍有必要对政府预算外和制度外的一切行为进行规范,使预算尽可能地覆盖所有合法的政府经济行为,这样才能更多更好地为百姓提供有助于提升其幸福感的公共物品。

2)加大对落后地区的转移支付力度,提升落后地区公共支出水平

由上述数据可知,我国各地公共支出水平相差很大。在全国人均公共支出水平达到最优的情况下,还有大部分的地方处于最优水平以下。因此,为提高居民幸福感,中央有必要通过完善预算管理体制,增强落后地区的财力,同时通过增加对落后地区的一般性转移支付,促进地区间公共服务均等化。尽管地方政府有更了解本地居民公共需要的优势,提供的公共产品和服务更符合本地居民的需求,从而财政分权(即地方各级政府支出规模更大)似乎更有利于居民幸福感提升,但鲁元平、杨灿明(2014)的实证研究表明,财政分权对中低收入者和农村居民幸福感产生了显著的负向影响,对中西部、欠发达地区以及非民族地区居民

的幸福感也产生了显著的负面影响。可见,我国的财政分权并没有提升我国居民的幸福感,不管是从收入层面来看还是从地域角度来看均是如此。这也进一步证实了我国中央增加对落后地区转移支付以促进公共服务均等化,进而提升居民幸福感的必要性。

7.1.2 优化公共支出结构,提高财政资金使用效率

1)增加民生支出,加大对低收入群体的补贴力度

增加民生支出,优化公共支出结构。增加教育支出;在优化医疗卫生和社会保障支出结构、提高资金使用效率的基础上,适当增加医疗卫生和社保支出。教育支出应进一步向农村、普通学校、大众化教育和中小学教育倾斜;医疗卫生支出的安排要转变"重医疗投入、轻预防保健投入"的观念,重视公共卫生和医疗救助,逐步取消对大医院的财政拨款,增加对初级和基层医疗机构的补贴,加大对贫困地区和弱势群体的医疗支出力度。社保支出的安排要加大对农村和落后地区的支持力度,扩大社保覆盖面,提高贫困群体的社保水平,逐步建立全国统一的社保体系。增加环保支出,加大对环境污染的治理力度。在现代社会经济的高速发展使洁净的空气、安全的饮用水和没有被污染的土壤成了稀缺资源,而这些却是人们饮食安全、身体健康的前提条件。所以要增加科技支出,创新科技产品,提高劳动生产率,并且开发出更多更好的节能环保产品,为居民创造一个良好的生活环境。

增加对低收入家庭的财政补贴力度。在住房保障方面,强化政府在低收入者住房保障方面的主体地位,增加对低收入者的住房补贴(包括实物补贴和货币补贴)力度,以促进分配公平和社会稳定。增强住房补贴的层次性和补贴方式的多样性,以适用于不同的经济政策安排、不同的建房发展阶段和不同的居民保障需要。在价格补贴方面,提高补贴时效,实行按季补贴的办法;扩大补贴范围,将城乡低保对象、低保边缘对象及因下岗失业、患重大疾病、受灾害影响等造成生活特别困难的人员均纳入补贴对象中来;根据价格上涨幅度动态适时调整最低生活保障金标准;将低收入居民消费价格指数作为政府调整最低工资、社会保障和社会救助标准的重要参考依据,并作为启动低收入群体生活补贴及核定补贴标准的重要依据。保持政府民生支出的低收入倾向,提升低收入群体的幸福感。

2)加强公共支出管理,改革公共服务提供方式,提高财政资金使用效率

加强政府支出管理,提高政府支出透明度。通过细化支出管理,完善公共制度和政策,规范财政资金使用,严厉打击腐败,减少政府支出过程中的资金流失,提高支出效率,促进居民幸福感的提升。改革公共服务的提供方式,提高低收入居民幸福感。随着工业化和城镇化进程的加快,人口的地区间流动越来越频繁,要改变过去依据户籍提供基本公共服务的做法,采取"钱随人走"的转移支付方式,或者由中央来统一提供基本的公共服务,以此来保障底层民众最起码的教育水平和健康水平,增强他们对未来生活稳定的预期,尽可能促进流动人口群体幸福感的提升。

7.1.3 加强基于幸福视角的公共支出绩效管理

1)建立基于幸福视角的公共支出绩效评价体系的必要性

自20世纪90年代中后期以来,中国政府陆续通过推行部门预算、政府采购、国库集中

支付制度、综合预算和绩效预算等领域的改革，加强了财政支出管理。在中央的号召和带领下，各地也加强了财政支出绩效评价，所有这些举措都在一定程度上提高了财政资金使用效益。然而，公共支出绩效的评价到底应该采取何种评判标准？现阶段关于公共部门经常性支出的评价仍然是以合规性评价为主。对于专项支出的评价，项目的经济效益、社会效益和环境效益等是绩效评价的主要标准。财政支出绩效评价是对政府施政行为效果的考察，而市场经济条件下的政府应该是一种服务型政府，促进百姓安居乐业、幸福安康是服务型政府的职责。因此，衡量政府施政行为效果的根本标准应是国民幸福，经济发展、社会进步和环境改善等是幸福的内容之一。中国未来需要建立一种基于幸福视角的公共支出绩效评价体系和绩效预算制度，加强从预算的编制、执行到决算各环节的幸福绩效管理，以最大限度地提升百姓幸福感作为政府的施政目标。

2）构建公共支出的幸福绩效评价指标体系

过去在中国经济快速增长、居民收入水平提高的同时，财政支出和税收收入也大幅增长，但也伴随着收入分配不公和环境污染日益严重的问题，居民幸福感并没有提升。因此，转变 GDP 导向的政绩发展观，树立居民幸福感最大化的施政理念，是社会主义和谐社会建设的必要条件，是建设“幸福中国”的具体目标。为此，本书根据前文幸福视角下居民的公共需求与公共支出范围关系，借鉴不丹国民幸福指数的经验，构建了“幸福中国”建设的支出绩效评价体系。

表 7-1 的逻辑关系是：居民幸福的主要内容包含健康生活、收入保障、情感支持、生活环境和价值实现 5 个方面。这 5 个方面又有表 7-1 中 15 个影响因素，细分为 36 项具体的幸福评价指标，这些具体的指标是构成居民作为一个整体形成的公共需求的基础。能有效满足居民公共需要的物品和服务就会提高居民幸福感，居民的公共需求形成对政府在食品监督、文化、教育、体育、医疗卫生、社会救济、社会保险、社会福利、就业与补贴、住房保障、城乡社会公共设施建设、城乡交通基础设施、社区管理事务、环保、司法和安全等方面的支出需求。因此，支出的幸福绩效评价指标体系可以由这些支出占公共支出总额的比例及该支出本身的内部结构来组成，同时对细化的幸福指标进行调研，通过分析各支出对居民各项细化的幸福指标的影响来确定评价幸福绩效。

表 7-1　幸福评价指标体系和支出需求结构

序号	公共支出	公共需求	细化指标	影响因素	主要内容	
1	教育、食品监督支出、教育支出、文体支出、医疗卫生支出	食品安全 体育锻炼设施 健康教育 健康娱乐场所 免疫营养等 心理咨询服务	睡眠时间 健康状况 健康知识 健康障碍 心理压抑 情感平衡 灵性	身体健康 心理健康	健康生活	国民幸福综合指数

续表

序号	公共支出	公共需求	细化指标	影响因素	主要内容	
2	就业支出、补贴支出、教育支出、社会保障支出(救济支出) 住房保障支出、社区服务和管理支出、立法支出	就业信息 职业技能培训 失业保险 失业救助 住房保障	工作时间 职业收入 职业技能 职业稳定 住房状况 社会支持 制度保障	收入水平(绝对和相对收入状况) 就业状况 住房条件 社会保障	收入保障	国民幸福综合指数
3	城乡社区公共设施、教育支出、文化支出、社区管理事务、司法支出	婚介信息 传统文化教育 社交场所 情感咨询服务 法律援助	家庭活动 亲属关系 社区活力 邻里和睦 安全 互惠 信任	爱情 亲情 友情	情感支持	
4	城乡交通等基础设施支出、公共安全支出、教育支出、环保支出、社会保障支出、立法支出、科学研究支出	交通便利、治安状况及城市化; 减少水、土壤、大气的污染和恶劣天气频率; 收入分配公平、政治民主权利和地方自治程度等; 低通胀率和低失业率等	社会化 通勤时间 生态退化 生态支持 绿化造林 制度信任 政府表现	社会环境 自然环境 制度环境 宏观经济环境	生活环境	
5	教育支出 文化支出 体育支出 社区服务 培训支出 宗教事务支出	教育机会公平; 传统文化价值观引导	教育程度 民俗历史素养 方言使用 传统体育 社区节目 工艺技能 价值传递 基本戒律	社会认同感 自我认同感	价值实现	

在项目支出预算上,可借鉴不丹经验,开发一种国民幸福政策筛查工具,对即将进入项目库的备选项目进行幸福影响的评估与筛查,摒弃那些与国民幸福目标相背离的项目,对入选项目按评分高低进行立项排序。对已实施的政策项目进行跟踪调研,实现真正的幸福绩效评估。

7.2　提高中国居民幸福感的税收政策建议

7.2.1　改革税费管理制度,使更多的政府收入以税的方式体现出来

前面实证分析部分的结论是:宏观税负对中国居民幸福感有负向影响,但影响并不显著。即以地方政府预算内收入为基础计算的宏观税负还不是很重,以至于居民税负的幸福负效应还不显著,或者说中等口径的宏观税负并没有外界报道的那么"痛苦"。如果加上预算外和制度外收费给居民带来的负担,其幸福感下降幅度肯定会更大、更明显。

由于宏观税负与居民幸福感呈倒U形关系,未来(指研究时点2010年以后)应将区(县)政府的预算外、制度外收支尽可能多地纳入预算内管理,使影响居民幸福感的宏观税负显性化。这样,研究部门用更真实的政府收入口径测量的税负幸福效应与居民的幸福感受才会基本一致,政府部门针对外界关于税负痛苦指数的失实报道的解释才具有说服力,政界、学界和居民的"税痛"差异才会逐步缩小。

鉴于2011年中国已经全面将地方政府的预算外收入纳入预算内管理,未来还可以进一步改革的是规范地方政府及其职能部门的制度外收费行为,坚决取缔乱收费、乱摊派和乱罚款,切实降低居民的收费负担,把必需的收费项目纳入预算内管理,使其成为宏观税负整体的一部分。

7.2.2　改革现行税制,调整税负结构

1)继续保持以流转税为主的税制结构,全面实行"营改增"

前面实证研究结论表明,控制公共支出的影响后,首先,增值税和营业税的幸福净效应显著为正,而消费税、个人所得税显著为负,意味着现阶段应继续保持以增值税和营业税等流转税为主的税制结构,而不片面强调提高所得税的比重,这有利于居民幸福感的提升。流转税有促进经济效率提升的效果,而所得税在促进收入公平方面发挥的作用有限。在经济发展阶段还不太高的情况下,以流转税为主的主体税种结构是有利于居民幸福水平提升的。

其次,增值税的幸福正效应比营业税的幸福正效应更大、更显著。由于增值税只对增值环节征税,不会像营业税一样进行重复征税,从而会减轻纳税人负担。增值税幸福正效应大于营业税幸福正效应意味着我国近年实行的"营改增"有利于居民幸福水平提升。

2)扩大消费税征收范围

前面实证研究结论表明,消费税让每个收入群体的居民都觉得"痛苦",为提升居民幸福水平,照此结论应该减少消费税或停征。但是,由于消费税的征收有利于环境保护和居民健康,从相对长远一点的意义上来看是有利于居民幸福感增强的。未来,一方面应拓宽消费税

征税范围,对更多的环境污染和破坏、有害居民身体健康的消费品征收消费税。另一方面,区(县)公共支出对各收入群体居民消费税的幸福负效应有明显的抵消作用。既然消费税对环境保护和居民健康有好处,未来可以更多地通过增加区(县)环保支出、医疗卫生支出和社保支出来抵消消费税的幸福负效应,而不是以减少消费税的方式来提升居民幸福感。

3)改革和完善个人所得税

前面实证研究结论表明,个人所得税让居民尤其是中等收入居民感觉到了“痛苦”。鉴于个人所得税的最主要功能应该是从调节收入差距角度来促进社会公平的实现,因此,有必要从以下几个方面来进行改革,以提升居民整体的幸福感。

(1)拓宽个人所得税征税范围

适时增加一些新的所得项目,如期权转让所得、股权转让所得、网上交易所得、退保收入、网络虚拟货币与资产转让收入,以适应现阶段居民收入多元化趋势的需要。同时,增加资本利得项目和股份支付所得项目,即把买卖股票、债券、贵金属和房地产等所获得的收益纳入个人所得税征税范围,可以在变现时进行征收,对于以前的损失允许弥补或退税;把企业对其高管和部分高级员工以股票或股票期权的方式发放的实为工薪性质的项目纳入个人所得税征税范围,以减少这些高收入个人以此为由进行避税而带来的不公平。另外,把单位对员工的附加福利所得纳入征税范围。附加福利所得是雇员从雇主处取得的正常劳动报酬以外的各种货币或非货币补贴。尽管其他非货币形式存在的福利种类繁多且难以核算和监督,但对那些已经或逐步转为货币化的福利纳入征税范围是理所应当的,这符合“普遍征税”的原则。

(2)调整个税税率结构

在现行分类与综合相结合的混合所得税制模式基础上把生产经营所得和财产租赁所得纳入综合征收范围,尽可能地将全部劳动所得和部分产生经常性收益的资本所得,综合起来征税,并实行超额累进税率,将税率级距调整为3% ~35%五级超额累进税率形式;其他的利息、股息、红利、股票转让所得、财产转让、偶然所得等分类计税所得适用比例税率,税率仍然为20%。累进税率的最高边际税率要有所下降,这是因为对高收入者征收较高的边际税率并不能真正地体现税收的纵向公平,反而有可能抑制有能力者的工作积极性而减少收入及财富的创造(即影响效率的实现),从而对一国整体经济发展产生不利影响;同时,过高的边际税率会导致偷逃税的现象越发严重,导致个人所得税征收效率的低下(这就是当下的情形),税收公平缺失。

(3)规范税收优惠

第一,税法规定对省级人民政府、国务院部委和中国人民解放军军以上单位以及外国组织颁发的科学、教育、技术、文化、卫生、体育、环境保护等方面的奖金免税,国务院规定发给的政府特殊津贴免税,发给中国科学院资深院士和中国工程院资深院士津贴免税。殊不知取得这些奖金、津贴的个人很多已经成为高收入者,正是个人所得税需要调节的对象。国家税务总局已经将学校、医院、城市供水供气、高新技术企业、体育俱乐部列为高收入行业,并且将知名度较高者、收入来源渠道较多者、收入项目较多者列为重点纳税人。一方面实施免税优惠,一方面重点管理,前后政策不一致。建议取消这些免税,加强个人所得税的收入调节功能。

第二,税法规定对外籍个人取得的各种补贴、费用实行免税规定,而对中国公民取得的津贴、补贴列入工资薪金范畴进行征税;对外籍个人从外商投资企业取得的股息、红利所得免税,而对中国公民取得的股息、红利征税。对外籍个人的税收优惠不符合公平原则,同时造成税款流失,因为外籍个人所在国会按照居民管辖权原则对此征税。建议取消对外籍个人的税收优惠,内外一视同仁。

第三,对各种偶然所得奖金的税收优惠规定应统一。现对购买体育彩票凡一次中奖收入不超过万元的暂免征收个人所得税;超过万元的,应按税法规定全额征收个人所得税。对个人取得单张有奖发票奖金所得不超过800元(含800元)的,暂免征收个人所得税;对个人取得单张有奖发票奖金所得超过800元的,全额按照“偶然所得”项目征收个人所得税。对其他的偶然所得无任何扣除全额缴纳个人所得税。以上情况同属于“偶然所得”,但税收待遇不一样,这不符合公平待遇原则。大额的偶然所得往往使人一夜暴富,现行税法仅仅不加区别地课以比例税率,不利于贫富差距的调节和资源的合理使用。建议在个人所得未实行综合征收之前对大额偶然所得加大税收调节力度,最好能够按照超额累进税率课税。

第四,取消对福利费、住房公积金等能够增加个人支付能力的免税规定。现行税法对企事业单位、国家机关、社会团体提留的福利费在支付时、个人领取提存的住房公积金等免税。从不同单位来看,福利费、住房公积金等差别很大,由此造成个人的负担能力不同,建议取消这些免税规定。长期来看应规范各单位的工资水平,消除工资以外因素对个人负担能力的影响。在目前完全取消有难度的情况下,可设定一定标准,超过标准的福利费、住房公积金等不予免税。

(4)建立工薪所得月基本扣除标准随物价水平逐年调整的机制

提高学界和业界一直在讨论要进一步工薪所得月基本扣除标准。理由如下:第一,从税制设计简化的角度和降低中低收入群体的税收负担考虑,应将工资薪金中的免征额扣除标准定得略高些。第二,应主要根据城镇职工的收入和生计支出标准来确定免征额扣除标准,因为目前城镇职工是缴纳工薪所得个税的主体。第三,中国以流转税为主体的税制结构使得大部分税收已经由广大中低收入群体支付,如果免征额太低,中低收入居民的流转税隐性税收负担就会太重。

本研究认为,在现行月基本扣除5 000元/月的基础上,未来应考虑按劳动报酬指数平均增长率及物价指数来逐年调整。这样可以使将近一半的城镇就业人员免于承担个人所得税,照顾低收入者,使中等收入家庭得到一定的休养生息,培育中国中产阶层,改善中国居民个人的收入分配格局。对生计费用扣除按固定标准的探讨意义不大,因为只要设定固定标准,要求进一步调整的呼声就会不断,因此在制度设计时可以考虑这种动态变化机制。

(5)实行分类综合相结合的混合征管模式

过去分类征收模式对每一项所得分别扣除费用,分别适应不同的税率形式。所得项目多的纳税人有可能可扣除的费用就高,且更有机会选取合适的报酬形式以适应更低的税率,从而使得总所得相同但项目不同税收负担差异很大的情况,违背了税收的公平课征原则。在税收征管水平和整个社会的信息体系还没有完善到足以实行综合征收的模式之前,适当地将性质相同或接近的收入项目用较为相同的方式来征税,有利于改变分类征收下的不公平状况。2019 年开始我国已对工薪、劳务报酬、稿酬和特许权使用费实行综合征收,分类征收下的不公平状况将有所改善。本书主张进一步扩大综合征收所得范围,具体如下:把个体可能的各项所得分为劳动所得和资本所得,把全部劳动所得和部分产生经常性收益的资本所得如工资、薪金、生产经营所得、劳务报酬、稿酬、特许权使用费、财产租赁所得等有较强连续性或经常性的收入列入综合所得的征收项目,采取按月或按季预缴、年终汇算清缴的办法征收个人所得税;对财产(包括股票、股权等)转让、偶然所得、利息、红利、股息等其他所得,仍按比例税率采用分类的方法征收个税。在分类扣除费用的情况下,所扣除的费用往往是与取得所得密切相关的,2019 年开始我国已开始对教育、医疗、住房和赡养老人四类支出实行专项扣除。本书认为,未来我国个税应对纳税人的一些特许支出(虽然与纳税人取得收入无直接关系),如灾害损失、残疾人特殊支出等,进行扣除。

7.2.3 对有利于提升国民幸福的产业、行业和企业实行税收优惠

已有研究表明,收入的边际幸福正效应是递减的,健康良好、婚姻稳定、社会信任和民主有利于增强人们的幸福感,而失业、通货膨胀、环境污染和极端气候会降低人们的幸福感。因此,政府除了在这些方面加大公共支出力度外,还可以通过制定税收优惠政策促进那些有利于提升居民幸福水平的产业、行业和企业的发展。如,对清洁能源的研发与利用企业加大所得税优惠力度;对私人心理诊所实行税收优惠和财政支持并举的政策等。研究还发现:失业给幸福造成的负面影响远远超过通货膨胀的负面影响①。因此,政府应更多地对失业进行关注,在加大失业救济、再就业培训等支出力度的同时,拿出更多的财税优惠政策促进中小企业的发展,因为中小企业才是人们就业的主渠道。

7.3 促进中国居民幸福感提升的其他保障措施

7.3.1 完善公共财政体制,建立更科学、规范的政府间财政分配关系

1)改革预算管理体制,增加区(县)政府自有财力

一级地方政府的自有财力既包括该级政府地方自有税种收入,也包括共享税中分成收入。由前文实证研究结论可知,一方面,对 2010 年的数据进行研究的结果表明,地方区(县)

① Di Tella(2001)的研究表明失业带来的痛苦程度是通货膨胀的 1.6 倍。而 Wolfers(2003)则认为失业造成的幸福损失更大,是通货膨胀造成的幸福损失的 5 倍。

提供的公共服务对居民税负的幸福效应产生了较大的调节作用。但从分税税收来看,只对营业税幸福效应有正向调节作用,而营业税是地方税。这说明全面"营改增"后,如果让地方政府有更多的自主收入,区(县)就可利用地方自主收入提供更多具有针对性的公共产品和服务,从而提升居民幸福感。另一方面,区(县)公共支出对各收入组居民增值税的幸福正效应都产生了负向抵消作用,地方分成比例小,区(县)支出相应增加带来的福利水平上升不足以弥补大量收入上交所产生的幸福损失。未来有必要提高区(县)政府增值税分成比例,使区(县)居民所负担的增值税带来的幸福损失可由更多更好的地方公共物品和服务来弥补。可见,未来预算管理体制中适当增加区(县)自有财力,使其事权与财权更好地匹配,是有助于居民幸福感提升的。

2)改变自上而下的公共物品供给方式,提供更多满足民众需求的公共物品

中国"精英政治"的文化传统与官员对上不对下的责任体系使得政府在提供公共物品和服务时,基本上较少考虑基层百姓的真实需求,自上而下的公共物品供给方式是社会常态。自上而下的提供方式对特定时期某些特殊的公共物品来说也许是合适的,然而,现代市场经济的建立、发展和完善呼唤政府身份和角色的转换:政府除了是经济社会的管理者,更是服务者。政府提供公共物品和服务的权力是民众赋予的,税收是人们消费公共物品和服务而付出的代价,纳税人有权利向供给一方(政府)提出对公共物品种类和数量的要求,政府有义务按照民众的需求提供相应的公共物品。只有充分满足了民众偏好的公共物品才能最大限度地提升国民幸福,自下而上的公共物品提供方式能充分地反映民众偏好,是政府构建和谐中国、幸福中国的不二选择。当然,这种公共物品提供方式的改变需要民主和法治的完善。民主能确保公共物品反映了大多数民众的偏好;法治能限制政府在公共物品提供过程中滥用职权,为民众享受合意的公共物品和服务提供法律保障。另外,由于基层政府更了解民众偏好,在财政体制安排时应赋予地方政府更多财权,以提供更多更合意的公共物品。当然,如果为了保证各地最基本公共服务有一个大致相等的水准,中央有必要提供全国相同的最基本的几项公共服务。

7.3.2 改革医疗卫生体制,切实解决城乡居民看病难、看病贵的问题

医疗卫生对居民个体的身心健康很重要,但我国一直以来就存在看病难、看病贵等问题,这严重地影响了城乡居民的幸福感。本研究认为,应从医疗卫生供给方面的改革入手解决百姓看病难的问题,应从医疗卫生费用补偿机制改革入手解决看病贵的问题。

1)改革医疗卫生供给机制,确保城乡居民医疗卫生服务更为公平地获得

中国人口众多,对医疗卫生服务的需求大,如果没有配置好医疗卫生资源,不管提供多少医疗卫生服务都难免陷入不足的境地。为了解决目前病患向大医院集中,大病小病向大医院集中,大医院医疗资源异常紧张,而小医院"无人问津"的状况,有必要重新规划大中小型医院的职责功能。大医院只看大病、疑难杂症和各类专科疾病等,所有普通病、常见病和养身病等能在更低级别的医院得到治疗服务就不转去更高级别的医院。把大医院真正有水平的医生专家精力节约出来,为疑难杂症和重症患者进行治疗,并开展更多的科学研究以攻

克人类新的健康问题。同时要充分利用小医院,甚至社区医院的闲置资源。可以尝试把区域内的中小医院或医疗机构置于大医院的管辖范围内,作为下设分支机构存在,在医疗机械设备和专业技术人员方面进行对口的支援与管理。社区医院、小医院背后是三甲医院,小医院解决不了疑难杂症有大医院可依赖,这样更有利于引导患者实现小病在小医院就医。如此,城乡居民公平地获得医疗服务便指日可待。

2)改革医疗卫生费用补偿机制,回归基本医疗卫生服务的公益性

医疗卫生服务从整体来看是混合物品。但分开来看,传染病的防治和妇幼保健等公共卫生是公共程度较高的物品,应由政府免费提供;而一般性疾病治疗和享受性的保健服务等医疗服务,其私人受益更明显,可以采取收费的方式向居民提供。现在问题的关键是收多少费及向谁收费。现阶段一个得了普通病的居民看病贵的原因主要有三个方面:第一,小病去大医院看,感冒可花去上千元,这点由前面的大中小医院职责功能调整和病员分流可得到解决。第二,检查费高,医生需要各种仪器设备进行检查后实行排除法诊病,实际上如果医生能在不拥挤的情况下给患者仔细看病,许多检查是不必要的。第三,看完病给开上一大堆的药,药费贵,以药养医一直以来都是我国医疗体制内存在的一个顽症,要解决这个问题有必要学习美国:医院不准有自己的药房,严格控制医生的处方药,所有医生开出的药都在独立的药店出售,切断高药价和医生高收入之间的利益链。把城乡居民的普通病的治疗费用降下来后,对于城乡居民的大病实行大病医疗保险,或自己购买医疗方面的商业保险为补充。财政可集中财力对医院的主要科研攻关项目进行重点支持,对城乡居民进行大病救助或对低收入群体进行医疗救助。这样,城乡居民基本上都可以获得最基本医疗卫生服务,而大病、特病等有专门的医疗保险、商业保险和政府救助,看病贵的问题也就可以得到解决。

7.3.3 深化收入分配制度改革,消除不合理收入差距

前文中的实证分析结果表明,收入差距会降低居民幸福感。地区间、城乡间收入差距以及感知的行业间收入差距都显著降低了中国居民幸福感。因此,有必要深化收入分配制度改革,缩小收入差距。由于经济社会中人们的初始禀赋存在差异,这可能是来自父辈留下的财富差异,也可能是出生时遗传的体力、智力差异,还有可能来自后天的教育、培训使能力出现差异。这些差异的存在使得即使是在有效的经济社会环境中运行,也会带来不一样的财富结果,即结果不公平。并非所有的结果不公平都应该消除掉:经济过程公平带来的收入差距就体现了效率,是对经济社会有益的,可以适当保留,因为这种收入差距是人们认可的合理的收入差距,是经济效率的表现,不会降低居民幸福感。而降低居民幸福感的收入差距往往是那些不合理的收入差距,是由制度和政策的不公平引起的。此时,需要政府提高劳动的初次分配份额,打破行业垄断,消除行业垄断性畸高收入,提高行政透明度,减少寻租与腐败。

参考文献

阿奎那．1963．阿奎那政治著作选［M］．北京：商务印书馆：66．

北京大学哲学系外国哲学史教研室．1981．西方哲学原著选读（上、下）［M］．北京：商务印书馆：190，223-224．

彼得里，戈文．2005．动机心理学（5 版）［M］．郭本禹，等，译．西安：陕西师范大学出版社：303-306，90-120，210．

毕昌萍．2013．中国传统文化的幸福思想及当代价值［M］．杭州：浙江大学出版社：69，70，75，77，89，91，101，105，111，114，122，130，159，163，165．

布坎南．1991．公共财政［M］．北京：中国财政经济出版社：52-55．

陈鼓应．2003．老子今注今译［M］．北京：商务印书馆：65．

陈惠雄．2006．人本主义经济学原理（2 版）［M］．上海：上海财经大学出版社：22，39，41-43，22-30，65．

陈钊，万广华，陆铭．2010．行业间不平等：日益重要的城镇收入差距成因——于回归方程的分解［J］．中国社会科学（3）．

崔志坤．2011．中国个人所得税制度改革研究［D］．北京：财政部科学研究所：5．

戴维·吕肯．2008．幸福的心理学［M］．黄敏儿，等，译．北京：北京大学出版社：19．

道格拉斯·A．卢克．2012．多层次模型［M］．郑冰岛，译．上海：格致出版社：23，64．

邓旋．2011．财政支出规模、结构与城乡收入不平等——于中国省级面板数据的实证分析［J］．经济评论（4）．

弗兰克·梯利．1987．伦理学概论［M］．北京：中国人民大学出版社：138．

傅立叶．1979．傅立叶选集（1 卷）［M］．赵俊欣，吴模信，徐知勉，等，译．北京：商务印书馆：65．

广东省人民政府．2011．粤府（2011）123 号，印发幸福广东指标体系的通知［EB］．www. gd. gov. cn．

广东省统计局．2013．2011 年建设幸福广东综合评价报告［R］．www. gdstats. gov. cn．

高延春．2015．马克思幸福论［M］．北京：科学出版社：5，13，16，17，20，21，25，28，29，34，38，49，52，61，58，87，97，106，115，119，135，136，145，153，160，163，165，172，197．

哈维·罗森．2000．财政学［M］．平新乔，校译．北京：中国人民大学出版社：299．

何立新，潘春阳．2011．破解中国的“Easterlin 悖论”：收入差距、机会不均与居民幸福感［J］．管理世界（8）．

赫拉克利特．2007．赫拉克利特著作残篇［M］．楚何，译．桂林：广西师范大学出版社：14．

胡洪曙,鲁元平.2012.公共支出与农民主观幸福感——于CGSS数据的实证分析[J].财贸经济(10).

黄嘉文.2013.居民幸福感:一项基于CGSS 2005的实证分析[J].社会(5).

黄有光.2005.福祉经济学:一个趋于更全面分析的尝试[M].大连:东北财经大学出版社.

杰里米·边沁.2000.道德与立法原理导论[M].时殷弘,译.北京:商务印书馆:87-121.

凯恩斯.1983.就业利息和货币通论(2版)[M].北京:商务印书馆:325.

莱布尼茨.1982.人类理智新论[M].北京:商务印书馆:153,188.

劳伦斯·汉密尔顿.2011.应用STATA做统计分析(STATA 10.0版)[M].重庆:重庆大学出版社:363-364.

李波.2007.我国宏观税负水平的测度与评判[J].税务研究(12):18-22.

李耳.2006.道德经[M].蒋信柏.北京:蓝天出版社:131.

李骏,吴晓刚.2012.收入不平等与公平分配:对转型时期中国城镇居民公平观的一项实证分析[J].中国社会科学(3):114-128,207.

李兴方.1996.人生格言精华词典[M].石家庄:河北人民出版社:866.

李耀锋.2009.论个体的社会认同[D].上海:上海交通大学出版社:25-27,56-59.

李文君.2013.居民幸福指数视角下湖南财政支出结构优化研究[D].湘潭:湘潭大学(5).

理查德·莱亚德.2009.不幸福的经济学[M].陈佳伶,译.北京:中国青年出版社:27.

刘京焕,陈志勇,李景友.2011.财政学原理[M].北京:高等教育出版社:75-78,81.

刘美秀,王夏华,汪正忠.2013.教育水平对幸福感指数影响的统计检验[J].统计与决策(24).

柳萍.2009.进一步完善低收入群体价格补贴机制[J].政策瞭望(3):47-49.

娄伶俐.2010.主观幸福感的经济学理论与实证研究[M].上海:上海人民出版社:33,35,36.

鲁元平,王韬.2011.收入不平等、社会犯罪与国民幸福感——来自中国的经验证据[J].经济学季刊(4).

鲁元平,杨灿明.2013.财政分权、地方政府支出偏好与居民幸福感——基于分税制后的中国经验证据[J].中南财经政法大学学报(4).

鲁元平,张克中.2010.经济增长、亲贫式支出与国民幸福——于中国幸福数据的实证研究[J].经济学家(11).

罗国杰,宋希仁.1985.西方伦理学思想史[M].北京:中国人民大学出版社:192.

罗敏.2001.幸福三论[J].哲学研究(2):32-36.

罗新阳.2006.幸福指数:和谐社会的新追求[J].桂海论丛(6):21-24.

洛克.1959.人类理解论(上册)[M].北京:商务印书馆:228.

苗力田.1989.古希腊哲学[M].北京:中国人民大学出版社:639.

尼尔斯·托马森.2004.不幸与幸福[M].京不特,译.香港:华夏出版社:2.

彭代彦,吴宝新.2008.农村内部的收入差距与农民的生活满意度[J].世界经济(4).

庇古.1963.社会主义与资本主义的比较[M].北京:商务印书馆:14-19.

漆亮亮.2008.公共税收与国民幸福[J].税务研究(11).

秦彦士.1995.老子:跨越时空的智慧[M].成都:四川人民出版社:8.

钱文忠.2010.在传统文化中找寻幸福感[N].河南日报:2010年10月23日第5版.

仇晓洁,温振华.2012.中国农村社会保障财政支出效率分析[J].经济问题(3):74-78.

丘海雄,李敢.2011.从"生产导向"到"幸福导向"镜鉴:源自不丹和法国[J].改革(6):60-66.

任蕊.2008.低收入人群住房补贴体系研究——以西安市为例[D].西安:西安建筑科技大学.

塞卡涅.2007.面包里的幸福人生[M].赵又春,张建军,译.天津:天津人民出版社:8-9,63.

沈颢,卡玛·尤拉.2011.国民幸福一个国家发展的指标体系[M].北京:北京大学出版社:31-33,133-140.

沈坤荣,张璟.2007.中国农村公共支出及其绩效分析——基于农民收入增长和城乡收入差距的经验研究[J].管理世界(1).

斯坦利·L.布鲁.2008.经济思想史(7版)[M].北京:北京大学出版社:127.

斯特凡·克莱因.2007.幸福之源[M].李存娜,译.北京:中信出版社:74-75,84.

宋希仁.2004.西方伦理思想史[M].北京:中国人民大学出版社:85,299.

索伦·克尔凯郭尔.1997.颤栗与不安[M].阎嘉,等,译.天津:天津人民出版社:3.

孙健敏.2014.幸福社会——提升幸福感的多元视角[M].北京:中国人民大学出版社:57,144,146,148,149.

孙扬.2010.美国学者称年入7.5万美元幸福感已达顶峰[OL].www.xinhuanet.com.

孙明杰.2013.我国医疗卫生体制改革的必由之路[J].中国国情国力(3):7-9.

汤凤林,甘行琼.2013.西方主观幸福感影响因素研究综述[J].经济问题探索(11).

汤凤林,甘行琼.2013.中国居民幸福感影响因素分析[J].统计与决策(24):87-90.

汤凤林,甘行琼.2013.经济增长、国民幸福与中国公共支出政策改革[J].贵州社会科学(5):129-133.

汤凤林,雷鹏飞.2014.收入差距、居民幸福感与公共支出政策——来自中国社会综合调查的经验分析[J].经济学动态(4).

唐建兵.2011.不丹模式对国民幸福构建的借鉴与启示[J].理论探讨(6):34-37.

田国强,杨立岩.2006.对"幸福—收入之谜"的一个解答[J].经济研究(11):4-15.

特里·伯纳姆,杰伊·费伦.2007.欲望之源[M].北京:中信出版社:XI.

汪彤.2008.论中国体制转轨进程中政府行为目标的逻辑演进[J].江苏社会科学(4):91-97.

王济川,谢海义,姜宝法.2009.多层统计分析模型——方法与应用[M].北京:高等教育出版社:23-27,133-140.

王洪亮,徐翔.2006.收入不平等孰甚:地区间抑或城乡间[J].管理世界(11).

王鹏.2011.收入差距对中国居民主观幸福感的影响分析——于中国综合社会调查数据的实证研究[J].中国人口科学(3).

王玮. 2015. 税收学原理(2 版)[M]. 北京:清华大学出版社:295-303.

王晓彦. 2007. 在职人员主观幸福感及其与收入的关系研究[D]. 重庆:西南大学.

王晓军,康博威. 2009. 我国社会养老保险制度的收入再分配效应分析[J]. 统计研究(11):75-81.

王增文. 2010. 中国社会保障财政支出最优规模研究:基于财政的可持续性视角[J]. 农业技术经济(1):115.

魏升民. 2016. 构建面向自然人的税费征管体系[J]. 税收经济研究(5):36-42.

夏龙,冯涛. 2011. 政治决策、农村公共支出与城乡收入差距[J]. 经济经纬(2).

肖仲华. 2010. 西方幸福经济学理论研究[M]. 北京:中国社会科学出版社:1-10,14,15-16,17-18,23,26,26-27,28,29,31,33,38-39,47.

习近平. 2014. 习近平总书记系列重要讲话读本(2014)[OL]. 中国共产党新闻网,www.cpcnems.cn.

奚恺元,等. 2008. 撬动的幸福——一本系统介绍幸福学的书[M]. 北京:中信出版社:6-7.

谢宇. 2010. 回归分析[M]. 北京:社会科学文献出版社:234-249,294-317.

谢舜,魏万青,周少君. 2012. 宏观税负、公共支出结构与个人主观幸福感兼论“政府转型”[J]. 社会(6).

邢占军. 2005. 测量幸福——主观幸福感测量研究[M]. 北京:人民出版社:32,36.

徐敏. 2007. 佛度有心人[M]. 北京:中国物资出版社:9-10.

徐倩,李放. 2012. 我国财政社会保障支出的差异与结构:1998~2009 年[J]. 改革(2):47-52.

亚里士多德. 2003. 尼各马可伦理学[M]. 廖申白,译. 北京:商务印书馆:21-22,34-41,289,299-305.

姚艳燕,孙辉,张仁寿. 2015. 财政教育投入如何影响城镇居民幸福感——来自广东的微观证据[J]. 财政研究(9).

杨菊华. 2008. 社会统计分析与数据处理技术——STATA 软件的应用[M]. 北京:中国人民大学出版社:107-112,210-213.

杨卫华. 2012. 确立我国合理宏观税负水平的关键点[J]. 税务研究(7):3-8.

袁亚遇. 1990. 乡村社会学[M]. 成都:四川大学出版社:196.

袁勇志,奚国泉. 2000. 期望理论述评[J]. 南京理工大学学报(社会科学版)(3).

占华. 2016. 收入差距扩大是否加剧了中国的环境污染? ——基于省际碳排放的证据[J]. 南开经济研究(6):126-127.

詹必万,黄娟,许媛媛. 2013. 不丹的幸福模式及其启示[J]. 湖北社会科学(12):61-64.

詹姆斯·杰卡德,罗伯特·图里西. 2012. 多元回归中的交互作用[M]. 蒋勤,译. 上海:格致出版社:23-58,92-94.

张岱年. 2004. 中国文化概论[M]. 北京:北京师范大学出版社:236.

张念明. 2014. 我国税制结构优化研究[M]. 北京:经济科学出版社:18,20,56,58-61.

赵新宇,高庆昆. 2013. 公共支出与公众主观幸福感——基于吉林省问卷调查的实证研究

[J]. 财政研究(6).

赵新宇,姜扬,范欣. 2013. 宏观税负、亲贫式支出与公众主观幸福感[J]. 当代经济研究(9).

赵建国,功莉. 2008. 中国医疗卫生支出公平性的实证分析[J]. 财政研究(07):44-47.

郑雪. 2008. 幸福心理学[M]. 广州:暨南大学出版社:85-86.

中共中央马克思恩格斯列宁斯大林著作编译局. 1995. 马克思恩格斯选集(第1卷)[M]. 北京:人民出版社:119.

中国人口宣传教育中心、中国社会科学院人口与劳动经济研究所. 2016. 中国家庭幸福感热点问题调查报告 2014—2015[M]. 北京:中国社会科学出版社:52,90,91,145.

周辅成. 1964. 西方伦理学名著选辑(上卷)[M]. 北京:商务印书馆:79,84,90,120,360,510.

周明洁,张建新. 2007. 农村居民的主观幸福感及其影响因素[J]. 中国心理卫生杂志(11):783-786.

Ada Ferrer-i-Carbonell. 2005. Income and well-being: an empirical analysis of the comparison income effect[J]. *Journal of Public Economics*. 89(5-6):997-1019.

Alesina A., Di Tella R., MacCulloch R. 2004. Inequality and happiness: Are Europeans and Americans different? [J]. *Journal of Public Economics*, (88):2009-2042.

Amitava Krishna Dutt. 2006. Consumption and Happiness: Alternative Approaches[R]. *University of Notre Dame Working paper.*

Antonio Afonso, Ludger Schuknecht, Vito Tanzi. 2006. Public Sector Efficiency: Evidence For EU Member States and Emerging Markets[R]. *Working Paper Series From European Central Bank*, No. 581:1-51.

Baker L. A., Cahalin L. P., Gerst K., Burr J. A.. 2005. Productive activities and subjective well-being among older adults: The influence of number of activities and time commitment[J]. *Social Indicators Research*, (73):431-458.

Bernard M. S. Van Praag, Dmitri Romanov, Ada Ferrer-i-Carbonell. 2010. Happiness and Financial Satisfaction in Israel: Effects of Religiosity, Ethnicity, and War[J]. *Journal of Economic Psychology*, (6):1008-1020.

Bjornskov C. 2007. The multiple facets of social capital[J]. *European Journal of Political Economy*, (22):22-40.

Bjørnskov C. Axel Dreher, Justina A. V. Fischer, Jan Schnellenbach. 2010. Inequality and Happiness: When Perceived Social Mobility and Economic Reality Do Not Match[R]. *CEIS Working Paper*. No. 173:1-54.

Blanchflower D. G., Oswald A. J. 2004. Money, sex and happiness: An empirical study [J]. *Scandavian Journal of Economics*, 106:393-415.

Bo Wang, Meier Ann, Iqbal Shah, Xiaoming Li. 2006. The Impact of a Community-Based Comprehensive Sex Education Program on Chinese Adolescents' Sex-Related Knowledge and Attitudes[J]. *Journal of HIV/AIDS Prevention in Children & Youth*, 7(2):43-64.

Bukenya J. O., Gebremedhin T. G., Schaeffer P. V.. 2003. Analysis of rural quality of life and health: A spatial approach[J]. *Economic Development Quarterly*, 17(3):280-293.

Caporale Guglielmo Maria, Georgellis Yannis, Tsitsianis Nicholas, Yin Ya Ping. 2009. Income and Happiness across Europe: Do Reference Values Matter [J]. *Journal of Economic Psychology*, 30 (1):42-51.

Carroll N., Frijters P., Shields M. A.. 2009. Quantifying the costs of drought: new evidence from life satisfaction data[J]. *Journal of Population Economics*, (22):445-461.

Chiungjung Huang. 2010. Internet Use and Psychological Well-being: A Meta-Analysis[J]. *CyberPsychology, Behavior & Social Networking*, 13,3:241-249.

Clark A., Oswald A. 1994. Unhappiness and Unemployment[J]. *The Economic Journal*, (104): 648-659.

Clark A.. 2003. Inequality-aversion and income mobility: A direct test[OL]. econ. cam. ac. uk. (a).

Clark A.. 2003. Unemployment as a social norm: Psychological evidence from panel data [J]. *Journal of Labor Economics*, (b),21(2):323-351.

Clark A., Lelkes O.. 2005. Deliver us from evil: Religion as insurance[OL]. *PSE*, *Paris*, www. pse. ens. fr.

Clark A. E., Frijters P., Michaela A. Shields. 2008. Relative income, happiness, and utility: An explanation for the Easterlin paradox and other puzzles[J]. *Journal of Economic Literature*, (46):95-144.

Cohen J.. 1988. Statistical power analysis for the behavioral science(2nded.)[M]. *Hellsdale, NJ: Lawrence Erlbaum Associates*.

Cohen A. 2002. The importance of spirituality in well-being for Jews and Christians[J]. *Journal of Happiness Studies*, (3):287-310.

Csikszentmihaly M., R. Larson. 1987. Validity an Reliability of the Experience—Sampling Method[J]. *Journal of Nervous and Mental*, 175:526-536.

Darrin M. McMahon. 2006. Happiness: A History[M]. New York: Grove Press: 11.

Deaton Angus. 2008. Income, Health, and Well-Being around the World: Evidence from the Gallup World Poll[J]. *Journal of Economic Perspectives*, 22:53-72.

Demir Meliksah, Özdemir Metin. 2010. Friendship. Need Satisfaction and Happiness [J]. *Journal of Happiness Studies*, (11),(2).

Diener E., Fujita. F. 1995. Resources, Personal Strivings and Subjective Well-Being: A Nomothetic and Idiographic Approach[J]. *Journal of Personality and Social Psychology*, 68 (5):926-935.

Diener E. 1998. Subjective Well-Being and Personality[M]//Barone D. F., Hersen M., Van H., et al. Advanced Personality, the Plenum series in Social/Clinical Psychology. *New York*:

Plenum Press: 311-334.

Diener E. Suh Eunkook M., E. Richard, et al. 1999. Subjective Well-Being: Three Decades of Progress[J]. *Psychology Bulletin*, 125(2):276-294.

Di Tella, MacCulloch, Oswald. 2001. Preferences over inflation and unemployment. *The American Economic Review*, 91:335-341.

Di Tella R., MacCulloch R., Oswald A. 2003. The macroeconomics of happiness[J]. *The Review of Economics and Statistics*, 85:809-827.

Dockery A. M.. 2003. Happiness, life satisfaction and the role of work: Evidence from two Australian surveys[R]. *Working Paper No. 03. 10*, *School of Economics and Finance*, *Curtin Business School*, *Curtin University of Technology.*

Dominique D., Alfred S. 2008. Central, America Economic Progress and Reforms [R]. *International Monetary Fund*, *Western Hemisphere Dept.* : 62-98.

Donovan N., Halpern D.. 2002. Life-satisfaction: The state of knowledge and the implications for governments[R]. *London*: *Strategy Unit.*

Duncan G.. 2010. Should happiness-maximization be the goal of government? [J]. *Journal of Happiness Studies*, 11(2):163-178.

Easterlin R. 1974. Does Economic Growth Improve the Human Lot? Some Empirical Evidence [M]//. Nations and Households in Economic Growth. P. David, M. Reder. *New York*: *Academic Press.*

Easterlin R. A.. 2003. Explaining Happiness[C]. *Proc. Natl. Acad. Sci.*, (a), 100:11176-11183.

Easterlin R. A.. 2003. Explaining happiness[C]. *Proceedings of the National Academy of Sciences of the United States of America* (b), 100(19):11176-11183.

Easterlin R.. 2009. Lost in Transition: Life Satisfaction on the Road to Capitalism[J]. *Journal of Economic Behavior & Organization*, 71:130-145.

Easterlin R.. 2012. When Growth Outpaces Happiness[N]. *The New York Times*, September 27.

Fahey T., Smyth E. 2004. Do subjective indicators measure welfare? Evidence from 33 European societies[J]. *European Societies*, 6(1):5-27.

Fehr E., K. Schmidt. 1999. A Theory of Fairness, Competition and Cooperation[J]. *Quarterly Journal of Economics*, 114(3):817-868.

Ferrer-i-Carbonell A., Frijters P.. 2004. How important is methodology for the estimates of the determinants of happiness[J]. *The Economic Journal*, 114:641-659.

Ferrer-i-Carbonell A.. 2005. Income and well-being [J]. *Journal of Public Economics*, 89: 997-1019.

Ferrer-i-Carbonell A., Gowdy J. M.. 2007. Environmental degradation and happiness [J]. *Ecological Economics*, 60(3):509-516.

Frey Bruno S., Alois Stutzer. 2000. Happiness, Economy and Institutions[J]. *Economic Journal*,

110(446):918-938.

Frey, Stutzer. 2002. What can economists learn from happiness research? [J]. *Journal of Economic Literature*, 40(2):402-435.

Gerdtham U. G., Johannesson M.. 2001. The relationship between happiness, health, and socio-economic factors: Results based on Swedish microdata[J]. *Journal of Socio-Economics*, (30): 553-557.

Graham C., Pettinato S.. 2001. Happiness, Markets and Democracy: Latin America in Comparative Perspective[J]. *Journal of Happiness Studies*, (2):237-268.

Graham , Felton. 2006. Inequality and Happiness: Insights from Lat in America[J]. *Journal of Economic Inequality*, 4(1):107-122.

Hagerty M. R. 2000. Social Comparisons of Income in One's Community: Evidence from National Surveys of Income and Happiness[J]. *Journal of Personality and Social Psychology*, 78(4): 746-771.

Hayo B.. 2004. Happiness in Eastern Europe[OL]. *Mimeo*, *Philipps University Marburg*, papers. ssrn. com.

Helliwell J. F. 2003. How's life? Combining individual and national variables to explain subjective well-being[J]. *Economic Modelling*, 20:331-360.

Helliwell J. F.. 2006. Well-being, social capital and public policy: What's new? [J]. *Economic Journal*, (116):C34-C45.

Herbst Chris M.. 2011. 'Paradoxical' Decline? Another Look at the Relative Reduction in Female Happiness[J]. *Journal of Economic Psychology*, 32,5:773-788.

Hudson J. 2006. Institutional trust and subjective well-being across the EU[J]. *Kyklos*, 59: 43-62.

Inglehart R., Klingemann H-D. 2000. Democracy and happiness[M]//. E. Diener, E. M. Suh. Genes, culture, culture and subjective wellbeing. *Cambridge, MA: MIT Press.*

Israel D., A. Levinson. 2003. Examining the Relationship between Household Satisfaction and Pollution[OL]. P*aper presented at the Eastern Economics Association Meetings*, papers. ssrn. com.

JA Ocampo. 1998. Income Distribution, Poverty and Social Expenditure in Latin America [J]. *CEPAL review.*

Jan Ott. 2010. Greater Happiness for a Greater Number: Some Non-controversial Options for Governments[J]. *Journal of Happiness Studies*, 11:631-647.

Jorge Martinez-Vazquez, Violeta Vulovic, Blanca Moreno Dodson. 2004;2012. The Impact of Tax and Expenditure Policies on Income Distribution: Evidence from a Large Panel of Countries [J]. *Review of Public Economics*: 95-130.

Kahneman Daniel, Krueger Alan B.. 2006. Developments in the Measurement of Subjective

"Well-Being"[J]. *The Journal of Economic Perspectives*, 20:3-24.

Kahneman Daniel, Deaton Angus. 2010. High income improves evaluation of life but not emotional well-being[C]. *Proceedings of the National Academy of Sciences of the United States of America*. 107,38:16489-16493.

Knight Song, Gunatilaka. 2009. Subjective well-being and its determinants in rural China [J]. *China Economic Review*, 20(4):635-649.

Kotakorpi Kaisa, Jani P. Laamanen. . 2010. Welfare State and Life Satisfaction: Evidence from Public Health Care[J]. *Economica*, 307:565-583.

Krueger Alan B., Andreas I. Mueller. 2012. Time Use, Emotional Well-Being, and Unemployment: Evidence from Longitudinal Data [J]. *American Economic Review*, 102: 594-599.

Lelkes O.. 2006. Tasting Freedom: Happiness, religion and economic transition[J]. *Journal of Economic Behavior and Organization*, (a), 59:173-194.

Lelkes O.. 2006. Knowing what is good for you. Empirical analysis of personal preferences and the'objective good'[J]. *The Journal of Socio-Economics*, (b), 35:285-307.

Lena malešević perović . 2008. Subjective Economic Well-being in Transition Countries: Investigating the Relative Importance of Macroeconomic Variables[J]. *Financial Theory and Practice*, 32(4):519-537.

Levinson Arik. 2012. Valuing public goods using happiness data: The case of air quality [J]. *Journal of Public Economics*, 10:869-880.

Lucas R. E.. 2005. Time does not heal all wounds: A longitudinal study of reaction and adaptation to divorce[J]. *Psychological Science*, 16:945-950.

Lucas A.. 2005. Medical Research Council-Institute of Child Health, London, UK. The developmental origins of adult health and well-being[J]. *Advances In Experimental Medicine And Biology*. 569:13-15.

Luechinger S., Raschky P. A.. 2009. Valuing flood disasters using the life satisfaction approach [J]. *Journal of Public Economics*, (93):620-633.

Luttmer E. F. P.. 2005. Neighbors as negatives: Relative earnings and well-being[J]. *The Quarterly Journal of Economics*, 20(3):963-1002.

Magdol L.. 2002. Is moving gendered? The effects of residential mobility on the psychological well-being of men and women[J]. *Sex Roles*, (47):553-560.

Marks N. F., Lambert J. D., Choi H.. 2002. Transitions to caregiving, gender, and psychological well-being: A prospective US national study[J]. *Journal of Marriage and the Family*, (64): 657-667.

Martin M., Westerhof G. J.. 2003. Do you have to have them or should you believe you have them? Resources, their appraisal, and well-being in adulthood [J]. *Journal of Adult*

Development, (10):99-112.

Meier S., Stutzer A.. 2008. Is volunteering rewarding in itself? Center for Behavioral Economics and Decision-Making, *Economica*[M]. Hoboken: Wiley Online Library.

Meliksah Demir, Metin Ozdemir. 2010. Friendship, Need Satisfaction and Happiness [J]. *Journal of Happiness Studies*, 11:243-259.

Michael McBride.. 2001. Relative-income effects on subjective well-being in the cross-section [J]. *Journal of Economic Behavior & Organization*, 45:251-278.

Muller Christophe, Trannoy Alain. A.. 2011. Dominance Approach to the Appraisal of the Distribution of Well-Being across Countries[J]. *Journal of Public Economics*, 95:239-246.

Mukaramah-Harum, A. R. Zakariah, M. Azali. 2012. Constructing a Social Accounting Matrix Framework to Analyse the Impact of Public Expenditure on Income Distribution in Malaysia [J]. *Journal Ekonomi Malaysia*, 46(2):63-83.

Oreopoulos. 2007. Do Dropouts Drop Out Too Soon? Wealth, Health and Happiness from Compulsory Schooling[J]. *Journal of Public Economics*, 91:11-12, 2213-2229.

Oswald A., Powdthavee N.. 2006. Does happiness adapt? A longitudinal study of disability with implications for economists and judges [C]. *Institute for the Study of Labour*, *IZA DP*, No. 2208.

Ott Jan C.. 2010. Good Governance and Happiness in Nations: Technical Quality Precedes Democracy and Quality Beats Size[J]. *Journal of Happiness Studies*, 11, 3:353-368.

Paul Dolan, Tessa Peasgood, Mathew White.. 2008. Do We Really Know What Makes Us Happy? A Review of the Economic Literature on the Factors Associated with Subjective Well-being[J]. *Journal of Economic Psychology*, 29(1):94-122.

Pichler F.. 2006. Subjective quality of life of young Europeans. Feeling happy but who knows why? [J]. *Social Indicators Research*, 75:419-444.

Pickles A., Li, Y., Savage M.. 2005. Social capital and social trust in Britain[J]. *European Sociological Review*, 21(2):109-123.

Ram R. 2009. Government Spending and Happiness of the Population: Additional Evidence from Large Cross-Country Samples[J]. *Public Choice*, 138(3):483-490.

Rehdanz K., Maddison D. 2005. Climate and happiness [J]. *Ecological Economics*, 52: 111-125.

R Smyth, X Qian. 2008. Inequality and Happiness in Urban China[J]. *Economics Bulletin*: 1-11.

Saris W. E., Andreenkova A.. 2001. Following changes in living conditions and happiness in post communist Russia: the Russet Panel[J]. *Journal of Happiness Studies*, 2(2):95-109.

Schneider Simone. 2012. Income Inequality and its Consequences for Life Satisfaction: What Role do Social Cognitions Play? [J]. *Social Indicators Research*. 106, 3:419-438.

Schoon I., Hansson L., Salmela-Aro K. 2005. Combining work and family life: Life satisfaction among married and divorced men and women in Estonia, Finland and the UK[J]. *European Psychologist*, 10:309-319.

Schwarze J., Harpfer M. 2003. Are People Inequality Averse, and Do they Prefer Redistribution by the State? A Revised Version[J]. *Institute for the Study of Labour*: 974.

Senik C. 2004. When Information Dominates Comparison Learning from Russian Subjective Panel Data[J]. *Journal of Public Economics*, 88(9):2099-2123.

Shields M., Wheatley Price S.. 2005. Exploring the economic and social determinants of psychological wellbeing and perceived social support in England[J]. *Journal Royal Statistical Society*(Part 3): 513-537.

Shields Michael A., Wheatley Price Stephen.. 2005. Exploring the Economic and Social Determinants of Psychological Well-Being and Perceived Social Support in England [J]. *Journal of the Royal Statistical Society: Series A (Statistics in Society)*, 168,3:513-37.

Simone M. Schneider. 2012. Income Inequality and Its Consequences for Life Satisfaction: What Role do Social Cognitions Play? [J]. *Social Indicators Research*, 106(3):419-438.

Smith K.. 2003. Individual welfare in the Soviet Union[J]. *Social Indicators Research*, 64: 75-105.

Stutzer A. 2004. The role of income aspirations in individual happiness[J]. *Journal of Economic Behaviour and Organisation*, 54:89-109.

Stutzer A., Frey B. S.. 2008. Stress that doesn't pay: The commuting paradox[J]. *Scand. J. of Economics*, 110(2):339-366.

Theodossiou I.. 1998. The effects of low-pay and unemployment on psychological well-being: A logistic regression approach[J]. *Journal of Health Economics*, 17:85-104.

Thoits P. A., Hewitt L. N.. 2001. Volunteering work and well-being[J]. *Journal of Health and Social Behaviour*, 42:115-131.

T Neal. 2013. Using Panel Cointegration Methods To Understand Rising Top Income Shares [J]. *Economic Record*: 1-25.

Vanden Berg B., Ferrer-i-Carbonell A.. 2007. Monetary valuation of informal care: the well-being valuation method[J]. *Health Economics*, (16):1227-1244.

Veenhoven R.. 2000. Well-being in the welfare state: Level not higher, distribution not more equitable. *Journal of Comparative Policy Analysis: Research and Practice*, 2:91-125.

Veenhoven R.. 2004. Happiness as a public policy aim: the greatest happiness principle[OL]// P. A. Linley, S. Joseph. Positive Psychology in Practice: 658-678.

Veenhoven R.. 2007. Trend average happiness in nations 1946-2006: how much people like the life they live[OL]. *World Database of Happiness, Trend Report*. http://www.worlddatabaseofhappiness.eur.nl/hap_nat/nat_fp.htm.

Wassmer R., Lascher E., Kroll S. 2009. Sub-national Fiscal Activity as a Determinant of Individual Happiness: Ideology Matters[J]. *Journal of Happiness Studies*, 10:563-582.

Welsch H.. 2002. Preferences over Prosperity and Pollution: Environmental Valuation based on Happiness Surveys[J]. *Kyklos*, 55 (4):473-494.

Wildman J., Jones A.. 2002. Is it absolute income or relative deprivation that leads to poor psychological well being? A test based on individual-level longitudinal data [D]. York: *University of York: YSHE.*

Wolfers J.. 2003. Is business cycle volatility costly? Evidence from surveys of subjective well-being[J]. *International Finance*, 6(1):1-26.

Yew-Kwang NG. 1996. Happiness surveys: Some comparability issues and an exploratory survey based on just perceivable.... [J]. *Social Indicators Research*, 38(1):1-27.

Yew-Kwang NG. 2003. From preference to happiness: Towards a more complete welfare economics[J]. *Soc Choice Welfare*, (20):307-350.

Y. K. NG. 2008. Happiness Studies: Ways to Improve Comparability and Some Public Policy Implications[J]. *The Economic Record*, 84:253-266.

Zohal Hessami. 2010. The Size and Composition of Government Spending in Europe and Its Impact on Well-Being[J]. *Kyklos*, 63(3):346-382.